PRECATÓRIOS
ATUAL REGIME JURÍDICO

O GEN | Grupo Editorial Nacional – maior plataforma editorial brasileira no segmento científico, técnico e profissional – publica conteúdos nas áreas de concursos, ciências jurídicas, humanas, exatas, da saúde e sociais aplicadas, além de prover serviços direcionados à educação continuada.

As editoras que integram o GEN, das mais respeitadas no mercado editorial, construíram catálogos inigualáveis, com obras decisivas para a formação acadêmica e o aperfeiçoamento de várias gerações de profissionais e estudantes, tendo se tornado sinônimo de qualidade e seriedade.

A missão do GEN e dos núcleos de conteúdo que o compõem é prover a melhor informação científica e distribuí-la de maneira flexível e conveniente, a preços justos, gerando benefícios e servindo a autores, docentes, livreiros, funcionários, colaboradores e acionistas.

Nosso comportamento ético incondicional e nossa responsabilidade social e ambiental são reforçados pela natureza educacional de nossa atividade e dão sustentabilidade ao crescimento contínuo e à rentabilidade do grupo.

LEONARDO CARNEIRO DA CUNHA

PRECATÓRIOS
ATUAL REGIME JURÍDICO

2ª edição — revista, atualizada e ampliada

- O autor deste livro e a editora empenharam seus melhores esforços para assegurar que as informações e os procedimentos apresentados no texto estejam em acordo com os padrões aceitos à época da publicação, e todos os dados foram atualizados pelo autor até a data de fechamento do livro. Entretanto, tendo em conta a evolução das ciências, as atualizações legislativas, as mudanças regulamentares governamentais e o constante fluxo de novas informações sobre os temas que constam do livro, recomendamos enfaticamente que os leitores consultem sempre outras fontes fidedignas, de modo a se certificarem de que as informações contidas no texto estão corretas e de que não houve alterações nas recomendações ou na legislação regulamentadora.

- Fechamento desta edição: *20.02.2024*

- O Autor e a editora se empenharam para citar adequadamente e dar o devido crédito a todos os detentores de direitos autorais de qualquer material utilizado neste livro, dispondo-se a possíveis acertos posteriores caso, inadvertida e involuntariamente, a identificação de algum deles tenha sido omitida.

- Atendimento ao cliente: (11) 5080-0751 | faleconosco@grupogen.com.br

- Direitos exclusivos para a língua portuguesa
  Copyright © 2024 by
  Editora Forense Ltda.
  Uma editora integrante do GEN | Grupo Editorial Nacional
  Travessa do Ouvidor, 11 – Térreo e 6º andar
  Rio de Janeiro – RJ – 20040-040
  www.grupogen.com.br

- Reservados todos os direitos. É proibida a duplicação ou reprodução deste volume, no todo ou em parte, em quaisquer formas ou por quaisquer meios (eletrônico, mecânico, gravação, fotocópia, distribuição pela Internet ou outros), sem permissão, por escrito, da Editora Forense Ltda.

- Capa: Daniel Kanai

- **CIP-BRASIL. CATALOGAÇÃO NA PUBLICAÇÃO**
  SINDICATO NACIONAL DOS EDITORES DE LIVROS, RJ

C978p
2. ed.

    Cunha, Leonardo Carneiro da
        Precatórios : atual regime jurídico / Leonardo Carneiro da Cunha. - 2. ed. - Rio de Janeiro : Forense, 2024.
        288 p. ; 23 cm.

    Inclui bibliografia e anexo
    ISBN 978-85-3099-485-3

    1. Execução contra fazenda pública - Brasil. 2. Execução fiscal - Brasil. I. Título.

24-88515   CDU: 347.952:351.94(81)

Meri Gleice Rodrigues de Souza - Bibliotecária - CRB-7/6439

AGRADECIMENTOS

Este livro foi escrito depois do lançamento da 19ª edição de meu *A Fazenda Pública em juízo*. Para concluí-lo, contei com a ajuda de Frederico Távora Filho, que encontrou algumas referências antigas sobre precatório e seu surgimento no sistema brasileiro.

Danilo Heber Gomes, João Otávio Terceiro Neto, Bernardo de Albuquerque, Gustavo Veloso de Melo, Antonio Carlos Souza e Carlos Jar fizeram uma revisão criteriosa, apresentando-me boas e pertinentes observações.

Ravi Peixoto fez rápida leitura de alguns itens, passando-me suas impressões sobre o texto e apresentando importantes sugestões.

A todos eles, meus caros amigos, registro meus agradecimentos. Dialogar com vocês e receber suas observações, críticas e sugestões deixaram-me mais tranquilo e mais seguro.

O Autor

SOBRE O AUTOR

Advogado, árbitro, consultor jurídico e procurador do estado de Pernambuco. Professor associado da Faculdade de Direito do Recife (UFPE), na qual obteve o título de mestre em Direito. Doutor em Direito pela PUC-SP, com pós-doutorado pela Universidade de Lisboa. Integrou a Comissão de Juristas composta para auxiliar a Câmara dos Deputados na revisão do Projeto do Código de Processo Civil de 2015.

NOTA DO AUTOR À 2ª EDIÇÃO

A 1ª edição deste livro esgotou-se rapidamente, o que foi motivo de alegria. Depois de lançada a 1ª edição, foram editadas a Emenda Constitucional 126, de 2022, e a Lei Complementar 200, de 2023, vindo o STF a julgar as Ações Diretas de Inconstitucionalidade 5.492, 5.679, 7.047 e 7.064, impactando o conteúdo do livro.

Tais novidades reforçam a instabilidade do tema dos precatórios.

Por isso, esta 2ª edição está atualizada com a doutrina mais recente, com os precedentes do STF e do STJ a respeito do assunto, inclusive em sede de Repercussão Geral e de Recursos Repetitivos, bem como com as referidas novidades normativas e com as mencionadas decisões do STF proferidas em controle concentrado de constitucionalidade.

De igual modo, esta 2ª edição está atualizada com o art. 6º-A da Lei 8.935, de 1994, nela inserido pela Lei 14.711, de 2023, acarretando a inclusão de um item novo para tratar da negociação e da cessão de precatórios mediante serviços notariais. Além dele, foram acrescentados outros itens, ampliando-se o conteúdo do livro.

Agradeço a Carlos Jar e Ravi Peixoto pelas sugestões que apresentaram.

Espero que esta 2ª edição goze da mesma aceitação da 1ª, servindo para contribuir com o estudo de tema tão importante e, ao mesmo tempo, tão instável no nosso sistema jurídico.

SUMÁRIO

INTRODUÇÃO		1
1.	PRECATÓRIO	3
	1.1. Terminologia	3
	1.2. Breve escorço histórico	5
	1.3. Previsão constitucional	7
	1.4. Justificativa constitucional	12
	1.5. Obrigatoriedade do precatório	13
	1.6. Autocomposição e precatório	14
	1.7. Execução de sentença arbitral contra o Poder Público	18
	1.8. Casos de dispensa de precatório	20
	1.9. Créditos alimentares	28
	1.10. As Emendas Constitucionais 62/2009 e 94/2016, as preferências e as diversas ordens cronológicas	31
2.	ASPECTOS OBJETIVOS E SUBJETIVOS DOS PRECATÓRIOS	33
	2.1. Aspectos objetivos	33
	2.1.1. Aplicação para as obrigações pecuniárias	33
	2.1.2. Execução em mandado de segurança	37
	2.2. Aspectos subjetivos	40
	2.2.1. Aplicação para as pessoas jurídicas de direito público	40
	2.2.2. Aplicação para empresas públicas e sociedades de economia mista que prestam serviços públicos	41

2.2.3.	Inaplicabilidade para os conselhos profissionais	44
2.2.4.	Aplicabilidade para pessoas jurídicas de direito privado incorporadas a ente público ou transformadas em pessoas jurídicas de direito público	44
3.	**PAGAMENTO DOS PRECATÓRIOS**	**47**
3.1.	Prazo para pagamento dos precatórios	47
3.2.	Atualização monetária e juros no pagamento do precatório	48
3.3.	A inadequação da correção monetária por índice que não reflete a inflação	50
3.4.	Previsão da Selic como critério de correção monetária	56
3.5.	Selic *versus* IPCA-E	57
3.6.	Utilização de depósitos judiciais para pagamento de precatórios em atraso	59
3.7.	Procedimento do precatório perante o presidente do tribunal	60
3.8.	Natureza jurídica da atividade do presidente do tribunal no precatório	60
3.9.	Sequestro	62
4.	**REGIME ESPECIAL PARA ESTADOS, DISTRITO FEDERAL E MUNICÍPIOS**	**65**
4.1.	Regime especial para pagamento de crédito de precatório de Estados, Distrito Federal e Municípios (instituído pela EC 62/2009)	65
4.2.	Assunção de débitos de Estados, do Distrito Federal e de Municípios pela União (cf, art. 100, § 16)	66
4.3.	Inconstitucionalidade do regime especial estabelecido para Estados, para o Distrito Federal e para Municípios	67
4.4.	As Ações Diretas de Inconstitucionalidade 4.357 e 4.425 e seus julgamentos pelo Supremo Tribunal Federal	69
4.5.	Regime especial para pagamento de crédito de precatório de Estados, Distrito Federal e Municípios (instituído pela EC 94/2016)	71
4.6.	Ampliação do prazo do regime especial pela EC 109/2021	75
4.7.	Limite subjetivo de aplicação	75
4.8.	Preferências para o regime especial	76
4.9.	Proibição de desapropriações	77

		4.10. Vedação de sequestro...	77
		4.11. Inconstitucionalidade do regime especial.....................................	77
5.	**LIMITE DE GASTOS PARA PRECATÓRIOS FEDERAIS**		79
	5.1.	Limites de gastos para despesas primárias................................	79
	5.2.	Revogação do limite de gastos pela EC 126/2022	79
	5.3.	Limites de gastos para pagamento de precatórios federais......	80
	5.4.	Exclusão do limite de gastos	80
	5.5.	Inconstitucionalidade do limite de gastos para pagamento dos precatórios: o julgamento de procedência pelo STF da ADI 7.064..	81
6.	**DEMAIS REGRAS SOBRE PRECATÓRIOS**.....................................		85
	6.1.	O cancelamento de precatórios e requisições de pequeno valor federais (Lei 13.463/2017)...	85
	6.2.	Intervenção federal e estadual	89
	6.3.	Parcelamento de precatórios que superam 15% do montante dos precatórios	90
	6.4.	Abatimento, a título de compensação, no valor do precatório de débitos com a correspondente Fazenda Pública	90
	6.5.	Utilização de crédito de precatório	91
	6.6.	Cessão de crédito inscrito em precatório...................................	92
	6.7.	Negociação e cessão de precatórios mediante serviços notariais...	94
7.	**OS PRECATÓRIOS E O CONSELHO NACIONAL DE JUSTIÇA**		97
	7.1.	Relembrando as funções do Conselho Nacional de Justiça.....	97
	7.2.	O Conselho Nacional de Justiça e as boas práticas da atividade jurisdicional	99
	7.3.	A Resolução 303/2019 do Conselho Nacional de Justiça	101
	7.4.	A gestão dos precatórios e o controle pelo Congresso Nacional e pelo Conselho Nacional de Justiça...	102
8.	**NORMAS PROCESSUAIS DA EXECUÇÃO CONTRA A FAZENDA PÚBLICA**...		107
	8.1.	Execução contra a Fazenda Pública...	107

8.2. Cumprimento de sentença contra a Fazenda Pública 109
8.3. Liquidação de sentença contra a Fazenda Pública: ausência de regras especiais 114
8.4. A defesa da Fazenda Pública no cumprimento de sentença: impugnação................... 115
8.5. Conteúdo da impugnação apresentada pela Fazenda Pública... 120
    8.5.1. Observação inicial 120
    8.5.2. Falta ou nulidade da citação, se o processo correu à revelia 121
    8.5.3. Ilegitimidade de parte 122
    8.5.4. Inexequibilidade do título ou inexigibilidade da obrigação 123
    8.5.5. Decisão fundada em lei ou ato normativo considerado inconstitucional pelo Supremo Tribunal Federal (CPC, art. 535, § 5º) 123
    8.5.6. Excesso de execução ou cumulação indevida de execuções 128
    8.5.7. Qualquer causa impeditiva, modificativa ou extintiva da obrigação, como pagamento, novação, compensação, transação ou prescrição, desde que superveniente à sentença 131
    8.5.8. Incompetência do juízo da execução, bem como suspeição ou impedimento do juiz 133
8.6. Execução fundada em título extrajudicial em face da Fazenda Pública 134
    8.6.1. Generalidades.................... 134
    8.6.2. A defesa da Fazenda Pública na execução fundada em título extrajudicial: os embargos à execução 135

BIBLIOGRAFIA 139

ANEXO 143
1. Legislação pertinente à matéria dos precatórios 143
    Emenda Constitucional 94, de 15 de dezembro de 2016 143
    Emenda Constitucional 99, de 14 de dezembro de 2017 149
    Emenda Constitucional 109, de 15 de março de 2021 153
    Emenda Constitucional 113, de 8 de dezembro de 2021 165

		Emenda Constitucional 114, de 16 de dezembro de 2021.......	172
		Emenda Constitucional 126, de 21 de dezembro de 2022.......	177
		Resolução 303, de 18 de dezembro de 2019	183
2.		Súmulas do STF e do STJ..	229
3.		Temas de repercussão geral em recurso extraordinário	230
4.		Teses fixadas pelo STJ em temas repetitivos.............................	234
5.		Enunciados	237
	5.1.	Enunciado do Fórum Permanente de Processualistas Civis – FPPC	237
	5.2.	Enunciados do Fórum Nacional do Poder Público – FNPP...	237
6.		*Leading cases* comentados..	238
		Ação Direta de Inconstitucionalidade 4.357	238
		Ação Direta de Inconstitucionalidade 4.425	249
		Ação Direta de Inconstitucionalidade 5.534	252
		Ação Direta de Inconstitucionalidade 7.047	254
		Ação Direta de Inconstitucionalidade 7.064	261
7.		Outros precedentes vinculantes do STF e do STJ.....................	274

INTRODUÇÃO

Por serem impenhoráveis os bens públicos, as condenações impostas ao Poder Público devem observar a exigência constitucional do precatório, com observância da ordem cronológica de suas inscrições.

O precatório tem fundamento nos princípios constitucionais da moralidade, da isonomia e da impessoalidade, servindo como mecanismo adequado a fundamentar a estruturação do procedimento da execução contra a Fazenda Pública.

Ao longo do tempo, houve muitas mudanças no texto constitucional, com o estabelecimento de exceções à exigência do precatório, de prioridades na ordem cronológica de pagamento, de parcelamentos, de moratórias. E as mudanças não repercutem apenas no texto permanente na Constituição, havendo também alterações no seu Ato das Disposições Constitucionais Transitórias. Muitas dessas mudanças já foram consideradas inconstitucionais pelo Supremo Tribunal Federal.

As sucessivas mudanças na Constituição refletem um excesso de casuísmo e uma grande instabilidade nesse tema. As recentes Emendas Constitucionais 109, 113 e 114, todas de 2021, indicam a possível concretização de uma situação preocupante: a União e os entes federais, que sempre pagaram pontualmente os créditos inscritos em precatórios, devem passar a pagar, a cada ano, apenas parte desses créditos, em virtude do limite de gastos impostos no texto constitucional. Há, efetivamente, o risco de se agigantar a dívida pública, em manifesta ofensa a diversas garantias constitucionais processuais.

A Emenda Constitucional 126, de 2022, e a Lei Complementar 200, de 2023, promoveram mudanças que permitiram ao STF, no julgamento da ADI 7.064, conferir interpretação conforme o art. 107-A do ADCT para restringir o limite de gastos apenas aos precatórios de 2022, proclamando a inconstitucionalidade das demais restrições constitucionais ao pagamento de precatórios.

A exigência constitucional do precatório impõe a estruturação de um procedimento executivo próprio contra o Poder Público, regulado no Código de Processo Civil e na legislação processual em vigor. Neste livro, as regras processuais da execução contra a Fazenda Pública também são examinadas, pois essa análise contribui para compreender melhor o conjunto de normas que regula, disciplina e orienta a inscrição dos precatórios, o seu processamento, o seu pagamento e a utilização de outros meios de extinção dos seus créditos.

A finalidade do livro é apresentar explicação objetiva, com ponderações a respeito das principais normas relativas ao precatório. Ao lado disso, faz-se uma reflexão sobre a atuação do Conselho Nacional de Justiça – CNJ e seu importante papel como observatório, laboratório e divulgador de boas práticas judiciais brasileiras, podendo, juntamente com o Tribunal de Contas da União, o Congresso Nacional e outros órgãos de controle, apresentar recomendações relevantes para melhorar o sistema de precatórios no Brasil.

Embora o STF tenha considerado inconstitucional, por ofensa à separação de poderes, a cooperação entre o CNJ, o Congresso Nacional e o TCU, tal iniciativa cooperativa servia à concretização da eficiência administrativa. Seja como for, as recomendações do CNJ continuam válidas e devem ser observadas. O que o STF considerou inadequada foi a atuação conjunta do CNJ, do TCU e do Congresso Nacional no diagnóstico de demandas judiciais propostas contra a União e a apresentação de soluções para diminuir ou evitar tais demandas, não refletindo na competência do CNJ de emitir resoluções ou recomendações aos órgãos jurisdicionais.

Esse é o objeto do presente livro. Pretende-se compreender e explicar as normas constitucionais relativas ao precatório, bem como as normas processuais da execução contra a Fazenda Pública, lembrando o entendimento do STF, já manifestado em outras oportunidades, e afirmando a inconstitucionalidade de algumas delas.

Há itens específicos sobre alterações feitas por algumas Emendas Constitucionais, entre as quais se inclui a 109, de 2021. As alterações levadas a efeito pelas Emendas Constitucionais 113 e 114 são examinadas ao longo de diversos itens, não havendo específicos só para elas. Também são mencionadas as alterações feitas pela Emenda Constitucional 126, de 2022.

As decisões do STF em ações diretas de inconstitucionalidade que interferem no tema dos precatórios são, de igual modo, examinadas ao longo dos capítulos deste livro.

As referências à Constituição Federal mencionam-na simplesmente como "Constituição". Já as menções ao Ato das Disposições Constitucionais Transitórias expressam-se como "ADCT". As Emendas Constitucionais são, muitas vezes, referidas apenas como "EC".

1

PRECATÓRIO

1.1. TERMINOLOGIA

Precatório é o termo que se assemelha à precatória, embora os institutos não se confundam. Esta insere-se no âmbito da cooperação jurídica nacional (CPC, arts. 67 a 69).

A cooperação entre os órgãos internos do Poder Judiciário nacional pode realizar-se entre órgãos jurisdicionais de seus diferentes ramos (CPC, art. 69, § 3º), concretizando-se, entre outros meios, por cartas. As cartas são, então, instrumentos para realização da cooperação jurídica no âmbito judicial (CPC, art. 69, § 1º). Há quatro tipos de cartas: (i) rogatória; (ii) de ordem; (iii) precatória; e (iv) arbitral. As cartas podem ter por objeto a prática de atos processuais de comunicação, instrução e constrição.

A carta precatória, que serve para cooperação entre órgãos da mesma hierarquia, sem vinculação entre si, destina-se a que um juízo possa solicitar a outro juízo a prática de determinado ato processual fora dos domínios de sua comarca, seção ou subseção judiciária. Sempre que determinado ato tiver de ser cumprido fora dos limites territoriais do juízo (comarca, seção ou subseção judiciária), o órgão jurisdicional há de contar com a cooperação de outros órgãos jurisdicionais, executado por auxílio direto (CPC, art. 69, § 1º), mediante a expedição de carta precatória (art. 236, § 1º). É possível, contudo, em situações expressamente previstas em lei, que os atos processuais sejam cumpridos fora da comarca, da seção ou da subseção judiciária sem a necessidade de carta (CPC, arts. 247, 255, 273, II, e 782, § 1º).

Por sua vez, o precatório é uma ordem de pagamento expedida para que o Poder Público cumpra com a obrigação pecuniária a que foi obrigado, mediante a observância da ordem cronológica de sua apresentação. De igual modo, o precatório consiste numa autorização para inserção do valor no orçamento para que possa, então, haver o pagamento do valor devido.

Embora o precatório não se confunda com a carta precatória, sua origem tem relação com a denominação desta última.

A Instrução Normativa de 10 de abril de 1851, editada pelo *Directorio do Juízo Fiscal e Contencioso dos Feitos da Fazenda*, estabelecia, em seu art. 14, que "em bens da Fazenda Nacional não se faz penhora". Tal impenhorabilidade relativa a bens públicos nacionais não alcançava os bens públicos provinciais nem os municipais[1]. Foram, todavia, editados os Avisos da Fazenda 120, de 1863, e 395, de 1865, que impuseram a impenhorabilidade daqueles bens. A jurisprudência do período considerava que todos os bens públicos eram impenhoráveis[2].

O mencionado art. 14 da Instrução Normativa de 10 de abril de 1851 também previa que, "tendo passado em julgado a sentença contra a Fazenda, extrai-se e leva-se ao 'cumpra-se' da autoridade competente, e é requerida ao Procurador Fiscal para pagar; e não tendo este dúvida, passa-se precatória à Tesouraria da favor do exequente". Depois, "estando a sentença corrente, e podendo pagar-se ao credor exequente, a Tesouraria paga, e remete ao Tesouro cópia da mesma" (Ordenação de 10 de setembro de 1846)[3].

Na legislação, originariamente, utilizava-se o termo precatória, e não precatório, para se referir às ordens de pagamento expedidas contra o Poder Público. O termo precatório apareceu, pela primeira vez, na Constituição de 1934[4]. Na

---

[1] SILVA, Ricardo Perlingeiro Mendes da. *Execução contra a Fazenda Pública*. São Paulo: Malheiros, 1999. p. 30.

[2] SILVA, Américo Luís Martins da. *Do precatório-requisitório na execução contra a Fazenda Pública*. Rio de Janeiro: Lumen Juris, 1996. p. 42.

[3] SILVA, Ricardo Perlingeiro Mendes da. *Execução contra a Fazenda Pública*. São Paulo: Malheiros, 1999. p. 30.

[4] CF/1934, art. 182: "Os pagamentos devidos pela Fazenda Federal, em virtude de sentença judiciária, far-se-ão na ordem de apresentação dos precatórios e à conta dos créditos respectivos, sendo vedada a designação de caso ou pessoas nas verbas legais. Parágrafo único. Estes créditos serão consignados pelo Poder Executivo ao Poder Judiciário, recolhendo-se as importâncias ao cofre dos depósitos públicos. Cabe ao Presidente da Corte Suprema expedir as ordens de pagamento, dentro das forças do depósito, e, a requerimento do credor que alegar preterição da sua precedência, autorizar o sequestro da quantia necessária para o satisfazer, depois de ouvido o Procurador-Geral da República".

Constituição de 1937[5], o termo utilizado foi precatória, e não precatório. Nos demais textos constitucionais, não se vê mais o termo precatória; em todos eles, adota-se a expressão precatório, consolidada até os dias atuais.

O precatório, que também pode ser denominado de requisitório, consiste, enfim, na solicitação do juiz à autoridade administrativa para que realize o pagamento de quantia em dinheiro, decorrente de condenação judicial transitada em julgado.

1.2. BREVE ESCORÇO HISTÓRICO

Durante muito tempo, não existia a figura do Estado. Quando ele surgiu e se estruturou, era irresponsável: não era acionado judicialmente nem havia condenações judiciais que lhe impusessem o cumprimento de obrigações.

Com o incremento e o aperfeiçoamento do Estado de Direito, os entes públicos começaram a ter de cumprir as normas jurídicas, passando também a ser condenados em casos de descumprimento. Também se consolidou, ao longo do tempo, a responsabilidade civil objetiva do Estado.

Surgiram, então, decisões condenatórias proferidas contra o Poder Público. Com seu trânsito em julgado, deveria haver o cumprimento espontâneo das condenações impostas. Não havendo tal cumprimento, passou-se a perceber um impasse: como forçar o cumprimento de obrigações pecuniárias impostas contra os entes públicos? Sendo os bens públicos impenhoráveis, não se revelava possível uma execução forçada, com invasão patrimonial e expropriação de bens.

Num primeiro momento, a legislação não havia estruturado um procedimento adequado para a execução de obrigação pecuniária contra a Fazenda Pública. Surgiu, assim, o precatório, um expediente concebido na praxe fo-

---

[5] CF/1937, art. 95: "Os pagamentos devidos pela Fazenda Federal, em virtude de sentenças judiciárias, far-se-ão na ordem em que forem apresentadas as precatórias e à conta dos créditos respectivos, vedada a designação de casos ou pessoas nas verbas orçamentárias ou créditos destinados àquele fim. Parágrafo único. As verbas orçamentárias e os créditos votados para os pagamentos devidos, em virtude de sentença judiciária, pela Fazenda Federal, serão consignados ao Poder Judiciário, recolhendo-se as importâncias ao cofre dos depósitos públicos. Cabe ao Presidente do Supremo Tribunal Federal expedir as ordens de pagamento, dentro das forças do depósito, e, a requerimento do credor preterido em seu direito de precedência, autorizar o sequestro da quantia necessária para satisfazê-lo, depois de ouvido o Procurador-Geral da República".

rense, na base da analogia⁶. Num dos primeiros casos de que se tem registro, o exequente pediu a intervenção do juiz junto ao governo, o que acarretou a expedição de um ofício ao presidente da respectiva Câmara Municipal para que facilitasse a diligência, com o lançamento de seu "cumpra-se" na "precatória de vênia" e com seu consentimento à ida dos oficiais de justiça até a tesouraria da Câmara, a fim de efetuarem a penhora, podendo o tesoureiro apresentar seu protesto⁷.

A iniciativa do juiz decorria da seguinte lógica: a Administração fizera incluir, em seu orçamento, a previsão para o pagamento de determinada obra. Contratado o construtor, este não recebeu o valor acordado. Na execução que propusesse, poderia penhorar o valor anteriormente aprovado e incluído no orçamento.

No referido caso, o juiz expediu uma "precatória de vênia", com a finalidade de realizar uma penhora em dinheiro de uma Câmara Municipal, "por entender o juiz que a penhora não se podia realizar sem que o Presidente da Câmara autorizasse a entrada dos oficiais de justiça no respectivo edifício"⁸.

Por serem os bens públicos impenhoráveis, o juiz não determinou a expedição de um mandado de penhora. Em respeito à autoridade pública, o juiz expediu uma precatória "de vênia", solicitando autorização para que os valores da tesouraria fossem apreendidos para pagamento do quanto era devido ao particular.

Como se viu, o art. 14 da Instrução Normativa de 10 de abril de 1851 previa a expedição de uma precatória à tesouraria do ente público para que se viabilizasse o pagamento do crédito decorrente da condenação judicial.

Na parte quinta do Decreto 3.084, de 5 de novembro de 1898, que aprovou a "Consolidação das Leis Referentes à Justiça Federal", havia um artigo, com o seguinte teor:

> Art. 41. Sendo a Fazenda condenada por sentença a algum pagamento, estão livres de penhora os bens nacionais, os quais não podem ser alienados senão por ato legislativo.

---

⁶ CARVALHO, Vladmir Souza. Iniciação ao estudo do precatório. *Revista de informação legislativa*. Brasília, n. 76, out.-dez. 1982. p. 327.

⁷ CARVALHO, Vladmir Souza. Iniciação ao estudo do precatório. *Revista de informação legislativa*. Brasília, n. 76, out.-dez. 1982. p. 330-331.

⁸ GARCEZ, Martinho. *Das execuções de sentença*: na Justiça Federal, na Justiça do Distrito Federal e na Justiça dos Estados. Rio de Janeiro: Jacintho Ribeiro dos Santos Editor, 1928. v. 1. p. 74.

A sentença será executada depois de haver passado em julgado e de ter sido intimado o procurador da Fazenda, se este não lhe oferecer embargos, expedindo o juiz precatória ao Tesouro, para efetuar-se o pagamento.

A Consolidação das Leis Referentes à Justiça Federal, organizada por Cândido Oliveira Filho em 1923, reproduzia, em seu art. 2.195, o mesmo dispositivo supratranscrito.

Aí está, portanto, a origem mais remota do precatório, cujo nome decorre da precatória, por ter o juiz, no citado caso, utilizado por analogia esse meio de comunicação processual, denominando-o de "precatória de vênia", em respeito à autoridade pública destinatária do comunicado.

1.3. PREVISÃO CONSTITUCIONAL

Desde a Constituição de 1934, os pagamentos devidos pela Fazenda Pública, em virtude de condenação judicial, fazem-se na ordem cronológica de apresentação dos precatórios e à conta dos créditos respectivos[9]. Com exceção da de 1891, em todas as Constituições Republicanas[10], há previsão de que os

---

[9] CF/1934, art. 182: "Os pagamentos devidos pela Fazenda Federal, em virtude de sentença judiciária, far-se-ão na ordem de apresentação dos precatórios e à conta dos créditos respectivos, sendo vedada a designação de caso ou pessoas nas verbas legais. Parágrafo único. Estes créditos serão consignados pelo Poder Executivo ao Poder Judiciário, recolhendo-se as importâncias ao cofre dos depósitos públicos. Cabe ao Presidente da Corte Suprema expedir as ordens de pagamento, dentro das forças do depósito, e, a requerimento do credor que alegar preterição da sua precedência, autorizar o sequestro da quantia necessária para o satisfazer, depois de ouvido o Procurador-Geral da República".

[10] CF/1937, art. 95: "Os pagamentos devidos pela Fazenda Federal, em virtude de sentenças judiciárias, far-se-ão na ordem em que forem apresentadas as precatórias e à conta dos créditos respectivos, vedada a designação de casos ou pessoas nas verbas orçamentárias ou créditos destinados àquele fim. Parágrafo único. As verbas orçamentárias e os créditos votados para os pagamentos devidos, em virtude de sentença judiciária, pela Fazenda federal, serão consignados ao Poder Judiciário, recolhendo-se as importâncias ao cofre dos depósitos públicos. Cabe ao Presidente do Supremo Tribunal Federal expedir as ordens de pagamento, dentro das forças do depósito, e, a requerimento do credor preterido em seu direito de precedência, autorizar o sequestro da quantia necessária para satisfazê-lo, depois de ouvido o Procurador-Geral da República".

CF/1946, art. 204: "Os pagamentos devidos pela Fazenda federal, estadual ou municipal, em virtude de sentença judiciária, far-se-ão na ordem de apresentação dos precatórios e à conta dos créditos respectivos, sendo proibida a designação de casos ou de pessoas nas dotações orçamentárias e nos créditos extraorçamentários abertos

pagamentos devidos pela Fazenda Pública, em virtude de condenação judicial, devem ser feitos na ordem cronológica de apresentação dos precatórios. A Constituição de 1988, em sua redação originária, manteve a previsão[11]. O precatório está, no atual texto constitucional, previsto em seu art. 100.

---

para esse fim. Parágrafos único. As dotações orçamentárias e os créditos abertos serão consignados ao Poder Judiciário, recolhendo-se as importâncias à repartição competente. Cabe ao Presidente do Tribunal Federal de Recursos ou, conforme o caso, ao Presidente do Tribunal de Justiça expedir as ordens de pagamento, segundo as possibilidades do depósito, e autorizar, a requerimento do credor preterido no seu direito de precedência, e depois de ouvido o chefe do Ministério Público, o sequestro da quantia necessária para satisfazer o débito".

CF/1967, art. 112: "Os pagamentos devidos pela Fazenda federal, estadual ou municipal, em virtude de sentença judiciária, far-se-ão na ordem de apresentação dos precatórios e à conta dos créditos respectivos, proibida a designação de casos ou de pessoas nas dotações orçamentárias e nos créditos extraorçamentários abertos para esse fim. § 1º. É obrigatória a inclusão, no orçamento das entidades de direito público, de verba necessária ao pagamento dos seus débitos constantes de precatórios judiciários, apresentados até primeiro de julho. § 2º. As dotações orçamentárias e os créditos abertos serão consignados ao Poder Judiciário, recolhendo-se as importâncias respectivas à repartição competente. Cabe ao Presidente do Tribunal, que proferiu a decisão exequenda determinar o pagamento, segundo as possibilidades do depósito, e autorizar, a requerimento do credor preterido no seu direito de precedência, e depois de ouvido o chefe do Ministério Público, o sequestro da quantia necessária à satisfação do débito".

EC 1/1969, art. 117: "Os pagamentos devidos pela Fazenda federal, estadual ou municipal, em virtude de sentença judiciária, far-se-ão na ordem de apresentação dos precatórios e à conta dos créditos respectivos, proibida a designação de casos ou de pessoas nas dotações orçamentárias e nos créditos extraorçamentários abertos para esse fim. § 1º. É obrigatória a inclusão, no orçamento das entidades de direito público, de verba necessária ao pagamento dos seus débitos constantes de precatórios judiciários, apresentados até primeiro de julho. § 2º. As dotações orçamentárias e os créditos abertos serão consignados ao Poder Judiciário, recolhendo-se as importâncias respectivas à repartição competente. Caberá ao Presidente do Tribunal que proferir a decisão exequenda determinar o pagamento, segundo as possibilidades do depósito, e autorizar, a requerimento do credor preterido no seu direito de precedência, ouvido o chefe do Ministério Público, o sequestro da quantia necessária à satisfação do débito".

[11] "Art. 100. À exceção dos créditos de natureza alimentícia, os pagamentos devidos pela Fazenda Federal, Estadual ou Municipal, em virtude de sentença judiciária, far-se-ão exclusivamente na ordem cronológica de apresentação dos precatórios e à conta dos créditos respectivos, proibida a designação de casos ou de pessoas nas dotações orçamentárias e nos créditos adicionais abertos para este fim. § 1º. É obrigatória a inclusão, no orçamento das entidades de direito público, de verba necessária ao pagamento de seus débitos constantes de precatórios judiciários, apresentados até 1º de julho, data em que terão atualizados seus valores, fazendo-se o pagamento até

Durante a vigência da atual Constituição, diversas emendas constitucionais alteraram o referido dispositivo. Originariamente, além do *caput,* o dispositivo tinha apenas dois parágrafos. Atualmente, o art. 100 da Constituição conta com vinte e dois parágrafos[12], além de diversas disposições transitórias no ADCT.

---

[12] o final do exercício seguinte. § 2º. As dotações orçamentárias e os créditos abertos serão consignados ao Poder Judiciário, recolhendo-se as importâncias respectivas à repartição competente, cabendo ao Presidente do Tribunal que proferir a decisão exequenda determinar o pagamento, segundo as possibilidades do depósito, e autorizar, a requerimento do credor e exclusivamente para o caso de preterimento de seu direito de precedência, o sequestro da quantia necessária à satisfação do débito."
"Art. 100. Os pagamentos devidos pelas Fazendas Públicas Federal, Estaduais, Distrital e Municipais, em virtude de sentença judicial, far-se-ão exclusivamente na ordem cronológica de apresentação dos precatórios e à conta dos créditos respectivos, proibida a designação de casos ou de pessoas nas dotações orçamentárias e nos créditos adicionais abertos para este fim. § 1º. Os débitos de natureza alimentícia compreendem aqueles decorrentes de salários, vencimentos, proventos, pensões e suas complementações, benefícios previdenciários e indenizações por morte ou por invalidez, fundadas em responsabilidade civil, em virtude de sentença judicial transitada em julgado, e serão pagos com preferência sobre todos os demais débitos, exceto sobre aqueles referidos no § 2º deste artigo. § 2º. Os débitos de natureza alimentícia cujos titulares, originários ou por sucessão hereditária, tenham 60 (sessenta) anos de idade, ou sejam portadores de doença grave, ou pessoas com deficiência, assim definidos na forma da lei, serão pagos com preferência sobre todos os demais débitos, até o valor equivalente ao triplo fixado em lei para os fins do disposto no § 3º deste artigo, admitido o fracionamento para essa finalidade, sendo que o restante será pago na ordem cronológica de apresentação do precatório. § 3º. O disposto no *caput* deste artigo relativamente à expedição de precatórios não se aplica aos pagamentos de obrigações definidas em leis como de pequeno valor que as Fazendas referidas devam fazer em virtude de sentença judicial transitada em julgado. § 4º. Para os fins do disposto no § 3º, poderão ser fixados, por leis próprias, valores distintos às entidades de direito público, segundo as diferentes capacidades econômicas, sendo o mínimo igual ao valor do maior benefício do regime geral de previdência social. § 5º. É obrigatória a inclusão no orçamento das entidades de direito público de verba necessária ao pagamento de seus débitos oriundos de sentenças transitadas em julgado constantes de precatórios judiciários apresentados até 2 de abril, fazendo-se o pagamento até o final do exercício seguinte, quando terão seus valores atualizados monetariamente. § 6º. As dotações orçamentárias e os créditos abertos serão consignados diretamente ao Poder Judiciário, cabendo ao Presidente do Tribunal que proferir a decisão exequenda determinar o pagamento integral e autorizar, a requerimento do credor e exclusivamente para os casos de preterimento de seu direito de precedência ou de não alocação orçamentária do valor necessário à satisfação do seu débito, o sequestro da quantia respectiva. § 7º. O Presidente do Tribunal compe-

tente que, por ato comissivo ou omissivo, retardar ou tentar frustrar a liquidação regular de precatórios incorrerá em crime de responsabilidade e responderá, também, perante o Conselho Nacional de Justiça. § 8º. É vedada a expedição de precatórios complementares ou suplementares de valor pago, bem como o fracionamento, repartição ou quebra do valor da execução para fins de enquadramento de parcela do total ao que dispõe o § 3º deste artigo. § 9º. Sem que haja interrupção no pagamento do precatório e mediante comunicação da Fazenda Pública ao Tribunal, o valor correspondente aos eventuais débitos inscritos em dívida ativa contra o credor do requisitório e seus substituídos deverá ser depositado à conta do juízo responsável pela ação de cobrança, que decidirá pelo seu destino definitivo. § 10. Antes da expedição dos precatórios, o Tribunal solicitará à Fazenda Pública devedora, para resposta em até 30 (trinta) dias, sob pena de perda do direito de abatimento, informação sobre os débitos que preencham as condições estabelecidas no § 9º, para os fins nele previstos. § 11. É facultada ao credor, conforme estabelecido em lei do ente federativo devedor, com auto aplicabilidade para a União, a oferta de créditos líquidos e certos que originalmente lhe são próprios ou adquiridos de terceiros reconhecidos pelo ente federativo ou por decisão judicial transitada em julgado para: I – quitação de débitos parcelados ou débitos inscritos em dívida ativa do ente federativo devedor, inclusive em transação resolutiva de litígio, e, subsidiariamente, débitos com a administração autárquica e fundacional do mesmo ente; II – compra de imóveis públicos de propriedade do mesmo ente disponibilizados para venda; III – pagamento de outorga de delegações de serviços públicos e demais espécies de concessão negocial promovidas pelo mesmo ente; IV – aquisição, inclusive minoritária, de participação societária, disponibilizada para venda, do respectivo ente federativo; ou V – compra de direitos, disponibilizados para cessão, do respectivo ente federativo, inclusive, no caso da União, da antecipação de valores a serem recebidos a título do excedente em óleo em contratos de partilha de petróleo. § 12. A partir da promulgação desta Emenda Constitucional, a atualização de valores de requisitórios, após sua expedição, até o efetivo pagamento, independentemente de sua natureza, será feita pelo índice oficial de remuneração básica da caderneta de poupança, e, para fins de compensação da mora, incidirão juros simples no mesmo percentual de juros incidentes sobre a caderneta de poupança, ficando excluída a incidência de juros compensatórios. § 13. O credor poderá ceder, total ou parcialmente, seus créditos em precatórios a terceiros, independentemente da concordância do devedor, não se aplicando ao cessionário o disposto nos § 2º e 3º. § 14. A cessão de precatórios, observado o disposto no § 9º deste artigo, somente produzirá efeitos após comunicação, por meio de petição protocolizada, ao Tribunal de origem e ao ente federativo devedor. § 15. Sem prejuízo do disposto neste artigo, lei complementar a esta Constituição Federal poderá estabelecer regime especial para pagamento de crédito de precatórios de Estados, Distrito Federal e Municípios, dispondo sobre vinculações à receita corrente líquida e forma e prazo de liquidação. § 16. A seu critério exclusivo e na forma de lei, a União poderá assumir débitos, oriundos de precatórios, de Estados, Distrito Federal e Municípios, refinanciando-os diretamente. § 17. A União, os Estados, o Distrito Federal e os Municípios aferirão

O precatório, ao longo dos anos de vigência da atual Constituição, tornou-se um tema instável, passível de sucessivas mudanças casuísticas e oportunistas.

---

mensalmente, em base anual, o comprometimento de suas respectivas receitas correntes líquidas com o pagamento de precatórios e obrigações de pequeno valor. § 18. Entende-se como receita corrente líquida, para os fins de que trata o § 17, o somatório das receitas tributárias, patrimoniais, industriais, agropecuárias, de contribuições e de serviços, de transferências correntes e outras receitas correntes, incluindo as oriundas do § 1º do art. 20 da Constituição Federal, verificado no período compreendido pelo segundo mês imediatamente anterior ao de referência e os 11 (onze) meses precedentes, excluídas as duplicidades, e deduzidas: I – na União, as parcelas entregues aos Estados, ao Distrito Federal e aos Municípios por determinação constitucional; II – nos Estados, as parcelas entregues aos Municípios por determinação constitucional; III – na União, nos Estados, no Distrito Federal e nos Municípios, a contribuição dos servidores para custeio de seu sistema de previdência e assistência social e as receitas provenientes da compensação financeira referida no § 9º do art. 201 da Constituição Federal. § 19. Caso o montante total de débitos decorrentes de condenações judiciais em precatórios e obrigações de pequeno valor, em período de 12 (doze) meses, ultrapasse a média do comprometimento percentual da receita corrente líquida nos 5 (cinco) anos imediatamente anteriores, a parcela que exceder esse percentual poderá ser financiada, excetuada dos limites de endividamento de que tratam os incisos VI e VII do art. 52 da Constituição Federal e de quaisquer outros limites de endividamento previstos, não se aplicando a esse financiamento a vedação de vinculação de receita prevista no inciso IV do art. 167 da Constituição Federal. § 20. Caso haja precatório com valor superior a 15% (quinze por cento) do montante dos precatórios apresentados nos termos do § 5º deste artigo, 15% (quinze por cento) do valor deste precatório serão pagos até o final do exercício seguinte e o restante em parcelas iguais nos cinco exercícios subsequentes, acrescidas de juros de mora e correção monetária, ou mediante acordos diretos, perante Juízos Auxiliares de Conciliação de Precatórios, com redução máxima de 40% (quarenta por cento) do valor do crédito atualizado, desde que em relação ao crédito não penda recurso ou defesa judicial e que sejam observados os requisitos definidos na regulamentação editada pelo ente federado. § 21. Ficam a União e os demais entes federativos, nos montantes que lhes são próprios, desde que aceito por ambas as partes, autorizados a utilizar valores objeto de sentenças transitadas em julgado devidos a pessoa jurídica de direito público para amortizar dívidas, vencidas ou vincendas: I – nos contratos de refinanciamento cujos créditos sejam detidos pelo ente federativo que figure como devedor na sentença de que trata o *caput* deste artigo; II – nos contratos em que houve prestação de garantia a outro ente federativo; III – nos parcelamentos de tributos ou de contribuições sociais; e IV – nas obrigações decorrentes do descumprimento de prestação de contas ou de desvio de recursos. § 22. A amortização de que trata o § 21 deste artigo: I – nas obrigações vencidas, será imputada primeiramente às parcelas mais antigas; II – nas obrigações vincendas, reduzirá uniformemente o valor de cada parcela devida, mantida a duração original do respectivo contrato ou parcelamento."

1.4. JUSTIFICATIVA CONSTITUCIONAL

A instituição do precatório, nos sucessivos textos constitucionais, concorreu para a moralização da Administração Pública no Brasil, eliminando uma das formas mais correntes de advocacia administrativa[13].

Com efeito, antes da Constituição de 1934, transitadas em julgado as decisões que condenavam a Fazenda Pública a pagamento em dinheiro, "um enxame de pessoas prestigiadas e ávidas do recebimento de comissões passava a rondar os corredores das repartições fiscais. Nelas se digladiavam, como autênticos abutres, e com feroz avidez, para arrancar a verba de seus clientes. Esta – pelo poderio dos advogados administrativos – saía para os guichês de pagamento com designação dos beneficiários e alusão expressa aos seus casos. Com isso, infringia-se a precedência a que tinham direito titulares, sem melhor amparo, de pagamentos que se deviam ter realizado anteriormente"[14].

A Fazenda Pública não pode efetuar pagamento de créditos pecuniários decorrentes de condenações judiciais, sem que obedeça à ordem de apresentação dos precatórios.

A norma não se dirige apenas ao Poder Executivo, destinando-se, igualmente, ao Legislativo, pois lhe veda a designação de caso ou de pessoas nas verbas legais, bem como a edição de normas infraconstitucionais que permitam exceções ou prioridades contrárias à ordem cronológica de apresentação dos precatórios[15].

Nesse sentido, o precatório é exigência que concretiza o princípio da impessoalidade, que se revela efetivo na avaliação da correção dos atos praticados pela Administração Pública e do seu papel na proteção dos direitos individuais, pois abrange os deveres de objetividade, imparcialidade, neutralidade e transparência[16].

Para parte da doutrina, a impessoalidade é reflexo da imparcialidade do Estado[17]. Outra parte da doutrina, sem se referir à imparcialidade, afirma

---

[13] MIRANDA, Francisco Cavalcanti Pontes de. *Comentários à Constituição de 1967.* São Paulo: RT, 1967. t. III, n. 2. p. 620.

[14] BARREIRA, Wagner. Precatório. *Enciclopédia Saraiva do Direito.* São Paulo: Saraiva, 1977. v. 60. p. 3.

[15] MIRANDA, Francisco Cavalcanti Pontes de. *Comentários à Constituição de 1967.* São Paulo: RT, 1967. t. III, n. 2. p. 621.

[16] ÁVILA, Ana Paula Oliveira. *O princípio da impessoalidade da Administração Pública:* para uma Administração imparcial. Rio de Janeiro: Renovar, 2004. p. 7.

[17] FIGUEIREDO, Lucia Valle. *Curso de Direito Administrativo.* 3. ed. São Paulo: Malheiros, 1998. p. 57-58; MOREIRA NETO, Diogo de Figueiredo. *Sociedade, Estado e Administração Pública.* Rio de Janeiro: Topbooks, 1995. p. 99.

que a impessoalidade da Administração Pública contém dois significados. O primeiro refere-se à imputação dos atos administrativos, devendo ser considerados como atos do órgão, da entidade administrativa, e não do agente, do servidor ou da autoridade que os pratica[18]. Já o segundo significado refere-se ao tratamento isonômico que deve ser conferido aos administrados pela Administração Pública. Nesse sentido, o princípio da impessoalidade consiste num reflexo do princípio da igualdade: a Administração deve tratar igualmente todos os administrados[19].

Como afirmado pelo Supremo Tribunal Federal, a execução por quantia certa contra o Poder Público deve observar a ordem cronológica de apresentação dos precatórios, "em obséquio aos princípios ético-jurídicos da moralidade, da impessoalidade e da igualdade". A regra fundamental que outorga preferência apenas a quem dispuser de precedência cronológica tem por finalidade *"(a)* assegurar a igualdade entre os credores e proclamar a inafastabilidade do dever estatal de solver os débitos judicialmente reconhecidos em decisão transitada em julgado (RTJ 108/463), *(b)* impedir favorecimentos pessoais indevidos e *(c)* frustrar tratamentos discriminatórios, evitando injustas perseguições ou preterições motivadas por razões destituídas de legitimidade jurídica"[20].

O art. 100 da Constituição, segundo entende o STF, "traduz-se em um dos mais expressivos postulados realizadores do princípio da igualdade, pois busca conferir, na concreção do seu alcance, efetividade à exigência constitucional de tratamento isonômico dos credores do Estado"[21].

O precatório é, enfim, regra que concretiza os princípios da efetividade da tutela jurisdicional, da moralidade administrativa, da impessoalidade e da isonomia. Sua justificativa constitucional exige que o procedimento de execução por quantia certa contra o Poder Público seja estruturado de modo a viabilizar que, ao final, se expeça o precatório e se observe a ordem cronológica de sua apresentação.

1.5. OBRIGATORIEDADE DO PRECATÓRIO

Os pagamentos feitos pela Fazenda Pública são despendidos pelo Erário, merecendo tratamento específico a execução intentada contra as pessoas ju-

---

[18] GORDILLO, Agustín. *Tratado de Derecho Administrativo*. 3. ed. Buenos Aires: Macchi, 1995. t. 2. p. 13.
[19] MELLO, Celso Antônio Bandeira de. *Curso de Direito Administrativo*. 13. ed. São Paulo: Malheiros, 1999. p. 70.
[20] STF, Pleno, Rcl 3.220 ED, Rel. Min. Celso de Mello, *DJe* 14.02.2013.
[21] STF, Pleno, RE 612.707, Rel. Min. Edson Fachin, *DJe* 08.09.2020.

rídicas de direito público, a fim de adaptar as regras pertinentes à sistemática do precatório. Em outras palavras, os pagamentos pela Fazenda Pública de quantias certas decorrentes de condenações judiciais devem submeter-se à sistemática do precatório.

A necessidade de obediência ao procedimento do precatório, tal como definido no art. 100 da Constituição, *aplica-se a todos os créditos,* devendo, em qualquer hipótese, haver prévia prolação de sentença judicial que condene a Fazenda Pública ao pagamento reclamado[22].

Assim, todas[23] as execuções judiciais de créditos pecuniários propostas em face da Fazenda Pública – *independentemente da natureza do crédito ou de quem figure como exequente* – devem submeter-se ao procedimento próprio do precatório.

1.6. AUTOCOMPOSIÇÃO E PRECATÓRIO

A partir da exigência de uma Administração Pública eficiente (CF, art. 37), que desenvolva um adequado modelo de gestão e incorpore técnicas da administração gerencial, e diante do incremento das ideias democráticas, a atividade administrativa passou a exigir maior participação social institucionalizada; o particular passa a poder participar da construção das decisões administrativas, sendo copartícipe da gestão pública.[24] Há, enfim, uma atuação administrativa consensual.[25] A consensualidade consiste em um relevante mecanismo de atingimento da eficiência administrativa.[26]

A consensualidade, presente no processo decisório, na fase executiva e no momento de solução de conflitos, caracteriza a *Administração Pública*

---

[22] STF, 1ª Turma, RE 222.435/RS, Rel. Min. Octavio Gallotti, *DJ* 06.11.1998; STF, 1ª Turma, RE 188.156/SP, Rel. Min. Sepúlveda Pertence, *DJ* 07.05.1999. p. 13; STF, 1ª Turma, RE 188.285/SP, Rel. Min. Celso de Mello, *DJ* 1º.03.1996. p. 5.028.

[23] Ressalvadas apenas aquelas consideradas de pequeno valor.

[24] "Fenômeno relativamente recente nas relações entre o Estado e os indivíduos na realização de fins de interesse público tem sido a busca de decisões administrativas por meios consensuais" (SILVA, Almiro do Couto e. Os indivíduos e o Estado na realização de tarefas públicas. *Conceitos fundamentais do direito no Estado Constitucional*. São Paulo: Malheiros, 2015. p. 261).

[25] BARREIROS, Lorena Miranda Santos. *Convenções processuais e Poder Público*. Salvador: JusPodivm, 2016. p. 45-49; FACCI, Lucio Picanço. *Meios adequados de resolução de conflitos administrativos*: a experiência da Câmara de Conciliação e Arbitragem da Administração Federal. Rio de Janeiro: Lumen Juris, 2019. p. 128-132.

[26] NEIVA, Geisa Rosignoli. *Conciliação e mediação pela Administração Pública*: parâmetros para sua efetivação. Rio de Janeiro: Lumen Juris, 2019. p. 91.

dialógica, que é a Administração Pública inserida no regime democrático, em um estágio ainda mais avançado que o da *Administração Pública gerencial*.[27]

É possível perceber uma ampliação gradativa, ao longo dos anos, de manifestações de consensualidade administrativa no Direito brasileiro. De igual modo, o ambiente da consensualidade tem sido incrementado no Direito Penal, no Direito Processual e, em geral, no Direito Público. Com efeito, existem a desapropriação amigável, a colaboração premiada, a transação penal e a suspensão condicional do processo, a autocomposição nos processos que tramitam nos Juizados Especiais Federais e nos Juizados Especiais da Fazenda Pública, os acordos de leniência, além do próprio incremento das Parcerias Público-Privadas.[28] A legislação que trata das agências reguladoras outorga-lhes poder para dirimir, no âmbito administrativo, as divergências entre concessionárias, permissionárias, autorizatárias etc.[29]

É nesse ambiente de maior consensualidade que a arbitragem tem se expandido para solução de disputas que envolvem entes da Administração Pública,[30] aumentando os casos em que se viabiliza a autocomposição, por meio da mediação e da conciliação, de que participe o Poder Público.

Com efeito, o ambiente de consensualidade da Administração Pública dialógica contribui para a celebração de transações administrativas, conciliações e mediações e até mesmo para a realização de arbitragens que envolvem o Poder Público.[31]

A arbitragem não é meio consensual de solução de disputas; é um mecanismo heterocompositivo, e não autocompositivo. Sua instauração, porém, exige consenso: as partes envolvidas precisam aceitar que o caso não vá ao Judiciário, podendo ser submetido a um tribunal arbitral.

Nos termos do art. 26 da Lei de Introdução às Normas do Direito Brasileiro (LINDB), a autoridade administrativa, para eliminar irregularidades,

---

[27] Para mais detalhes, consultar LIMA, Raimundo Márcio Ribeiro. *Administração Pública dialógica*. Curitiba: Juruá, 2013.

[28] BARREIROS, Lorena Miranda Santos. *Convenções processuais e Poder Público*. Salvador: JusPodivm, 2016. p. 49-92.

[29] FACCI, Lucio Picanço. *Meios adequados de resolução de conflitos administrativos*: a experiência da Câmara de Conciliação e Arbitragem da Administração Federal. Rio de Janeiro: Lumen Juris, 2019. p. 133.

[30] TONIN, Mauricio Morais. *Arbitragem, mediação e outros métodos de solução de conflitos envolvendo o Poder Público*. São Paulo: Almedina, 2019. p. 113-121.

[31] LIMA, Raimundo Márcio Ribeiro. *Administração Pública dialógica*. Curitiba: Juruá, 2013. p. 233.

incerteza jurídica ou situações contenciosas na aplicação do direito público, inclusive no caso de expedição de licença, pode celebrar compromisso com os interessados. O compromisso buscará solução jurídica proporcional, equânime, eficiente e compatível com os interesses gerais, não poderá conferir desoneração permanente de dever ou condicionamento de direito reconhecido por orientação geral e deverá prever, com clareza, as obrigações das partes, o prazo para seu cumprimento e as sanções aplicáveis em caso de descumprimento.

Tal dispositivo, como bem destaca Edilson Pereira Nobre Júnior, contém disposição de caráter geral que se destina a conferir dosagem democrática ao Direito Administrativo brasileiro, ao permitir que a Administração – de qualquer de suas esferas políticas – incorpore o consenso na tomada de suas decisões. A disposição satisfaz, a um só tempo, exigências de legalidade e de eficiência, autorizando o agente público a agir pela pauta consensual, fazendo que o acordado seja suscetível de mais fácil cumprimento, com o que se evita o recurso, penoso e demorado, à via judicial. Há, enfim, a incorporação da tendência à implantação da administração concertada, ou administração consensual, ou ainda *soft administration*, que expressam novas formas de democracia participativa.[32]

A disposição contida no art. 26 da Lei de Introdução contém, a bem da verdade, uma *cláusula geral estimuladora da adoção de meios consensuais pelo Poder Público*.[33] Aliás, por força do art. 30 da mesma LINDB, o Poder Público deve desenvolver procedimentos internos hábeis a identificar casos para sugerir a aplicação dos meios consensuais de conflito[34].

Esses dispositivos – aliados aos arts. 3º e 174 do CPC – estabelecem o dever de a Administração Pública adotar meios consensuais de solução de disputas.

Assim, a Administração Pública pode resolver disputas por autocomposição, acordos, transações etc. A autocomposição não pode, necessaria-

---

[32] NOBRE JÚNIOR, Edilson Pereira. *As normas de direito público na Lei de Introdução ao Direito Brasileiro*: paradigmas para interpretação e aplicação do Direito Administrativo. São Paulo: Contracorrente, 2019. p. 144-145.

[33] Nesse sentido, o Enunciado 130 do Fórum Nacional do Poder Público: "O art. 26 da LINDB prevê cláusula geral estimuladora da adoção de meios consensuais pelo Poder Público e, para sua aplicação efetiva e objetiva, recomenda-se a produção de repositório público de jurisprudência administrativa".

[34] Nesse sentido, o Enunciado 131 do Fórum Nacional do Poder Público: "Deve o Poder Público desenvolver procedimentos internos hábeis a identificar casos para sugerir a aplicação dos meios consensuais de conflito".

mente, dispensar a expedição do precatório. É preciso verificar o momento e o procedimento para o acordo, haja vista o disposto no art. 100 da Constituição, segundo o qual os pagamentos decorrentes de "sentença judiciária" exigem a expedição de precatório e a observância da ordem cronológica de sua apresentação.

A exigência do precatório deve ser observada, mesmo nos casos em que os valores a serem pagos decorram de acordos celebrados e homologados em juízo[35]. Se o acordo ou a transação for realizado administrativamente, seu pagamento não se submeterá à exigência do precatório[36].

A celebração de acordo após a prolação da sentença não pode dispensar o precatório ou a Requisição de Pequeno Valor (RPV). Proferida a sentença, a parte autora não pode mais desistir da ação, havendo título executivo judicial. Nesse caso, não se pode dispensar o precatório nem a RPV[37].

A exigência constitucional de expedição do precatório impõe ao Poder Público a estrita observância da ordem cronológica de suas inscrições. Nem mesmo a celebração de transação ou acordo vantajoso para o erário pode dispensar a exigência do precatório[38].

Em outras palavras, o adimplemento de obrigações de pagar contraídas pelo Poder Público deve seguir o disposto no art. 100 da Constituição, quando o conflito a ser resolvido consensualmente já tenha sido objeto de sentença judicial ou quando a autocomposição seja judicialmente homologada.

A exigência poderia acarretar desestímulo à celebração de acordos com o Poder Público. A exigência constitucional, porém, não pode ser afastada. O acordo não pode dispensar o precatório, mas pode permitir uma aceleração no tempo do processo, eliminando diversas etapas procedimentais e recursais. A vantagem do acordo estaria nesse ponto.

---

[35] FACCI, Lucio Picanço. *Meios adequados de resolução de conflitos administrativos*: a experiência da Câmara de Conciliação e Arbitragem da Administração Federal. 2. ed. Rio de Janeiro: Lumen Juris, 2021. p. 161-162; TONIN, Mauricio Morais. *Arbitragem, mediação e outros métodos de solução de conflitos envolvendo o Poder Público*. São Paulo: Almedina, 2019. p. 230; PEIXOTO, Ravi. *Manual dos precatórios*. Londrina: Thoth, 2023. p. 43.

[36] FACCI, Lucio Picanço. *Meios adequados de resolução de conflitos administrativos*: a experiência da Câmara de Conciliação e Arbitragem da Administração Federal. 2. ed. Rio de Janeiro: Lumen Juris, 2021. p. 162.

[37] PEIXOTO, Ravi. *Manual dos precatórios*. Londrina: Thoth, 2023. p. 43.

[38] STF, Pleno, AP 503, Rel. Min. Celso de Mello, *DJe* 1º.02.2013.

Não há dúvida de que a Fazenda Pública pode celebrar negócios jurídicos processuais[39]. Não é possível, porém, a celebração de negócio jurídico processual para afastar a exigência de precatório ou a sua submissão à observância da ordem cronológica de pagamentos prevista no art. 100 da Constituição. De igual modo, não é possível a celebração de negócio processual para afastar o pagamento por requisição de pequeno valor. Nesse sentido, o Enunciado 102 do Fórum Nacional do Poder Público: "É inválido negócio processual para afastar o pagamento das dívidas judiciais por precatório ou requisição de pequeno valor". A invalidade resulta, no caso, da ilicitude do objeto do negócio. Não é lícito afastar a exigência constitucional do pagamento por meio de precatório ou de requisição de pequeno valor.

O que se permite é o credor renunciar (e a renúncia é um negócio unilateral do próprio credor) ao valor excedente para, em vez de receber por precatório, ter seu crédito satisfeito por requisição de pequeno valor. Não é possível, porém, afastar a exigência do precatório, sem que haja renúncia do valor, para que se pague por requisição de pequeno valor um crédito de valor elevado, que supere o limite de sua expedição.

1.7. EXECUÇÃO DE SENTENÇA ARBITRAL CONTRA O PODER PÚBLICO

Muito já se discutiu sobre o cabimento de arbitragem com o Poder Público. A Lei 9.307, de 1996, foi alterada pela Lei 13.129, de 2015, passando a contar, em seu art. 1º, com o § 1º, que assim dispõe: "A administração pública direta e indireta poderá utilizar-se da arbitragem para dirimir conflitos relativos a direitos patrimoniais disponíveis".

Ademais, nos termos do § 2º do art. 1º da Lei 9.307, de 1996, igualmente acrescentado pela Lei 13.129, de 2015, "A autoridade ou o órgão competente da administração pública direta para a celebração de convenção de arbitragem é a mesma para a realização de acordos ou transações".

Enfim, é possível a arbitragem que envolva entes integrantes da Administração Pública. O ente público pode celebrar convenção arbitral, ainda que não haja previsão no edital de licitação[40].

---

[39] CUNHA, Leonardo Carneiro da. *A Fazenda Pública em juízo*. 20. ed. Rio de Janeiro: Forense, 2023. p. 648-652.

[40] Nesse sentido, o Enunciado 571 do Fórum Permanente de Processualistas Civis: "A previsão no edital de licitação não é pressuposto para que a Administração Pública e o contratado celebrem convenção arbitral".

A Administração Pública pode submeter suas disputas a uma arbitragem, podendo esta ser *ad hoc* ou institucional[41].

Há, entretanto, algumas adaptações que devem ser feitas. A Administração Pública, de qualquer dos poderes, está submetida aos princípios previstos no art. 37 da Constituição Federal, a saber: legalidade, moralidade, publicidade, impessoalidade e eficiência.

Diante disso, a arbitragem que envolva o Poder Público não pode ser sigilosa, nem confidencial, em razão da necessidade de observância ao princípio da publicidade. Além disso, em virtude do princípio da legalidade, a doutrina entende que não é possível arbitragem por equidade, quando o Poder Público figurar como uma das partes envolvidas; só é possível a arbitragem por legalidade.

Exatamente por isso, o § 3º do art. 2º da Lei 9.307, de 1996, assim dispõe: "A arbitragem que envolva a administração pública será sempre de direito e respeitará o princípio da publicidade". De igual modo, com relação às licitações e aos contratos administrativos, o art. 152 da Lei 14.133/2021 assim estabelece: "A arbitragem será sempre de direito e observará o princípio da publicidade". Significa que não pode haver arbitragem por equidade com o Poder Público, nem ela pode ser confidencial ou regida pelo sigilo. Só é possível haver com a Fazenda Pública arbitragem por legalidade, respeitando-se o princípio da publicidade.

Ao lado disso tudo, uma sentença arbitral que imponha uma condenação pecuniária ao Poder Público deve acarretar a expedição de precatório, em razão do que dispõe o art. 100 da Constituição, regra que não pode ser afastada, ainda que se trate de arbitragem.[42] Se a condenação for de pequeno valor, não se expede precatório, mas Requisição de Pequeno Valor (RPV), a ser paga em sessenta dias, nos termos da legislação de regência. Só não haverá necessidade de precatório ou de RPV se o ente que integra a Administração Pública for uma sociedade de economia mista ou uma empresa pública, cujo regime jurídico é de direito privado, não estando sujeitas ao precatório.

---

[41] Nesse sentido, o Enunciado 572 do Fórum Permanente de Processualistas Civis: "A Administração Pública direta ou indireta pode submeter-se a uma arbitragem *ad hoc* ou institucional".

[42] Nesse sentido, o Enunciado 101 do Fórum Nacional do Poder Público: "O cumprimento da sentença arbitral de obrigação de pagar quantia certa pela Fazenda Pública deve seguir a ordem cronológica de apresentação dos precatórios".

1.8. CASOS DE DISPENSA DE PRECATÓRIO

Nos termos do § 3º do art. 100 da Constituição, não há necessidade de expedição de precatório nos casos de execução de pequeno valor.

A Lei 10.259, de 12 de julho de 2001, ao instituir os Juizados Especiais Cíveis Federais, estabeleceu, em seu art. 17, que a obrigação de pagar quantia certa, *após* o trânsito em julgado da decisão, será atendida independentemente de precatório. E, para os efeitos do § 3º do art. 100 da Constituição, segundo dispõe o § 1º do art. 17 da referida Lei 10.259/2001, as obrigações ali definidas como de pequeno valor terão como limite aquele mencionado montante de 60 salários mínimos.

Logo, as condenações impostas contra a União, que ostentem a cifra de até 60 salários mínimos, devem ser cumpridas sem a necessidade de expedição de precatório. Nessa hipótese, de acordo com o § 3º do art. 17 da aludida Lei 10.259/2001, é vedado o fracionamento, a repartição ou a quebra do valor da execução, não se permitindo que parte da quantia seja paga imediatamente e a outra parte, mediante a expedição de precatório. Desse modo, caso o montante da condenação ultrapasse o valor correspondente a 60 salários mínimos, o pagamento será feito, sempre, por meio de precatório, tal como estabelece o § 4º daquele art. 17 da Lei 10.259/2001.

Aos Estados, Municípios e Distrito Federal cabe fixar o limite considerado de pequeno valor para que seja dispensada a expedição do precatório. Enquanto não editados os respectivos diplomas legais, deve prevalecer o teto estabelecido no art. 87 do ADCT da Constituição: para as condenações impostas às Fazendas dos Estados e do Distrito Federal, o limite fixado é de até 40 salários mínimos, sendo de até 30 salários mínimos para as condenações impostas às Fazendas Municipais.

Tais limites previstos no art. 87 do ADCT da Constituição não constituem critérios mínimos nem máximos, não sendo pisos nem tetos definitivos, de forma que os Estados, os Municípios e o Distrito Federal podem fixar limites inferiores ou superiores àqueles estabelecidos no referido dispositivo do ADCT[43]. Enquanto não fixados os limites próprios de cada ente federativo, prevalecem, provisoriamente, para o ente que não fixou o seu, os referenciais do art. 87 do ADCT.

Em qualquer caso, se o valor da execução ultrapassar o limite específico, deverá o pagamento submeter-se ao regime do precatório, *a não ser que* a

---

[43] STF, Pleno, ADI 2.868/PI, Rel. Min. Carlos Britto, Rel. p/ acórdão Min. Joaquim Barbosa, *DJ* 12.11.2004. p. 5.

parte renuncie ao crédito do valor excedente, para optar pelo pagamento do saldo sem o precatório.

Há, porém, um limite mínimo a ser observado pelas pessoas jurídicas de direito público, que está estabelecido no § 4º do art. 100 da Constituição, cujo teor assim dispõe:

> § 4º Para os fins do disposto no § 3º, poderão ser fixados, por leis próprias, valores distintos às entidades de direito público, segundo as diferentes capacidades econômicas, *sendo o mínimo igual ao valor do maior benefício do regime geral de previdência social.*

Tal dispositivo foi inserido pela Emenda Constitucional 62/2009.

Há, enfim, um limite mínimo a ser observado, de sorte que não é possível estabelecer um montante inferior ao maior benefício do regime geral de previdência social[44].

Já se viu que cabe a cada ente público, por lei própria, fixar os limites de dispensa de precatório. Enquanto não fixado tal limite próprio, prevalecem as regras constitucionais transitórias.

A sentença, nesses casos de dispensa do precatório, *não* perde sua feição condenatória nem elimina a necessidade de um futuro e posterior processo de execução. O que se dispensa é, apenas, a expedição do *precatório*. Sendo o título judicial, devem ser aplicados os arts. 534 e 535 do CPC. Se for extrajudicial, aplica-se o disposto no art. 910 do CPC. No primeiro caso, a Fazenda Pública é intimada para apresentar impugnação. No segundo, é citada, podendo oferecer embargos. Não apresentada sua defesa (impugnação ou embargos, a depender do caso) ou rejeitada a que tenha sido apresentada, deverá ser expedida ordem de pagamento, em vez de se expedir um precatório. Emitida a ordem de pagamento, cabe à Fazenda Pública creditar o valor respectivo, no

---

[44] "Desde a promulgação da Emenda Constitucional 62/2009, o teto das obrigações de pequeno valor não pode ser inferior à importância correspondente ao maior benefício do regime geral de previdência social (art. 100, § 4º, da Lei Maior). Precedente: ADI 5100/SC (Rel. Min. Luiz Fux, Tribunal Pleno, *DJe* 14.05.2020). 2. Ao fixar o teto das obrigações de pequeno valor no âmbito da municipalidade em montante substancialmente inferior ao do maior salário de contribuição do regime geral da previdência social, o art. 1º da Lei 1.879/2014 do Município de Américo de Campos/SP viola os direitos dos pequenos credores da fazenda municipal" (STF, Pleno, ADPF 370, Rel. Min. Rosa Weber, *DJe* 06.10.2020).

prazo assinalado pelo juiz. Não o fazendo, caberá o sequestro ou o bloqueio de verbas públicas, no valor suficiente para o cumprimento da ordem[45].

A ordem de pagamento é encaminhada, diretamente, pelo juiz de primeiro grau ao ordenador de despesas do ente público ou deve ser, seguindo a mesma trilha dos precatórios, requisitada por meio do Presidente do tribunal? A legislação não é suficientemente clara a esse respeito.

Enfrentando essa questão, o Superior Tribunal de Justiça concluiu que "A requisição de pagamento das obrigações devidas pela Fazenda Pública é de competência exclusiva do Presidente do Tribunal a que está vinculado o juízo da execução, (...), tanto nos pagamentos realizados por meio de precatórios como por requisições de pequeno valor"[46].

Regulamentando o procedimento no âmbito da Justiça Federal de primeiro e segundo graus, o Conselho da Justiça Federal editou sucessivas resoluções, estabelecendo que o pagamento deverá ser requisitado ao presidente do tribunal, facultada a utilização de meio eletrônico. Compete ao presidente do tribunal aferir a regularidade formal das requisições, assegurando a obediência à ordem de preferência dos pagamentos. A requisição de pagamento de valores de até 60 salários mínimos – dispensando-se, pois, a sistemática do precatório – passou a ser denominada *Requisição de Pequeno Valor (RPV)*.

A Constituição não exige observância de ordem cronológica para pagamento de Requisições de Pequeno Valor nem impõe que sejam expedidas ao presidente do tribunal. A atuação do presidente do tribunal é, porém, administrativa na condução dos precatórios. Embora possa eventualmente burocratizar o pagamento da RPV, sua expedição ao presidente do tribunal não ofende a Constituição nem parece ser um problema, desde que o pagamento seja feito dentro do prazo previsto. Concentrar as RPVs no presidente do tribunal pode contribuir para uma melhor organização dos pagamentos e uma melhor gestão na condução de todos eles, mas é preciso que se observem os prazos para pagamento de cada RPV.

Cumpre verificar se, numa demanda em que haja litisconsórcio ativo, a dispensa do precatório decorrerá do valor global da demanda ou do valor devido a cada litisconsorte. Se, por exemplo, numa ação proposta por *A*,

---

[45] Tal medida já está, inclusive, prevista no § 2º do art. 17 da Lei 10.259/2001.

[46] STJ, 2ª Turma, REsp 1.082.310/MS, Rel. Min. Eliana Calmon, *DJe* 25.05.2009. No mesmo sentido: STJ, 6ª Turma, REsp 1.070.296/MS, Rel. Min. Celso Limongi (Des. conv. TJ/SP), *DJe* 05.04.2010; STJ, 2ª Turma, REsp 1.688.363/SP, Rel. Min. Herman Benjamin, *DJe* 10.10.2017. STJ, 2ª Turma, REsp 1.712.848/SP, Rel. Min. Herman Benjamin, *DJe* 22.05.2018.

B e *C* em face da União, a condenação desta última ostentar a cifra de 100 salários mínimos, sendo 20 salários mínimos para *A*, 50 salários mínimos para *B* e 30 salários mínimos para *C*, será necessário o precatório, porque o valor total ultrapassa os 60 salários mínimos ou cada um dos litisconsortes receberá sem precatório, uma vez que o valor relativo a cada um é inferior àquele limite de 60 salários mínimos?

Sendo certo que, no litisconsórcio, há cumulação de demandas, o tratamento deve ser conferido em relação a cada uma. Ora, se cada litisconsorte tivesse ingressado, isoladamente, com a sua ação, não haveria precatório. Da mesma forma, se estiverem presentes, todos juntos, num único processo, haverá cumulação de litígios, devendo ser considerado o valor de cada um deles.

Enfim, em caso de litisconsórcio, será considerado o valor devido a cada um deles, expedindo-se *cada* requisição de pagamento para *cada* um dos litisconsortes[47]. Poderá ocorrer, porém, de serem expedidas, simultaneamente, requisições de pequeno valor e requisições mediante precatório[48].

Assim, sendo, por exemplo, ajuizada uma demanda em face da União por *A*, *B* e *C*, e vindo a União a ser condenada no valor equivalente a 250 salários mínimos, sendo 100 salários mínimos devidos para *A*, 50 salários

---

[47] Nesse sentido: STF, 2ª Turma, AC-Ag 653/SP, Rel. Min. Joaquim Barbosa, *DJ* 12.05.2006. p. 17. No mesmo sentido: STF, 1ª Turma, RE 634.707, Rel. Min. Marco Aurélio, *DJe* 04.05.2012.

[48] Em precedente específico, o TST entendeu que, quando se tratar de ação coletiva proposta por Sindicato, sendo a execução igualmente coletiva, não é possível considerar o valor individual de cada beneficiário da decisão. Nessa hipótese, há de levar em conta o valor total, devendo ser expedido precatório. Eis a notícia veiculada no sítio eletrônico do TST: "Precatório. Individualização do crédito. Impossibilidade. Sindicato. Substituição processual. Tratando-se de reclamação trabalhista ajuizada por sindicato na qualidade de substituto processual, não é possível a individualização do crédito de cada um dos substituídos, devendo a execução ocorrer mediante precatório, nos moldes do art. 100 da CF. A individualização só se viabiliza quando se tratar de ação plúrima, conforme a Orientação Jurisprudencial 9 do Tribunal Pleno. Com esse entendimento, a SBDI-II, por maioria, conheceu da remessa necessária e do recurso ordinário e, no mérito, deu-lhes provimento para julgar procedente a ação rescisória, e, em juízo rescisório, determinar seja a execução, no caso, processada sob a forma de precatório. Vencidos os Ministros João Oreste Dalazen, Maria Cristina Irigoyen Peduzzi e Hugo Carlos Scheuermann, os quais negavam provimento aos recursos por entenderem, no caso de substituição processual, não haver falar em crédito único, cujo fracionamento, eventualmente, burlaria os limites impostos pelo § 8º do art. 100 da CF, mas em somatório de créditos pertencentes a distintos credores, podendo ser, cada qual, de pequeno valor. TST-ReeNec e RO-19300-03.2010.5.17.0000, SBDI-II, Rel. Min. Alexandre Agra Belmonte, 19.02.2013".

mínimos para B e 100 salários mínimos para C. Nesse caso, haverá três requisições de pagamento: uma de pequeno valor para B e duas mediante precatório para A e C[49].

De acordo com o Plenário do STF, o fato de existirem litisconsortes titulares de verbas passíveis de cobrança mediante RPV não reflete na forma de cobrança dos honorários de sucumbência, que, sendo arbitrados em favor de um advogado, se tornam indivisos para fins de expedição de precatório ou de RPV. Se a soma dos honorários incidentes sobre os créditos de cada litisconsorte resultar em valor superior àquele estipulado para a expedição de RPV, há de haver cobrança sob o regime de precatórios, ainda que os créditos principais sejam cobrados mediante RPV[50]. Segundo o STF, "uma vez que o crédito do advogado se origina de uma relação de direito processual, sendo devido em função de atos únicos praticados no curso do processo, em proveito de todos os litisconsortes e independentemente de quantos eles sejam, fixados os honorários de forma global sobre o valor da condenação, o crédito constituído é uno, indivisível e guarda total autonomia no que concerne ao crédito dos litisconsortes"[51].

O que não se permite é o fracionamento do valor, ou seja, não se admite que um credor de valor equivalente a, por exemplo, 150 salários mínimos fracione a execução, cobrando 100 salários mínimos mediante precatório e 50 salários mínimos por meio de requisição de pequeno valor. Ou ele renuncia ao excedente, ficando com 60 salários mínimos, para evitar a sistemática do precatório, ou ele executa o valor total, submetendo-se à requisição por precatório.

Nos termos do § 8º do art. 100 da Constituição, é vedado o fracionamento, a repartição ou a quebra do valor da execução, a fim de que seu pagamento não se faça, em parte, por RPV e, em parte, mediante expedição de

---

[49] Esse fracionamento somente é possível em caso de litisconsórcio ativo, *não* se permitindo no caso de *ação coletiva*. Realmente, segundo entendimento firmado no âmbito da jurisprudência do STF, é impossível o "fracionamento da execução, para requerer requisição de pequeno valor, quando for o caso de ação coletiva" (STF, 2ª Turma, RE 551.955 AgR, Rel. Min. Ellen Gracie, *DJe* 18.12.2009). No mesmo sentido: STF, 2ª Turma, RE 511.179 ED, Rel. Min. Eros Grau, *DJ* 30.11.2007. p. 126. Ainda no mesmo sentido: STF, 2ª Turma, AI 603.197 AgR/RS, Rel. Min. Gilmar Mendes, *DJe* 07.03.2008.

[50] STF, Pleno, ED-EDv RE 947.185 RS, Rel. Min. Ricardo Lewandowski, *DJe* 18.09.2016.

[51] STF, Pleno, RE 919.793 AgR-ED-EDv, Rel. Min. Dias Toffoli, *DJe* 26.06.2019. No mesmo sentido: STF, 1ª Turma, RE 1.190.856 AgR, Rel. Min. Roberto Barroso, *DJe* 10.06.2019.

precatório⁵². A finalidade dessa regra, como se vê, é evitar que o exequente, intencionalmente, utilize-se, simultaneamente, dos dois mecanismos de satisfação de seu crédito: o precatório para uma parte da dívida e a RPV para a outra parte.

Nesse mesmo sentido, não é possível executar o ressarcimento das custas judiciais por meio de RPV e o restante da condenação por precatório⁵³. Se, porém, o credor das custas for diverso do credor do valor principal, pode aquele executá-las, se o valor for pequeno, por RPV, cabendo a este, se o valor for superior ao limite da RPV, executar seu crédito por precatório⁵⁴.

Quando, enfim, os titulares das diversas verbas executadas forem diversos, é possível haver a execução separada para cada crédito. Em tal hipótese, se um valor for pequeno e o outro não, expede-se RPV para o pequeno valor e precatório para o outro. É o que ocorre com os honorários de sucumbência: o credor deles é o advogado, e não a parte. Se o valor dos honorários for pequeno, o advogado pode pedir a expedição da RPV, cabendo à parte executar seu crédito, de maior valor, por precatório⁵⁵. Quer isso dizer que, se o valor

---

52 Nesse sentido, é a tese fixada no Tema 755 da Repercussão Geral do STF: "É vedado o fracionamento da execução pecuniária contra a Fazenda Pública para que uma parte seja paga antes do trânsito em julgado, por meio de Complemento Positivo, e outra depois do trânsito, mediante Precatório ou Requisição de Pequeno Valor".

53 "Recurso extraordinário. 2. Alegação de ofensa ao art. 87 do ADCT e ao § 4º do art. 100 da Constituição Federal. Ocorrência. 3. Fracionamento do valor de precatório em execução de sentença, com o objetivo de efetuar o pagamento das custas processuais por meio de requisição de pequeno valor (RPV). Impossibilidade. 4. Recurso extraordinário provido" (STF, Pleno, RE 592.619, Rel. Min. Gilmar Mendes, *DJe* 16.11.2010).

54 "Constitucional. Execução contra a Fazenda Pública. Custas processuais. Pagamento via requisição de pequeno valor – RPV. Fracionamento da execução principal. Questão não examinada pelo tribunal. Peculiaridade do caso concreto. Recurso extraordinário desprovido. I – A tese da possibilidade ou não do fracionamento da execução principal contra a Fazenda Pública para pagamento de custas processuais não pôde ser examinada em razão de peculiaridade do caso concreto. II – No caso, o titular do cartório tem legitimidade para executar as custas processuais, uma vez que a parte, por ser beneficiária de assistência judiciária gratuita, não as adiantou. III – Recurso extraordinário desprovido" (STF, Pleno, RE 578.695, Rel. Min. Ricardo Lewandowski, *DJe* 20.03.2009).

55 "Constitucional e processual civil. Alegado fracionamento de execução contra a Fazenda Pública de estado-membro. Honorários advocatícios. Verba de natureza alimentar, a qual não se confunde com o débito principal. Ausência de caráter acessório. Titulares diversos. Possibilidade de pagamento autônomo. Requerimento desvinculado da expedição do ofício requisitório principal. Vedação constitucional

for autônomo ou independente, não incide a vedação de fracionamento prevista no § 8º do art. 100 da Constituição. Se, todavia, a parcela for acessória ou integrar o crédito do mesmo titular, não pode haver fracionamento para que uma parte seja paga por RPV e a outra, por precatório. No caso dos honorários de sucumbência, o crédito é autônomo; seu titular é o advogado, pessoa diversa do credor do valor principal[56].

Tratando-se de honorários contratuais, não pode haver o fracionamento, devendo o valor ser cobrado com o crédito principal, pois aí eles consistem num percentual da condenação ou do valor executado[57].

Abstraídas as hipóteses de pluralidade de créditos ou de execuções cumuladas, cada uma relativa a créditos de titulares diversos, não é possível ao credor fracionar sua execução para receber uma parte por RPV e outra por precatório.

Não é, porém, o que ocorre no caso de execução de parte incontroversa da dívida. Em outras palavras, quando a impugnação (no caso de cumprimento de sentença) ou os embargos (no caso de execução fundada em título extrajudicial) forem parciais, a execução prosseguirá quanto à parte incontroversa. Assim, proposta, por exemplo, uma execução em face da União, no valor equivalente a 300 salários mínimos, imagine-se que, em sua impugnação ou em seus embargos, a União alega excesso de execução, demonstrando que o valor correto deveria corresponder a 180 salários mínimos, e não aos 300 salários mínimos, tal como consta da execução. Nesse caso, o valor

---

de repartição de execução para fraudar o pagamento por precatório. Interpretação do art. 100, § 8º (originariamente § 4º), da Constituição da República. Recurso ao qual se nega seguimento" (STF, Pleno, RE 564.132, Rel. Min. Eros Grau, Rel. p/ acórdão Min. Cármen Lúcia, DJe 10.02.2015).

[56] "Direito constitucional. Agravo interno em agravo de instrumento. Honorários advocatícios. Natureza alimentícia. Fracionamento do precatório. Decisão alinhada à jurisprudência do STF. 1. O Supremo Tribunal Federal, no julgamento do RE 564.132-RG, assentou que a natureza da verba honorária não se confunde com a do débito principal, sendo possível desvinculá-la da expedição do ofício requisitório principal. 2. Agravo interno a que se nega provimento" (STF, 1ª Turma, AI 830.094 AgR, Rel. Min. Roberto Barroso, DJe 18.12.2017).

[57] "Agravo regimental em recurso extraordinário. Administrativo. Honorários advocatícios contratuais. Expedição de RPV ou precatório para pagamento em separado. Impossibilidade. Agravo desprovido. 1. É firme o entendimento desta Corte no sentido da impossibilidade de expedição de requisição de pagamento de honorários contratuais dissociados do principal a ser requisitado. 2. Agravo regimental a que se nega provimento" (STF, 2ª Turma, RE 1.025.776 AgR, Rel. Min. Edson Fachin, DJe 1º.08.2017).

equivalente a 180 salários mínimos é incontroverso, devendo, no particular, prosseguir a execução, com a expedição do precatório. Em tal situação, não há o fracionamento vedado no § 8º do art. 100 da Constituição, pois não se trata de intenção do exequente de repartir o valor para receber uma parte por RPV e a outra, por precatório[58].

A propósito, o STF, ao julgar o tema 28 da repercussão geral, fixou a seguinte tese: "Surge constitucional expedição de precatório ou requisição de pequeno valor para pagamento da parte incontroversa e autônoma do pronunciamento judicial transitada em julgado observada a importância total executada para efeitos de dimensionamento como obrigação de pequeno valor". Esse tema foi afetado no Recurso Extraordinário 1.205.530, em cujo julgamento do STF assim se afirmou: "Possível é a execução parcial do título judicial no que revela parte autônoma transitada em julgado na via da recorribilidade"[59].

Ao julgar a ADI 5.534, o STF confirmou esse entendimento e conferiu interpretação conforme a Constituição ao § 4º do art. 535 do CPC, para estabelecer que a execução da parte incontroversa deve observar o valor total da condenação, conforme definido no julgamento do tema 28 da Repercussão Geral. Assim, promovido, por exemplo, cumprimento de sentença contra a União no valor equivalente a 100 salários mínimos, e vindo a União a reconhecer que são devidos apenas 50 salários mínimos, a execução pode prosseguir por essa parcela incontroversa, mas deverá, no caso, ser expedido precatório, e não RPV. Embora a parte incontroversa seja de pequeno valor, a autorizar a expedição de RPV, o valor global da execução é de 100 salários mínimos, devendo ser expedido precatório, em vez de RPV.

---

[58] STJ, 6ª Turma, REsp 714.235/RS, Rel. Min. Hamilton Carvalhido, *DJ* 09.05.2005. p. 490; STJ, 6ª Turma, AgRg no REsp 640.357/RS, Rel. Min. Hélio Quaglia Barbosa, *DJ* 27.06.2005. p. 462; STJ, 6ª Turma, AgRg no REsp 691.979/PR, Rel. Min. Paulo Medina, *DJ* 1º.08.2005. p. 600; STJ, 5ª Turma, REsp 636.326/RS, Rel. Min. José Arnaldo da Fonseca, *DJ* 15.08.2005. p. 351; STJ, 5ª Turma, AgRg no AgRg no REsp 673.163/RS, Rel. Min. Gilson Dipp, *DJ* 29.08.2005. p. 417; STJ, 5ª Turma, REsp 738.330/RS, Rel. Min. Arnaldo Esteves Lima, *DJ* 29.08.2005. p. 433.

A 1ª Seção do STJ, em embargos de divergência, manifestou seu entendimento para concordar com todos esses precedentes referidos: STJ, 1ª Seção, EREsp 551.991/RS, Rel. Min. Teori Albino Zavascki, *DJ* 20.03.2006. p. 182. Nesse mesmo sentido, a Corte Especial do STJ concluiu que o prosseguimento da execução no tocante à parte incontroversa não viola o § 4º do art. 100 da Constituição (EREsp 756.670/PR, Rel. Min. Francisco Falcão, *DJ* 19.06.2006. p. 75).

[59] STF, Pleno, RE 1.205.530, Rel. Min. Marco Aurélio, *DJe* 1º.07.2020.

Em caso de execuções individuais de sentença coletiva, cada execução terá seu valor, não havendo fracionamento que viole o § 8º do art. 100 da Constituição a expedição de precatório ou de RPV para cada execução ou para cada um dos respectivos exequentes. Nesse sentido, é o tema 873 da Repercussão Geral do STF: "Não viola o art. 100, § 8º, da Constituição Federal a execução individual de sentença condenatória genérica proferida contra a Fazenda Pública em ação coletiva visando à tutela de direitos individuais homogêneos".

Todas essas regras devem aplicar-se, igualmente, às demais execuções de pequeno valor fundadas no § 3º do art. 100 da Constituição que sejam propostas na Justiça Estadual em face dos Estados ou Municípios.

Fora dessa hipótese prevista no § 3º do art. 100 da Constituição, a execução de quantia certa em face da Fazenda Pública segue a regra geral, adotando-se a sistemática do precatório.

1.9. CRÉDITOS ALIMENTARES

A Constituição de 1988 trouxe uma novidade no tocante ao regime dos precatórios. Quando se compara o texto do seu art. 100 com os dispositivos das Constituições anteriores, vê-se que há uma ressalva relativa aos créditos alimentares que não havia naquelas outras Constituições.

O art. 100 da Constituição de 1988, em sua redação originária, assim dispunha: "À exceção dos créditos de natureza alimentícia (...)". A ressalva poderia dar a impressão de que não se exigia mais precatório para o pagamento de crédito alimentar[60]. Não foi esse, porém, o entendimento que veio a prevalecer. Realmente, a "orientação dominante no STF é que o art. 100 da Constituição não dispensa o precatório, na execução contra a Fazenda Pública, ainda quando se trata de créditos de natureza alimentícia"[61].

A ressalva contida na redação originária do art. 100 da Constituição diz respeito à ordem cronológica, e não à necessidade de expedição do precatório. A redação atual do art. 100 não contém a ressalva que havia no

---

[60] O STJ chegou, inclusive, a entender que a condenação ao pagamento de créditos alimentares dispensava a expedição de precatório: STJ, 6ª Turma, REsp 29.611/SP, Rel. Min. Luiz Vicente Cernicchiaro, *DJ* 29.03.1993. p. 5270; STJ, 6ª Turma, REsp 36.373/GO, Rel. Min. Luiz Vicente Cernicchiaro, *DJ* 20.09.1993. p. 19199. No âmbito doutrinário, assim entendeu: DELGADO, José Augusto. Execução de quantia certa contra a Fazenda Pública – Inexigibilidade de precatório requisitório quando se tratar de crédito de natureza alimentícia – Art. 100 da Constituição Federal. *Revista de processo*. São Paulo: RT, n. 57, jan.-mar. 1999.

[61] STF, 1ª Turma, RE 168.607, Rel. Min. Sepúlveda Pertence, *DJ* 25.08.1995. p. 26.047.

seu *caput*. A Emenda Constitucional 62, de 2009, alterou a redação do *caput* e do § 1º do art. 100 da Constituição, fazendo constar do § 1º a preferência dos créditos alimentares.

Com efeito, o § 1º do art. 100 da Constituição confirma que os débitos de natureza alimentícia "serão pagos com preferência sobre todos os demais débitos", ressalvados aqueles de que sejam titulares pessoas idosas ou pessoas com doenças graves. A propósito, assim esclarece o Enunciado 144 da Súmula do STJ: "Os créditos de natureza alimentícia gozam de preferência, desvinculados os precatórios da ordem cronológica dos créditos de natureza diversa". Nesse mesmo sentido, estabelece o Enunciado 655 da Súmula do STF: "A exceção prevista no art. 100, *caput,* da Constituição, em favor dos créditos de natureza alimentícia, não dispensa a expedição de precatório, limitando-se a isentá-los da observância da ordem cronológica dos precatórios decorrentes de condenações de outra natureza".

Com a promulgação da Constituição de 1988, passou a haver duas ordens cronológicas: uma para os créditos de natureza alimentícia e outra para os de natureza não alimentar, devendo aqueles primeiros serem pagos prioritariamente.

Os créditos de natureza alimentar estão definidos no § 1º do art. 100 da Constituição, compreendendo aqueles decorrentes de salários, vencimentos, proventos, pensões e suas complementações, benefícios previdenciários e indenizações por morte ou invalidez, fundados na responsabilidade civil, em virtude de sentença transitada em julgado[62].

Há quem entenda que a definição do § 1º do art. 100 da Constituição contém um rol meramente exemplificativo, podendo ser ampliado para acrescentar, por exemplo, honorários advocatícios[63]. Há, por outro lado, quem defenda ser o rol taxativo[64], pois se trata de definição prevista no próprio texto constitucional para esclarecimento de norma excepcional, ou seja, de norma

---

[62] SILVA, Ricardo Perlingeiro Mendes da. *Execução contra a Fazenda Pública*. São Paulo: Malheiros, 1999. p. 130.

[63] VIANA, Juvêncio Vasconcelos. Novas considerações acerca da execução contra a Fazenda Pública. *Revista Dialética de Direito Processual*, São Paulo: Dialética. v. 5, ago. 2003. p. 59. Nesse mesmo sentido: STJ, 2ª Turma, ROMS 12.059/RS, Rel. Min. Laurita Vaz, *DJ* 09.12.2002. p. 317; *RSTJ* 165:189. Também nesse sentido: STJ, 1ª Turma, ROMS 16.890/SC, Rel. Min. José Delgado, *DJ* 21.11.2005. p. 123.

[64] FRANCO, Fernão Borba. *Execução em face da Fazenda Pública*. São Paulo: Juarez de Oliveira, 2002. p. 211. Entendendo ser taxativo o rol, embora reconheça a polêmica da questão, a ponto de sugerir que se aguarde a posição da jurisprudência: THEODORO JÚNIOR, Humberto. Aspectos processuais do precatório na execução contra

que excepciona ou ressalva a ordem cronológica dos precatórios, estabelecendo outra nova ordem.

No julgamento do Recurso Extraordinário 470.407/DF, o STF entendeu que a definição contida no § 1º-A do art. 100 da Constituição Federal (que, pela Emenda Constitucional 62/2009, passou a ser o § 1º) não é exaustiva, de sorte que os honorários de advogado ostentam natureza de prestação alimentícia, conforme disposto nos arts. 22 e 23 da Lei 8.906/1994 (que trata do Estatuto da Advocacia e da OAB)[65]. Seguindo a orientação firmada pelo STF, o STJ passou a decidir que "Os honorários advocatícios relativos às condenações por sucumbência têm natureza alimentícia"[66]. Vale dizer que, no atual entendimento do STJ, os honorários, não só os contratuais, mas também os sucumbenciais, têm natureza alimentar[67]. Em outras palavras, os honorários devem sujeitar-se a precatório, mas hão de ser pagos com prioridade, haja vista sua natureza alimentar[68]. Nesse sentido, é o teor do Enunciado 47 da súmula vinculante do STF: "Os honorários advocatícios incluídos na condenação ou destacados do montante principal devido ao credor consubstanciam verba de natureza alimentar cuja satisfação ocorrerá com a expedição de precatório ou requisição de pequeno valor, observada ordem especial restrita aos créditos dessa natureza". A tese, de resto, foi consagrada no § 14 do art. 85 do CPC.

Por serem da titularidade do advogado, os honorários, além da natureza alimentar, constituem vantagem autônoma, sem a característica da acessoriedade. Estão, por isso, desvinculados do crédito principal. Podem, portanto, ser objeto de execução própria. Ainda que o valor principal se sujeite a precatório, o montante dos honorários pode acarretar a expedição de RPV sem que atente contra o § 8º do art. 100 da Constituição Federal[69]. Sendo seu valor maior, podem ser objeto de precatório próprio, desvinculado do precatório

---

    a Fazenda Pública. *Revista Dialética de Direito Processual*, São Paulo: Dialética. v. 22, jan. 2005. p. 80-81.

[65] STF, 1ª Turma, RE 470.407/DF, Rel. Min. Marco Aurélio, *DJ* 13.10.2006. p. 51.

[66] STJ, Corte Especial, EREsp 706.331/PR, Rel. Min. Humberto Gomes de Barros, *DJe* 31.03.2008.

[67] STJ, 1ª Seção, EREsp 647.283/SP, Rel. Min. José Delgado, *DJe* 09.06.2008. No mesmo sentido: STJ, 1ª Turma, AgRg no REsp 758.736/PR, Rel. Min. Luiz Fux, *DJe* 17.12.2008.

[68] STJ, 2ª Turma, AgRg no REsp 980.786/PR, Rel. Min. Castro Meira, *DJe* 09.02.2009. No mesmo sentido: STJ, 1ª Seção, EDcl nos EREsp 647.283/SP, Rel. Min. Benedito Gonçalves, *DJe* 23.03.2009. Também no mesmo sentido: STJ, 3ª Turma, REsp 948.492/ES, Rel. Min. Sidnei Beneti, *DJe* 12.12.2011.

[69] STF, Pleno, RE 564.132, Rel. Min. Eros Grau, Rel. p/ acórdão Min. Cármen Lúcia, *DJe* 10.02.2015.

do crédito principal[70]. Tratando-se, porém, de honorários contratuais, não pode haver o fracionamento, devendo o valor ser cobrado com o crédito principal, pois aí eles consistem num percentual da condenação ou do valor executado, não sendo autônomos[71].

Ao fixar a tese no Tema 1142 da Repercussão Geral, o STF reafirmou a autonomia da verba honorária para estabelecer que, em ação coletiva, os honorários do advogado constituem parcela única, a ser cobrada de uma só vez, e não vinculada a cada execução individual, o que poderia acarretar diversas RPVs ou vários precatórios. Deve ser uma única requisição, mediante RPV ou precatório, a depender do valor executado. A tese foi assim fixada: "Os honorários advocatícios constituem crédito único e indivisível, de modo que o fracionamento da execução de honorários advocatícios sucumbenciais fixados em ação coletiva contra a Fazenda Pública, proporcionalmente às execuções individuais de cada beneficiário, viola o § 8º do artigo 100 da Constituição Federal"[72].

Mais recentemente, o STJ, ao reafirmar ser exemplificativo o rol do § 1º do art. 100 da Constituição, não considerou o caráter alimentar da indenização devida pelo Poder Público em decorrência de ato ilícito em virtude da demora na concessão da aposentadoria[73].

1.10. AS EMENDAS CONSTITUCIONAIS 62/2009 E 94/2016, AS PREFERÊNCIAS E AS DIVERSAS ORDENS CRONOLÓGICAS

Já se viu que a Constituição de 1988 estabeleceu, originariamente, duas ordens cronológicas de apresentação de precatórios: uma, prioritária, para os créditos alimentares e outra para os demais créditos.

---

[70] STJ, 1ª Seção, REsp 1.347.736/RS, Rel. Min. Castro Meira, Rel. p/ acórdão Min. Herman Benjamin, *DJe* 15.04.2014.

[71] "Agravo regimental em recurso extraordinário. Administrativo. Honorários advocatícios contratuais. Expedição de RPV ou precatório para pagamento em separado. Impossibilidade. Agravo desprovido. 1. É firme o entendimento desta Corte no sentido da impossibilidade de expedição de requisição de pagamento de honorários contratuais dissociados do principal a ser requisitado. 2. Agravo regimental a que se nega provimento" (STF, 2ª Turma, RE 1.025.776 AgR, Rel. Min. Edson Fachin, *DJe* 1º.08.2017). No mesmo sentido: STF, 2ª Turma, RE 1.035.724 AgR, Rel. Min. Edson Fachin, *DJe* 21.09.2017; STF, 2ª Turma, RE 1.094.439 AgR, Rel. Min. Dias Toffoli, *DJe* 19.03.2018.

[72] STF, Pleno, RE 1.309.081 RG, Rel. Min. Presidente, *DJe* 18.06.2021.

[73] STJ, 1ª Turma, RMS 72.481/BA, Rel. Min. Sérgio Kukina, *DJe* 15.12.2023.

Depois da Emenda Constitucional 62/2009, passaram a existir três ordens cronológicas. A Emenda Constitucional 94/2016 promoveu algumas mudanças nesse sistema.

Os créditos alimentares deverão ser pagos antes dos créditos não alimentares. Há, então, uma ordem cronológica de créditos alimentares, que são pagos com prioridade. Depois de pagos estes, inicia-se o pagamento dos não alimentares, obedecendo-se a sua ordem cronológica própria.

Antes, porém, dos créditos alimentares, devem ser pagos os também alimentares de que sejam titulares pessoas idosas, pessoas com doenças graves ou pessoas com deficiência, até o valor equivalente ao triplo do limite fixado em lei para as requisições de pequeno valor, admitido o fracionamento para essa finalidade, sendo o restante pago na ordem cronológica de apresentação dos precatórios de créditos alimentares (CF, art. 100, § 2º). A prioridade para pessoas idosas e com deficiência foi estabelecida pela EC 62/2009, e a EC 94/2016 acrescentou as pessoas com deficiências entre os titulares desse direito à prioridade.

Tais atributos pessoais (idade, doença ou deficiência) não deveriam ser transmitidos, por serem personalíssimos, mas o § 2º do art. 100 da Constituição menciona os titulares, originários ou por sucessão hereditária, de créditos inscritos em precatório ou que ostentem pequenos valores. Quer isso dizer que a prioridade estabelecida é mantida em caso de morte do credor; com isso, seus herdeiros passam a desfrutar dessa vantagem.

Há, então, em primeiro lugar, os créditos alimentares de pessoas idosas, pessoas com doenças graves e pessoas com deficiência, até o limite equivalente ao triplo do valor fixado para as requisições de pequeno valor. Em segundo lugar, devem ser pagos os demais créditos alimentares, restando, por fim, os créditos não alimentares.

2

ASPECTOS OBJETIVOS E SUBJETIVOS DOS PRECATÓRIOS

2.1. ASPECTOS OBJETIVOS

2.1.1. Aplicação para as obrigações pecuniárias

O precatório somente é exigido e deve ser observado quando se tratar de obrigação de pagar quantia. Esse é o aspecto objetivo do precatório: ele aplica-se apenas para as obrigações pecuniárias impostas contra o Poder Público.

Quando a obrigação a ser cumprida pela Fazenda Pública for de fazer, de não fazer ou de entregar coisa, não há precatório nem necessidade de sua observância.

Sendo o título judicial, as obrigações de fazer e não fazer serão cumpridas na forma do art. 536 do CPC. Assim, proferida a sentença e não cumprida a obrigação ali determinada, o juiz, valendo-se das medidas de apoio do § 1º do art. 536 do CPC, deverá determinar o cumprimento da obrigação. Já a obrigação de entregar coisa estabelecida em título judicial segue a disciplina prevista no art. 538 do CPC.

Tratando-se de ação contra a Fazenda Pública, não há regra diferente, já que as obrigações de fazer e não fazer não se submetem à sistemática dos precatórios. Então, o regime é o mesmo, caso o devedor seja a Fazenda Pública. Aliás, segundo anotado em precedente do Superior Tribunal de Justiça, "Esta Corte Superior já sedimentou a orientação segundo a qual é desnecessária a citação da Administração Pública por ocasião da exigibilidade de sentença que impõe obrigação de fazer"[1].

Significa que a execução de obrigação de fazer ou não fazer contra a Fazenda Pública rege-se pelas regras contidas no art. 536 do CPC. Quanto à fixação e à exigência da multa, o *agente público* responsável pelo cumprimento da ordem judicial deve responder tanto pelas *astreintes* (CPC, art. 536, § 1º) como por aquela prevista no § 2º do art. 77 do CPC.

Havendo o descumprimento, pelo agente público, da ordem judicial, desponta a possibilidade, segundo a opinião de alguns juízes e doutrinadores, da configuração do crime de desobediência (CP, art. 330), como forma de sanção cabível na espécie[2].

Na realidade, o descumprimento de ordem judicial pelo agente público não se enquadra no tipo penal do crime de desobediência, pois este se refere à conduta praticada por *particular* contra a administração da Justiça, não englobando a atividade exercida por agentes públicos. Quem ostenta a condição de agente público não comete o crime de desobediência, "pois tal delito pressupõe a atuação criminosa do particular contra a Administração"[3].

À evidência, não se configura o crime de desobediência na hipótese de o agente público não cumprir determinações judiciais.

Alternativamente, poder-se-ia ponderar quanto à configuração de crime de prevaricação, tipificado no art. 319 do Código Penal. No entanto, para caracterizar tal delito criminal, é preciso comprovar a existência de dolo específico, relativo ao "interesse ou sentimento pessoal" do agente público.

---

[1] STJ, 6ª Turma, AgRg no Ag 999.849/RS, Rel. Min. Jane Silva (Des. conv. TJ/MG), *DJe* 26.05.2008.

[2] Hely Lopes Meirelles entende que há o crime de desobediência, sujeitando-se a autoridade impetrada até mesmo ao flagrante delito (*Mandado de segurança, ação popular, ação civil pública, mandado de injunção, "habeas data", ação direta de inconstitucionalidade, ação declaratória de constitucionalidade e arguição de descumprimento de preceito fundamental*. 23. ed. atual. por Arnoldo Wald e Gilmar Ferreira Mendes. São Paulo: Malheiros, 2001. p. 95).

[3] STJ, 6ª Turma, RHC 9.189/SP, Rel. Min. Vicente Leal, *DJ* 03.04.2000; STJ, 6ª Turma, HC 8.593/SE, Rel. Min. Vicente Leal, *DJ* 13.12.1999. p. 179.

Diante da dificuldade, senão impossibilidade, de demonstrar – e comprovar – tal dolo específico, resta, de logo, mitigada a configuração de tal delito.

A recusa quanto ao cumprimento de decisão judicial poderá configurar ato de improbidade administrativa, devendo, como tal, ser punido. Na opinião de Joel Dias Figueira Júnior, poderá haver a configuração de crime de *desobediência* (CP, art. 330) e, quiçá, de *resistência* (CP, art. 329) e/ou *desacato* (CP, art. 331), *improbidade administrativa* (CF, art. 37, § 4º, c/c as Leis 8.112/1990, arts. 121 a 126-A, 8.429, de 2 de junho de 1992, e 14.133, de 1 de abril de 2021) e *prevaricação* (CP, art. 319)[4]. Poderá, ainda, haver a caracterização de crime de responsabilidade na hipótese de o descumprimento ter sido praticado por Prefeito (Decreto-lei 201, de 27 de fevereiro de 1967, art. 1º, XIV), Presidente da República (CF, art. 85, VII, e Lei 1.079, de 10 de abril de 1950, arts. 4º, VIII, e 12) ou Ministro de Estado (Lei 1.079, de 10 de abril de 1950, art. 13, 2).

Em termos de efetividade do comando judicial, a caracterização de prisão não constitui medida imediata e apta a obter o pronto cumprimento da ordem judiciária. Serve, a bem da verdade, como medida de pressão psicológica a incutir na mente da autoridade que, tomada de receio ou temor de eventual ou futura incriminação, se açoda em atender à determinação judicial. E isso porque a punição reveste-se do timbre de sanção penal, sujeitando-se à ação própria de iniciativa do Ministério Público e de competência de um juiz criminal. Ao juiz civil, descabe *decretar* a prisão processual; caber-lhe-ia, como a qualquer um do povo, dar voz de prisão, promovendo-a em flagrante e colocar o destinatário da ordem judicial à disposição da autoridade policial[5].

---

[4] FIGUEIRA JÚNIOR, Joel Dias. *Comentários à novíssima reforma do CPC*: Lei 10.444, de 7 de maio de 2002. Rio de Janeiro: Forense, 2002. p. 81. Com exceção dos crimes de responsabilidade, de improbidade administrativa e de prevaricação, os demais são, todos, praticados por particulares contra a Administração da Justiça, restando inviabilizada sua caracterização por agente público.

[5] ZAVASCKI, Teori Albino. *Antecipação da tutela*. São Paulo: Saraiva, 1997. p. 91. Ao discorrer sobre a prisão por desobediência, assim esclarece Vicente Greco Filho: "O juiz não pode decretar, em processo civil algum, a prisão por desobediência". E continua: "ocorrendo um crime, de duas uma: ou a situação é de *flagrância*, nas hipóteses do art. 302 do Código de Processo Penal (o agente está cometendo a infração penal, acaba de cometê-la etc.) e qualquer do povo pode e a autoridade policial deve fazer a prisão, ou não existe mais o estado de flagrância e a prisão somente poderá ser decretada no processo penal que a apurar, hipótese, aliás, remota, porque a desobediência é crime afiançável e punido com pena de detenção. Em outras palavras: se a desobediência já ocorreu, o juiz desobedecido não pode decretar a prisão do agente, cabendo-lhe, apenas, remeter cópia das peças ao Ministério Público para eventual

Não obstante a natureza penal da prisão, há quem defenda a possibilidade de prisão civil como medida de apoio, destinada a forçar o cumprimento da decisão judicial[6]. Sucede, todavia, que a Constituição Federal, em seu art. 5º, LXVII, veda a prisão por dívidas, ressalvando, apenas, o devedor de alimentos[7]. Nesse sentido, há quem defenda que a prisão somente poderá ser determinada caso a autoridade esteja se recusando a cumprir determinação que contenha obrigação de natureza alimentar, tal como a que diga respeito a pensão previdenciária, remuneração de servidor público ou qualquer outra verba dessa espécie[8]. De outro lado, há quem sustente que a prisão civil se

---

inquérito policial e ação penal; se a desobediência ainda não ocorreu, não pode haver decreto antecipado de prisão, porque a eventual situação de flagrância não admite decreto de prisão. Flagrante se efetiva, não se decreta" (Prisão por desobediência. *Revista do Instituto dos Advogados do Paraná* 20:195-196, Curitiba, 1992).

[6] FIGUEIRA JÚNIOR, Joel Dias. *Comentários à novíssima reforma do CPC:* Lei 10.444, de 07 de maio de 2002. Rio de Janeiro: Forense, 2002. p. 78-90. Nesse mesmo sentido, Sérgio Cruz Arenhart entende que a prisão deriva do *imperium* estatal e tem por finalidade resguardar a dignidade da Justiça, encontrando escoro jurídico no art. 5º, XXXV, da Constituição, por servir como meio de garantir a *efetividade* dos provimentos judiciais (*A tutela inibitória da vida privada*. São Paulo: RT, 2000. p. 212).

[7] Literalmente, o art. 5º, LXVII, da Constituição ressalva não somente a prisão civil do devedor de alimentos, mas também a do *depositário infiel*. Ao julgar o Recurso Extraordinário 466.343/SP, o STF, reconhecendo o *status* normativo supralegal dos tratados e convenções internacionais que proíbem a prisão por dívidas, entendeu *não* haver mais base jurídica para a prisão civil do *depositário infiel*. Na esteira desse entendimento, o STJ, ao julgar o RHC 19.406/MG, afirmou que a prisão civil do depositário judicial infiel não encontra guarida no ordenamento jurídico, em quaisquer de suas modalidades, seja a legal, seja a contratual. Decretar a prisão civil em tais casos equivale a constrangimento ilegal, a ser inibido por *habeas corpus*. Não há, portanto, mais base legal para a prisão civil do depositário infiel, considerando-se conflitante com a vedação de prisão civil o disposto no art. 1.287 do Código Civil de 1916, bem como o Decreto-lei 911/1969 e, bem assim, o art. 652 do Código Civil de 2002. Vale dizer que o ordenamento jurídico brasileiro proíbe a prisão civil por dívidas, ressalvada, apenas, a do devedor de alimentos.

Segundo essa linha de entendimento, tem-se, hoje, a *Súmula Vinculante 25*, aprovada por unanimidade, não havendo discussão sobre o tema, nos seguintes termos: "É ilícita a prisão civil de depositário infiel, qualquer que seja a modalidade de depósito. Tudo isso consagra o disposto no art. 7º do Pacto de San José da Costa Rica, do qual o Brasil é signatário".

[8] FRANCO, Fernão Borba. A execução de sentença "mandamental" e de obrigação de fazer: possibilidade de prisão como meio coercitivo. In: BUENO, Cassio Scarpinella; ALVIM, Eduardo Arruda; WAMBIER, Teresa Arruda Alvim (coords.). *Aspectos polêmicos e atuais do mandado de segurança*. São Paulo: RT, 2002. p. 362-364.

afigura perfeitamente possível, não incidindo o óbice do art. 5º, LXVII, da Constituição Federal, pois a privação de liberdade não decorreria de dívidas, mas sim do descumprimento de determinação judicial, contendo fundamento nos arts. 139, IV, 536, § 1º, do CPC, como mais uma medida de apoio de que se pode valer o magistrado para forçar o cumprimento de sua decisão[9].

Finalmente, cogita-se a *intervenção judicial* como meio apto e eficaz de obter a efetivação da medida judicial, determinando-se a nomeação de interventor que, substituindo a autoridade, cumpra a ordem judicial[10].

Estando a obrigação de fazer ou não fazer prevista em título executivo extrajudicial, é possível a execução contra a Fazenda Pública, nos termos da Súmula 279 do STJ. Nesse caso, não há qualquer diferença entre o procedimento adotado para as execuções contra particulares e aquelas manejadas contra a Fazenda Pública, aplicando-se os dispositivos inscritos nos arts. 814 a 823 do CPC.

No que concerne às obrigações de entregar coisa, sua execução contra a Fazenda Pública segue, de igual modo, as mesmas regras da execução contra particulares, aplicando-se os arts. 806 a 813 do CPC. Apenas nesses casos, se a obrigação for convertida em obrigação de pagar, deverá, a partir daí, ser adotado o procedimento dos arts. 534 e 535 do CPC, passando a seguir a sistemática do precatório.

2.1.2. Execução em mandado de segurança

A sentença proferida no mandado de segurança contém cariz injuntivo ou mandamental, encerrando uma ordem expedida contra uma autoridade ou um agente público. Dada sua feição mandamental, tal sentença deve ser executada imediatamente, ainda que desafiada por recurso próprio. Em outras palavras, a sentença, no mandado de segurança, é tipicamente mandamental, impondo uma ordem a ser cumprida pela autoridade coatora. Somente a autoridade coatora pode cumprir a ordem. Daí ser mandamental a sentença, cabendo ao juiz impor medidas coercitivas para forçar o cumprimento da decisão (CPC, art. 139, IV). A execução da sentença, nesse caso, faz-se pela adoção de medidas coercitivas, e não sub-rogatórias, pois tal execução depende da vontade da autoridade.

---

[9] GUERRA, Marcelo Lima. *Execução indireta*. São Paulo: RT, 1998. p. 245-246.
[10] GUERRA, Marcelo Lima. Execução contra o Poder Público. *Revista de Processo*, São Paulo, v. 100, out.-dez. 2000. p. 74-76. Conferir também: TALAMINI, Eduardo. *Tutela relativa aos deveres de fazer e de não fazer*. São Paulo: RT, 2001. p. 270-279.

No mandado de segurança, a sentença pode, ainda, ser constitutiva negativa ou anulatória, na hipótese de determinar a anulação do ato impugnado pelo impetrante.

A sentença, no mandado de segurança, também pode ser condenatória, quando, por exemplo, acolhe pedido de servidor público, visando à obtenção de vantagem ou de diferença de vencimentos. Acontece, entretanto, que "o mandado de segurança não é substitutivo de ação de cobrança" (Súmula 269 do STF). Além disso, o pagamento de vantagens pecuniárias asseguradas em *mandado de segurança* somente será efetuado relativamente às prestações que se vencerem a contar da data do ajuizamento da inicial (Lei 12.016/2009, art. 14, § 4º). Nesse sentido, "consoante jurisprudência do STJ, o pagamento de verbas atrasadas em sede de mandado de segurança restringe-se às parcelas existentes entre a data da impetração e a concessão da ordem".[11]

Concedida a segurança para impor o pagamento de diferenças estipendiárias, a inclusão da vantagem em folha de pagamento consiste em verdadeira obrigação de fazer, caracterizando uma tutela mandamental.[12] Quanto ao período que antecede a impetração do *mandado de segurança*, não estará compreendido pela sentença, devendo o impetrante cobrá-lo pelo procedimento comum. Nos termos do Enunciado 271 da Súmula do STF, "concessão de mandado de segurança não produz efeitos patrimoniais, em relação a período pretérito, os quais devem ser reclamados administrativamente ou pela via judicial própria".

Não havendo liminar ou determinação de pagamento antes do trânsito em julgado, os valores devidos entre a impetração e o próprio trânsito em julgado devem ser cobrados no próprio mandado de segurança, mediante execução contra a Fazenda Pública, seguindo-se a sistemática do precatório, com o procedimento descrito nos arts. 534 e 535 do CPC. Se os valores forem de pequena monta, dispensa-se o precatório, expedindo-se a Requisição de Pequeno Valor (RPV).

No âmbito tributário, o mandado de segurança pode proferir, de igual modo, sentença mandamental, anulatória, declaratória ou condenatória. É possível, com efeito, impor ordem à autoridade fiscal, anular um auto de infração ou um lançamento tributário, declarar a inexistência de relação

---

[11] STJ, 3ª Seção, Rcl 2.017/RS, Rel. Min. Jane Silva (Des. conv. do TJ/MG), *DJe* 15.10.2008.
[12] STF, 1ª Turma, RE 636.158 AgR, Rel. Min. Roberto Barroso, *DJe* 07.08.2017. A propósito, o STF, apreciando o tema 45 da repercussão geral, por unanimidade, fixou tese nos seguintes termos: "A execução provisória de obrigação de fazer em face da Fazenda Pública não atrai o regime constitucional dos precatórios".

jurídico-tributária, autorizar a compensação tributária ou determinar a restituição de tributo indevido.

Concedida a segurança para reconhecer o direito à compensação tributária, a sentença, segundo entende o STJ, só produz efeitos prospectivos, "os quais somente serão sentidos posteriormente ao trânsito em julgado, quando da realização do efetivo encontro de contas, o qual está sujeito à fiscalização pela Administração Tributária".[13]

O reconhecimento judicial da inexistência de relação jurídico-tributária ou do pagamento indevido de tributo enseja a possibilidade de repetição de indébito. Em vez de pedir a repetição de indébito, o contribuinte pode promover a compensação junto à entidade fazendária.

Segundo entendimento firmado no âmbito da jurisprudência do Superior Tribunal de Justiça, "A sentença declaratória que, para fins de compensação tributária, certifica o direito de crédito do contribuinte que recolheu indevidamente o tributo, contém juízo de certeza e de definição exaustiva a respeito de todos os elementos da relação jurídica questionada e, como tal, é título executivo para a ação visando à satisfação, em dinheiro, do valor devido"[14].

Cabe ao contribuinte optar entre a compensação e o recebimento do crédito por precatório ou requisição de pequeno valor, pois todas as modalidades de execução do julgado são postas à disposição da parte quando procedente o pedido de declaração do indébito. Aliás, o STJ, ao enfrentar o Tema 228 dos recursos repetitivos, fixou a seguinte tese: "O contribuinte pode optar por receber, por meio de precatório ou por compensação, o indébito tributário certificado por sentença declaratória transitada em julgado".

No mandado de segurança, caso o contribuinte opte pela expedição de precatório, somente poderá receber os "valores devidos entre a data da impetração e a implementação da ordem concessiva"[15]. Aliás, no Tema 831 da Repercussão Geral, o STF fixou a seguinte tese: "o pagamento dos valores devidos pela Fazenda Pública entre a data da impetração do mandado de segurança e a efetiva implementação da ordem concessiva deve observar o regime de precatórios previsto no artigo 100 da Constituição Federal".

---

[13] STJ, 1ª Seção, EREsp 1.770.495/RS, Rel. Min. Gurgel de Faria, *DJe* 17.12.2021.
[14] STJ, 1ª Turma, REsp 588.202/PR, Rel. Min. Teori Albino Zavascki, *DJ* 25.02.2004. p. 123.
[15] STF, Pleno, RE 889.173 RG, Rel. Min. Luiz Fux, *DJe* 17.08.2015. No mesmo sentido: STF, Pleno, Rcl 14.505 AgR, Rel. Min. Teori Zavascki, *DJe* 1º.07.2013.

Segundo entende o STF, no âmbito do Direito Tributário, os "débitos da Fazenda Pública oriundos de decisão concessiva de mandado de segurança devem ser pagos pelo regime de precatório"[16].

O STJ mantinha firme entendimento no sentido de que "o mandado de segurança é a via adequada para declarar o direito à compensação ou restituição de tributos e, em ambos os casos, os pedidos devem ser requeridos na esfera administrativa, sendo inviável a via do precatório, sob pena de conferir indevidos efeitos retroativos ao *mandamus*"[17]. O precatório, enfim, era dispensado pelo STJ em caso de reconhecimento do direito na via do mandado de segurança. Aquela corte entendia que, nesse caso, a restituição haveria de ser feita administrativamente.

Realmente: "A jurisprudência assente do STJ é no sentido de que, concedida a ordem, o contribuinte pode requerer na via administrativa a compensação ou a restituição do indébito, sendo inviável a utilização do mandamus para buscar a expedição de precatório/RPV, porquanto vedado o uso da via mandamental como ação de cobrança, a teor da Súmula 269 do STF"[18].

O STF, reafirmando sua jurisprudência, entendeu ser equivocado esse entendimento do STJ e, ao enfrentar o Tema 1.262 da Repercussão Geral, fixou a seguinte tese: "Não se mostra admissível a restituição administrativa do indébito reconhecido na via judicial, sendo indispensável a observância do regime constitucional de precatórios, nos termos do art. 100 da Constituição Federal".

De acordo com o STF, não cabe restituição administrativa de indébito tributário por meio de mandado de segurança, pois esse ressarcimento deve obedecer à ordem cronológica de apresentação dos precatórios, conforme exigido pelo art. 100 da Constituição.

2.2. ASPECTOS SUBJETIVOS

2.2.1. Aplicação para as pessoas jurídicas de direito público

O precatório é instituto aplicável às pessoas jurídicas de direito público. As execuções judiciais relativas a obrigações de pagar quantia certa contra entes públicos submetem-se à exigência constitucional dos precatórios.

---

[16] STF, 2ª Turma, ARE 1.350.473 ED-AgR, Rel. Min. Gilmar Mendes, *DJe* 20.05.2022.

[17] STJ, 1ª Turma, AgInt no REsp 2.054.866/RS, Rel. Min. Gurgel de Faria, *DJe* 1º.09.2023.

[18] STJ, 2ª Turma, AgInt no REsp 2.028.861/MG, Rel. Min. Mauro Campbell Marques, *DJe* 10.03.2023.

Além das pessoas jurídicas de direito público, submete-se ao regime de precatórios, segundo entendimento firmado pelo STF[19], a Empresa Brasileira de Correios e Telégrafos – ECT, que ostenta a natureza de empresa pública.

Abstraída a ECT, não é possível a aplicação do regime de precatórios às sociedades de economia mista nem às empresas públicas, por constituírem pessoas jurídicas de direito privado, não se inserindo no conceito de Fazenda Pública[20].

2.2.2. Aplicação para empresas públicas e sociedades de economia mista que prestam serviços públicos

O STF permite a extensão do regime de precatórios a algumas sociedades de economia mista, que prestem serviços essencialmente públicos. Para tanto, o STF exige uma série de requisitos cumulativos: *(a)* prestar serviço público; *(b)* não exercer atividade econômica; *(c)* não estar na livre concorrência, mas sim em regime monopolista e de exclusividade; *(d)* não possuir intuito de lucro; *(e)* os bens destinados à execução serem considerados impenhoráveis[21].

Não pode uma empresa que atua no regime de mercado, ou que distribui lucro, deter o privilégio de arcar com as condenações judiciais mediante precatório. Seria uma vantagem desleal que feriria o princípio da livre concorrência, que é uma norma fundamental da ordem econômica brasileira (CF, art. 170, IV).

Outro ponto bastante relevante é o fato de empresas públicas e sociedades de economia mista não dependerem de orçamento público. As razões do pagamento mediante precatório são várias (*v.g.*, impenhorabilidade de bens, princípios da impessoalidade e da isonomia etc.). Uma delas é que os valores são arcados pelo Poder Público. É o Erário que paga as condenações judiciais. O orçamento público possui inúmeras peculiaridades, com rubricas e dotações para destinações específicas, dependendo de aprovação da lei de diretrizes orçamentárias, repasses de verba pública etc. Há um conjunto de regras que impõem antecedências e diretrizes para os gastos públicos.

---

[19] STF, Pleno, RE 220.906, Rel. Min. Maurício Corrêa, *DJ* 14.11.2002. p. 15; STF, 1ª Turma, RE 229.961, Rel. Min. Moreira Alves, *DJ* 02.03.2001. p. 13; STF, 1ª Turma, RE 393.032 AgR, Rel. Min. Cármen Lúcia, *DJe* 18.12.2009.

[20] Nesse sentido: STF, Pleno, RE 599.628, Rel. Min. Ayres Britto, Rel. p/ acórdão Min. Joaquim Barbosa, *DJe* 17.10.2011. No mesmo sentido, a tese do Tema 253 da Repercussão Geral do STF: "Sociedades de economia mista que desenvolvem atividade econômica em regime concorrencial não se beneficiam do regime de precatórios, previsto no art. 100 da Constituição da República."

[21] STF, 1ª Turma, RE 627.242 AgR, Rel. Min. Marco Aurélio, Rel. p/ acórdão Min. Roberto Barroso, *DJe* 25.05.2017.

O precatório, nesse contexto, permite que o Poder Público organize com antecedência seu orçamento para incluir o pagamento das condenações judiciais, sem atingir as demais rubricas e dotações que já contam com destinação específica para saúde, educação, segurança etc. O regime de precatórios não é compatível com uma contabilidade tipicamente privada.

A empresa pública e a sociedade de economia mista ostentam natureza jurídica de direito privado.

A Constituição, em seu art. 170, garante a *livre-iniciativa*, alinhada ao princípio da *livre concorrência*. Nem sempre a livre concorrência, que se refere a livre mercado, conduz, porém, à livre-iniciativa. O livre mercado e a livre concorrência têm o sentido de ausência de interferência estatal, deixando o mercado autorregular-se. Mercado livre é condição de competitividade, que é fator decisivo para formação de preços, dinamismo tecnológico etc. Competitividade envolve comportamentos rivais e cooperativos[22].

A exploração da atividade econômica pelos entes integrantes da Administração Pública é, de acordo com o art. 173 da Constituição, excepcional, somente sendo permitida quando necessária aos imperativos da segurança nacional ou a relevante interesse coletivo, conforme definições contidas em lei.

Há empresas públicas e sociedades de economia mista que, embora ostentem tal rótulo, não exploram atividade econômica, prestando serviços públicos essenciais, não sujeitos ao mercado concorrencial nem à livre-iniciativa. Nesse caso, são prestadoras de serviço público. Os serviços públicos são titularizados pelo Estado, que pode prestá-los diretamente ou descentralizar suas atividades administrativas a empresas estatais. Quando isso ocorre, tem-se uma empresa estatal prestadora de serviço público. Em tal hipótese, o Estado – ainda que por meio de pessoa jurídica de direito privado – atua no seu respectivo campo de ação, exercendo sua competência própria. Mediante um processo de descentralização técnica, executa-se uma atividade administrativa, presta-se um serviço público. As empresas públicas e as sociedades de economia mista, em situações assim, são prestadoras de serviço público.

Por sua vez, há empresas públicas – *a exemplo da Administração dos Portos de Paranaguá e Antonina (APPA)*[23] – que exploram atividade econômi-

---

[22] FERRAZ JÚNIOR, Tércio Sampaio. Comentários ao art. 173. *Constituição Federal comentada*. Rio de Janeiro: Forense, 2018. p. 1.343-1.344.

[23] Nesse sentido, conferir: STF, 1ª Turma, RE 892.727 AgR, Rel. Min. Alexandre de Moraes, Rel. p/ acórdão Min. Rosa Weber, *DJe* 16.11.2018.

ca em regime concorrencial, sem monopólio e com intuito de auferir lucro, hipótese em que se sujeitam ao regime jurídico das empresas privadas, nos termos do art. 173, § 1º, II, e § 2º, da Constituição.

O regime de direito privado somente se aplica às empresas estatais que explorem a atividade econômica, não regendo aquelas que prestam serviços públicos. Conforme anotado em precedente do Supremo Tribunal Federal, "[o] § 1º do artigo 173 da Constituição do Brasil não se aplica às empresas públicas, sociedades de economia mista e entidades (estatais) que prestam serviço público"[24].

As empresas públicas e as sociedades de economia mista que prestam serviço público essencial não se subordinam ao regime jurídico das pessoas de direito privado.

Para gozar do regime de precatórios, os bens da sociedade devem ser impenhoráveis e inalienáveis[25]. Mais precisamente, o patrimônio deve estar exclusivamente destinado e vinculado ao serviço público prestado pela sociedade de economia mista, em regime de monopólio[26].

---

[24] STF, Pleno, ADI 1.642, Rel. Min. Eros Grau, *DJe* 19.09.2008.
[25] Nesse sentido: BUENO, Cassio Scarpinella. *Comentários ao Código de Processo Civil*. São Paulo: Saraiva, 2018. v. X. p. 333; BUENO, Cassio Scarpinella. *Manual do Poder Público em juízo*. São Paulo: Saraiva, 2022. p. 118.
[26] Ementa: "Arguição de descumprimento de preceito fundamental. Liminar deferida em parte. Referendo. Companhia de Saneamento Ambiental do Maranhão – Caema. Entidade estatal prestadora de serviço público em caráter de exclusividade. Saneamento básico. Art. 23, IX, da CF. Atividade estatal típica. Execução. Regime de precatórios. Arts. 100 e 173 da CF. Conversão do referendo à liminar em julgamento de mérito. Precedentes. Procedência. 1. É firme a jurisprudência desta Suprema Corte no sentido de que somente as empresas públicas que exploram atividade econômica em sentido estrito estão sujeitas ao regime jurídico próprio das empresas privadas, nos moldes do art. 173, § 1º, II, da Lei Maior. Precedentes. 2. Embora constituída sob a forma de sociedade de economia mista, a Caema desempenha atividade de Estado, em regime de exclusividade, sendo dependente do repasse de recursos públicos. Por não explorar atividade econômica em sentido estrito, sujeita-se, a cobrança dos débitos por ela devidos em virtude de condenação judicial, ao regime de precatórios (art. 100 da Constituição da República). 3. A interferência indevida do Poder Judiciário na administração do orçamento e na definição das prioridades na execução de políticas públicas traduz afronta aos arts. 2º, 84, II, 167, VI e X, da CF. Precedentes. 4. Conversão do referendo à liminar em julgamento definitivo de mérito. 5. Arguição de descumprimento de preceito fundamental julgada procedente" (STF, Pleno, ADPF 513, Rel. Min. Rosa Weber, *DJe* 06.10.2020).

2.2.3. Inaplicabilidade para os conselhos profissionais

Os conselhos de fiscalização profissional não se beneficiam do regime de precatórios para pagamentos de suas dívidas decorrentes de decisão judicial. O STF, apreciando o tema 877 de repercussão geral, fixou a seguinte tese: "Os pagamentos devidos, em razão de pronunciamento judicial, pelos Conselhos de Fiscalização não se submetem ao regime de precatórios". Enfim, segundo decidiu o STF, as execuções propostas em face de conselhos profissionais devem seguir as regras gerais, não se submetendo ao regime dos precatórios.

2.2.4. Aplicabilidade para pessoas jurídicas de direito privado incorporadas a ente público ou transformadas em pessoas jurídicas de direito público

Se a pessoa jurídica de direito privado for extinta e incorporada ao ente público, a execução deverá ser proposta contra este último, submetendo-se a precatório. Também é possível que a pessoa jurídica de direito privado transforme-se em pessoa jurídica de direito público. Assim, por exemplo, uma empresa pública pode transformar-se em autarquia[27]. Nesse caso, a execução por quantia certa passa a submeter-se ao regime do precatório.

Antes de a pessoa jurídica de direito privado ser absorvida pela de direito público ou de ser transformada em ente público, a execução deve sujeitar-se à regra geral da penhora e da expropriação. Depois, o regime será o do precatório. É possível, porém, que a mudança alcance uma execução em curso. Se, quando da mudança, ainda não tiver havido penhora de bens, a execução deve sujeitar-se ao regime do precatório. Caso, entretanto, já tenha havido penhora, esta não há de ser desfeita, mesmo com a posterior alteração do regime jurídico da parte executada.

Esta foi a tese firmada pelo STF no julgamento do Tema 355 da Repercussão Geral: "É válida a penhora em bens de pessoa jurídica de direito privado, realizada anteriormente à sucessão desta pela União, não devendo a execução prosseguir mediante precatório". De igual modo, assim entende o TST, conforme se observa do Enunciado da OJ 343: "É válida a penhora em bens de pessoa jurídica de direito privado, realizada anteriormente à sucessão pela União ou por Estado-membro, não podendo a execução prosseguir mediante precatório. A decisão que a mantém não viola o art. 100 da CF/1988".

Em casos como esse, a penhora e a subsequente alienação do bem podem não ser suficientes à satisfação do crédito. Como foi alterada a natureza

---

[27] PEIXOTO, Ravi. *Manual dos precatórios*. Londrina: Thoth, 2023. p. 33.

jurídica da parte executada, não pode mais haver penhora de bens para a satisfação do saldo devedor. Assim, a execução terá tido uma parte por penhora e expropriação, vindo a parte que restar a sujeitar-se ao regime do precatório. Não há vedação a que, em casos como esse, a execução possa transcorrer em parte por meio de penhora e, na parte restante, por precatório[28].

De todo modo, como visto, não se aplica o regime de precatórios às sociedades de economia mista nem às empresas públicas, por constituírem pessoas jurídicas de direito privado e não se inserirem no conceito de Fazenda Pública.

---

[28] PEIXOTO, Ravi. *Manual dos precatórios*. Londrina: Thoth, 2023. p. 36.

3

PAGAMENTO DOS PRECATÓRIOS

3.1. PRAZO PARA PAGAMENTO DOS PRECATÓRIOS

Determinada a sua expedição pelo juiz, o precatório deverá ser encaminhado ao presidente do respectivo tribunal, sendo ali registrado, autuado e distribuído. O presidente do tribunal deverá inscrever o precatório e comunicar ao órgão competente para efetuar a ordem de despesa, a fim de que a Administração Pública passe a adotar as medidas necessárias e suficientes à abertura do crédito que liquidará a dívida mediante depósito bancário feito à disposição da presidência do tribunal.

Até 2021, o precatório havia de ser inscrito até o dia 1º de julho para que o correspondente montante fosse inserido no próprio orçamento que ainda seria aprovado, fazendo-se o pagamento até o final do exercício seguinte, quando o crédito tinha o seu valor corrigido monetariamente. Assim, por exemplo, sendo o precatório inscrito até 1º de julho de 2020, deveria o correlato valor ser pago até o dia 31 de dezembro de 2021. Caso o precatório somente fosse inscrito após o dia 1º de julho de 2020, haveria a perda de um exercício financeiro, devendo ser incluído no orçamento seguinte para ser pago até o dia 31 de dezembro de 2022 (CF, art. 100, § 5º, na redação anterior à EC 114/2021).

A partir de 2022, os precatórios devem ser inscritos até o dia 2 de abril, para que o crédito seja pago, com seu valor corrigido monetariamente, até o final do exercício seguinte. Assim, inscrito o precatório até 2 de abril de 2022, deverá ser pago até 31 de dezembro de 2023. Isso porque o § 5º do art. 100 da Constituição teve sua redação alterada pela Emenda Constitucional 114/2021. O marco temporal, previsto no § 5º do art. 100 da Constituição, foi alterado de 1º de julho para 2 de abril, mas tal mudança, nos termos do art. 8º da Emenda Constitucional 114/2021, só entrou em vigor a partir de 2022. E nem poderia ser diferente, pois a mudança operada não poderia alcançar os precatórios já inscritos até então.

Até 2021, os precatórios deveriam ser inscritos até 1º de julho, para pagamento até o final do exercício seguinte. A partir de 2022, o prazo de inscrição passou a ser o dia 2 de abril de cada ano. Ao julgar a ADI 7.064, o STF afirmou a constitucionalidade da mudança, por considerá-la proporcional e razoável, tornando mais realista a perspectiva de equacionamento da dívida que constará na lei orçamentária.

3.2. ATUALIZAÇÃO MONETÁRIA E JUROS NO PAGAMENTO DO PRECATÓRIO

Como já se viu, o precatório inscrito até o dia 1º de julho deve ser pago até o final do exercício seguinte. A partir de 2022, o precatório há de ser inscrito até 2 de abril para ser pago até o final do exercício seguinte. Nesse período, entre a inscrição e o pagamento, decorre, com frequência, cerca de um ano ou mais do que isso. O valor a ser pago ao credor deve ser *corrigido monetariamente*. É o que consta do § 5º do art. 100 da Constituição.

O pagamento do crédito constante do precatório deve ser feito, enfim, com seu valor atualizado monetariamente. Tal atualização não contempla, porém, a incidência de juros moratórios[1].

Não há, com efeito, a incidência de juros relativamente ao período que medeia a inscrição do precatório e o efetivo pagamento do crédito. Nesse período, o § 5º do art. 100 da Constituição exige que seja computada a correção monetária. Não deve, entretanto, haver cômputo de juros entre a data da inscrição do precatório e a do efetivo pagamento[2].

---

[1] É relevante lembrar, porém, que até antes da expedição do precatório, incidem juros moratórios. Nesse sentido, o Tema 96 da Repercussão Geral do STF: "Incidem os juros da mora no período compreendido entre a data da realização dos cálculos e a da requisição ou do precatório".

[2] Esse intervalo de tempo em que não há incidência de juros é conhecido como "período de graça".

Em primeiro lugar, a previsão contida no § 5º do art. 100 da Constituição alude, apenas, a *correção monetária*, não se referindo a juros moratórios. Logo, não seria possível o cômputo dos juros no período entre a inscrição do precatório e a data do efetivo pagamento.

Ademais, os juros incidem em razão da *mora* do devedor; o atraso no pagamento acarreta a necessidade de se computarem juros no valor da dívida. No caso do precatório, já se viu que, uma vez inscrito até o dia 2 de abril, o crédito correspondente deve ser pago até o final do exercício seguinte. Então, a Fazenda Pública dispõe desse prazo – chamado "período de graça" – para efetuar o pagamento. Realizado o pagamento nesse período constitucionalmente fixado, não há mora; assim, não havendo falar em cômputo de juros.

Caso a sentença condenatória determine o cômputo de juros até o pagamento do precatório, deverá ser impugnada, sob pena de, transitada em julgado dessa forma, ter de ser feito o pagamento com esse acréscimo indevido de juros, em razão do respeito à coisa julgada[3].

Abstraída essa hipótese de coisa julgada, o certo é que, efetuado o pagamento no período constitucionalmente fixado, não há mora, não havendo juros. A questão consolidou-se no âmbito jurisprudencial, passando a constar do Enunciado 17 da Súmula Vinculante do STF, de cujo teor se extrai a seguinte dicção: "Durante o período previsto no parágrafo 1º do artigo 100 da Constituição, não incidem juros de mora sobre os precatórios que nele sejam pagos"[4]. Constando o assunto da súmula vinculante do STF, caberá reclamação contra decisão que adotar orientação divergente, a fim de que se ajuste ao entendimento firmado pela Corte Suprema (CPC, art. 988, III).

Na verdade, os juros moratórios somente incidem a partir do *atraso* no pagamento, ou seja, decorrido o exercício financeiro, e não tendo sido pago, a partir de janeiro do ano seguinte é que deve iniciar o cômputo dos juros. Assim, tome-se como exemplo um precatório que tenha sido inscrito até o dia 1º de julho de 2020. Deverá, como se viu, ser efetuado o pagamento até o dia 31 de dezembro de 2021, respeitada a ordem cronológica de inscrição. Sendo o pagamento realizado até aquele dia 31 de dezembro, não haverá cômputo de juros moratórios, pois não houve inadimplemento. Passado, contudo, o

---

[3] STJ, 6ª Turma, AgRg no REsp 639.196/RS, Rel. Min. Paulo Gallotti, *DJ* 27.03.2006. p. 365.

[4] O prazo para pagamento do precatório era, originariamente, previsto no § 1º do art. 100 da Constituição. Em virtude de sucessivas emendas constitucionais, o prazo passou a ser previsto no § 5º do art. 100 da Constituição. Daí o enunciado da súmula referir-se ao § 1º, mas se deve considerado como § 5º.

dia 31 de dezembro de 2021, sem que tenha havido o pagamento, incidirão juros moratórios a partir de 1º de janeiro de 2022 até a data em que ocorrer o efetivo pagamento.

Inscrito o precatório até 2 de abril de 2022, deverá ser pago até 31 de dezembro de 2023, com correção monetária, não havendo juros, pois o pagamento, feito nesse período, não incorre em mora. Se, porém, passar de 31 de dezembro de 2023 e não for efetuado, passarão a incidir juros moratórios.

Para que esses juros sejam pagos, será preciso haver a expedição de um precatório complementar, pois não se podem agregar valores num precatório já inscrito. Antes, porém, de se expedir o precatório complementar, deverá o credor apresentar sua conta, em que demonstra o valor devido a título de juros, sendo *intimada* a Fazenda Pública para sobre ela pronunciar-se, depois disso será expedido o precatório complementar[5].

Portanto, atualmente só existe precatório complementar para a cobrança de juros moratórios do período posterior ao exercício em que deveria ser pago o precatório. Entre a data da expedição do precatório e a do efetivo pagamento, não há cômputo de juros, sendo o valor pago corrigido monetariamente, sem possibilidade de haver precatório complementar.

Tudo isso se aplica também à execução de honorários de sucumbência proposta em face da Fazenda Pública: na execução dos honorários, só incidem juros se não for respeitado o prazo para pagamento do precatório[6].

3.3. A INADEQUAÇÃO DA CORREÇÃO MONETÁRIA POR ÍNDICE QUE NÃO REFLETE A INFLAÇÃO

O § 12 do art. 100 da Constituição Federal assim dispunha: "a atualização de valores de requisitórios, após sua expedição, até o efetivo pagamento, independentemente de sua natureza, será feita pelo índice oficial de remuneração básica da caderneta de poupança, e, para fins de compensação da mora, incidirão juros simples no mesmo percentual de juros incidentes sobre a caderneta de poupança, ficando excluída a incidência de juros compensatórios".

Ao julgar as Ações Diretas de Inconstitucionalidade 4.357 e 4.425, o STF proclamou a inconstitucionalidade desse § 12, por entender que tal índice não

---

[5] STJ, 2ª Turma, AgRg no AREsp 418.301/SP, Rel. Min. Herman Benjamin, *DJe* 19.03.2014; STJ, 1ª Turma, AgRg no REsp 1.068.812/SP, Rel. Min. Sérgio Kukina, *DJe* 18.02.2014.

[6] STJ, 2ª Turma, REsp 1.141.369/MG, Rel. Min. Mauro Campbell Marques, *DJe* 15.10.2010.

é suficiente para recompor as perdas inflacionárias. Consequentemente, também deve ser considerada inconstitucional a previsão que já constava do art. 1º-F da Lei 9.494/1997, cujo conteúdo está atualmente redigido nos seguintes termos: "Nas condenações impostas à Fazenda Pública, independentemente de sua natureza e para fins de atualização monetária, remuneração do capital e compensação da mora, haverá a incidência uma única vez, até o efetivo pagamento, dos índices oficiais de remuneração básica e juros aplicados à caderneta de poupança". Ora, se não é válido um dispositivo inserido no texto constitucional por Emenda Constitucional, também não pode ser admitido dispositivo com idêntico conteúdo em lei ordinária.

O entendimento do STF restringe-se, todavia, às demandas tributárias. Ao julgar os embargos de declaração opostos ao acórdão que julgou as referidas Ações Diretas de Inconstitucionalidade 4.357 e 4.425, o STF deixou claro que: "1. O art. 1º-F da Lei 9.494/1997 foi declarado inconstitucional pelo Supremo Tribunal Federal, ao julgar as ADIs 4.357 e 4.425, apenas na parte em que o texto legal estava logicamente vinculado no art. 100, § 12, da CRFB, incluído pela EC 62/2009, o qual se refere tão somente à atualização de valores de requisitórios, não abarcando as condenações judiciais da Fazenda Pública. 2. A correção monetária nas condenações judiciais da Fazenda Pública seguem disciplinadas pelo art. 1º-F da Lei 9.494/1997, devendo-se observar o índice oficial de remuneração da caderneta de poupança como critério de cálculo; o IPCA-E deve corrigir o crédito uma vez inscrito em precatório. 3. Os juros moratórios nas condenações judiciais da Fazenda Pública seguem disciplinadas pelo art. 1º-F da Lei 9.494/1997, aplicando-se-lhes o índice oficial de remuneração da caderneta de poupança como critério de cálculo, exceto no que diz respeito às relações jurídico-tributárias, aos quais devem seguir os mesmos critérios pelos quais a Fazenda Pública remunera o seu crédito"[7].

Nas relações jurídico-tributárias, o dispositivo é, então, inconstitucional, por ofensa ao princípio da isonomia, pois a Fazenda Pública deve, desde 25 de março de 2015, ser condenada a pagar ao contribuinte o valor de condenação judicial a que se sujeitar com a mesma correção monetária e os mesmos juros da exação fiscal. Nas demais relações jurídicas, "o Índice de Preços ao Consumidor Amplo-Especial (IPCA-E) é o índice de correção monetária a ser aplicado a todos os valores inscritos em precatórios, estejam eles sujeitos, ou não, ao regime especial criado pela EC 62/2009, qualquer que seja o ente federativo de que se trate"[8].

---

[7] STF, Pleno, ADI 4.357 QO-ED, Rel. Min. Luiz Fux, *DJe* 06.08.2018.
[8] STF, Pleno, ADI 4.357 QO-ED-segundos, Rel. Min. Luiz Fux, *DJe* 06.08.2018.

Ao julgar o Recurso Extraordinário 870.947/SE, o STF fixou, com eficácia obrigatória, as seguintes teses para o Tema 810 da Repercussão Geral:

> 1) O art. 1º-F da Lei 9.494/1997, com a redação dada pela Lei 11.960/2009, na parte em que disciplina os juros moratórios aplicáveis a condenações da Fazenda Pública, é inconstitucional ao incidir sobre débitos oriundos de relação jurídico-tributária, aos quais devem ser aplicados os mesmos juros pelos quais a Fazenda Pública remunera seu crédito tributário, em respeito ao princípio constitucional da isonomia (CRFB, art. 5º, *caput*); quanto às condenações oriundas de relação jurídica não tributária, a fixação dos juros moratórios segundo o índice de remuneração da caderneta de poupança é constitucional, permanecendo hígido, nesta extensão, o disposto no art. 1º-F da Lei 9.495/1997 com a redação dada pela Lei 11.960/2009; e 2) O art. 1º-F da Lei 9.494/1997, com a redação dada pela Lei 11.960/2009, na parte em que disciplina a atualização monetária das condenações impostas à Fazenda Pública segundo a remuneração oficial da caderneta de poupança, revela-se inconstitucional ao impor restrição desproporcional ao direito de propriedade (CRFB, art. 5º, XXII), uma vez que não se qualifica como medida adequada a capturar a variação de preços da economia, sendo inidônea a promover os fins a que se destina.

O STF, ao julgar as Ações Diretas de Inconstitucionalidade 4.357 e 4.425, considerou também inconstitucional o art. 1º-F da Lei 9.494/1997 para as relações jurídico-tributárias.

Ao julgar a Ação Direta de Inconstitucionalidade 5.348, o STF reafirmou "a norma do art. 1º-F da Lei 9.494/1997, pela qual se estabelece a aplicação dos índices oficiais de remuneração da caderneta de poupança para atualização monetária nas condenações da Fazenda Pública, configura restrição desproporcional ao direito fundamental de propriedade"[9].

Ao julgar os Recursos Especiais 1.495.146/MG, 1.495.144/RS e 1.492.221/PR, o Relator Ministro Mauro Campbell Marques, submetidos ao regime dos recursos repetitivos (*Tema 905*), da 1ª Seção do STJ firmou a seguinte tese:

> a) o art. 1º-F da Lei 9.494/1997, no tocante à correção monetária, não se aplica às condenações judiciais impostas à Fazenda Pública, independentemente de sua natureza;[10]

---

[9] STF, Pleno, ADI 5.348, Rel. Min. Cármen Lúcia, *DJe* 28.11.2019.

[10] Mais recentemente, o STJ confirmou ser inaplicável o art. 1º-F da Lei 9.404/2007 quanto à *correção monetária* (STJ, 2ª Turma, AgInt no AREsp 638.541/MA, Rel. Min. Mauro Campbell Marques, *DJe* 24.11.2023).

b) o art. 1º-F da Lei 9.494/1997, na parte em que estabelece a incidência de juros de mora nos débitos da Fazenda Pública com base no índice oficial de remuneração da caderneta de poupança, aplica-se às condenações impostas à Fazenda Pública, excepcionadas as condenações oriundas de relação jurídico-tributária;
c) os índices dependem da natureza da condenação:
　I. nas de natureza administrativa em geral, os juros de mora são de 0,5% ao mês até dezembro de 2002 e, a partir da vigência do Código Civil de 2002, correspondem à variação da taxa Selic, vedada a cumulação com outro índice; no período posterior à Lei 11.960/2009, os juros de mora correspondem à variação do índice de remuneração da caderneta de poupança. Até antes do início de vigência do Código Civil e depois do início de vigência da Lei 11.960/2009, a correção monetária é feita com base na variação do IPCA-E. No período em que se aplica a Selic, não há outro índice de correção monetária, pois a Selic cumula juros com correção monetária;
　II. nas condenações judiciais relativas a servidores e empregados públicos, os juros de mora, até julho de 2001, são de 1% ao mês (capitalização simples), com correção monetária pelo IPCA-E a partir de janeiro de 2001; de agosto de 2001 a junho de 2009, os juros de mora são de 0,5% ao mês, com correção monetária pelo IPCA-E; a partir de julho de 2009, os juros de mora correspondem à remuneração da caderneta de poupança, com correção monetária pelo IPCA-E;
　III. nas condenações judiciais concernentes a desapropriações diretas e indiretas, não incide o art. 1º-F da Lei 9.494/1997, por haver regras próprias e específicas para juros moratórios e compensatórios;
　IV. nas condenações judiciais de natureza previdenciária, a correção monetária é calculada pelo INPC quanto ao período posterior à vigência da Lei 11.430/2006, que incluiu o art. 41-A na Lei 8.213/1991. Quanto aos juros de mora, incide o art. 1º-F da Lei 9.494/1997, adotando-se a remuneração oficial da caderneta de poupança;
　V. nas condenações judiciais de natureza tributária, a correção monetária e os juros de mora devem corresponder às utilizadas na cobrança de tributos pagos em atraso. Não havendo disposição legal específica, os juros de mora são calculados à taxa de 1% ao mês (CTN, art. 161, § 1º). Observada a regra isonômica e havendo previsão legal, é legítima a utilização da taxa Selic, vedada sua cumulação com quaisquer outros índices.

d) a coisa julgada há de ser preservada. Se houver condenação que imponha índices diversos dos supraespecificados, deve ser respeitada em virtude da imutabilidade e indiscutibilidade da coisa julgada[11].

A conclusão a que chegou o STF no julgamento das ADIs 4.357 e 4.425, bem como na fixação da tese do Tema 810 da Repercussão Geral – secundada pelo STJ na fixação da tese do Tema 905 dos recursos repetitivos – aplica-se, igualmente, às condenações trabalhistas impostas à Fazenda Pública. Com efeito, nos casos de débitos trabalhistas em que a Fazenda Pública seja devedora, o débito há de ser corrigido pelo IPCA-E, com os juros da caderneta de poupança.

O STF, no julgamento da ADC 58, ressalvou expressamente os créditos trabalhistas contra a Fazenda Pública, de modo que incide o IPCA-E, conforme decidido nas ADIs 4.357 e 4.425 e fixado no Tema 810 da Repercussão Geral[12]. De acordo com a ressalva, em vez de aplicar o IPCA-E na fase

---

[11] A 1ª Turma do STJ entendeu que a superveniente mudança de orientação jurisprudencial a respeito do índice de correção monetária deve aplicar-se aos casos julgados, não havendo que se falar em coisa julgada (STJ, 1ª Turma, AgInt no REsp 1.771.560/DF, Rel. Min. Benedito Gonçalves, *DJe* 13.05.2020). Por sua vez, a 2ª Turma do STJ já decidiu que deve ser respeitada a coisa julgada (STJ, 2ª Turma, REsp 1.861.550/DF, Rel. Min. Og Fernandes, *DJe* 04.08.2020). É evidente que se deve respeitar a coisa julgada. Se a relação jurídica for continuativa e sobrevier mudança no índice de correção, cabe à parte ajuizar ação de revisão prevista no art. 505, I, do CPC. Se o índice estiver errado, é cabível ação rescisória (CPC, art. 966, V). O que não se pode é desconsiderar a coisa julgada. Na hipótese de o STF entender que o índice correto é outro, em decisão proferida *após* o trânsito em julgado da decisão rescindenda, a rescisória terá por fundamento o § 8º do art. 535 do CPC.

[12] "Direito Constitucional. Direito do Trabalho. Ações diretas de inconstitucionalidade e ações declaratórias de constitucionalidade. Índices de correção dos depósitos recursais e dos débitos judiciais na Justiça do Trabalho. Art. 879, § 7º, e art. 899, § 4º, da CLT, na redação dada pela Lei 13. 467, de 2017. Art. 39, *caput* e § 1º, da Lei 8.177 de 1991. Política de correção monetária e tabelamento de juros. Institucionalização da Taxa Referencial (TR) como política de desindexação da economia. TR como índice de correção monetária. Inconstitucionalidade. Precedentes do STF. Apelo ao legislador. Ações diretas de inconstitucionalidade e ações declaratórias de constitucionalidade julgadas parcialmente procedentes, para conferir interpretação conforme à Constituição ao art. 879, § 7º, e ao art. 899, § 4º, da CLT, na redação dada pela Lei 13.467, de 2017. Modulação de efeitos. 1. A exigência quanto à configuração de controvérsia judicial ou de controvérsia jurídica para conhecimento das Ações Declaratórias de Constitucionalidade (ADC) associa-se não só à ameaça ao princípio da presunção de constitucionalidade – esta independe de um número quantitativamente relevante de decisões de um e de outro lado –, mas também, e sobretudo, à invalidação prévia de uma decisão tomada por segmentos expressivos do modelo representativo. 2. O Supremo Tribunal Federal declarou a inconstitucionalidade do art. 1º-F da Lei 9.494/1997,

com a redação dada pela Lei 11.960/2009, decidindo que a TR seria insuficiente para a atualização monetária das dívidas do Poder Público, pois sua utilização violaria o direito de propriedade. Em relação aos débitos de natureza tributária, a quantificação dos juros moratórios segundo o índice de remuneração da caderneta de poupança foi reputada ofensiva à isonomia, pela discriminação em detrimento da parte processual privada (ADI 4.357, ADI 4.425, ADI 5.348 e RE 870.947-RG – tema 810). 3. A indevida utilização do IPCA-E pela jurisprudência do Tribunal Superior do Trabalho (TST) tornou-se confusa ao ponto de se imaginar que, diante da inaplicabilidade da TR, o uso daquele índice seria a única consequência possível. A solução da Corte Superior Trabalhista, todavia, lastreia-se em uma indevida equiparação da natureza do crédito trabalhista com o crédito assumido em face da Fazenda Pública, o qual está submetido a regime jurídico próprio da Lei 9.494/1997, com as alterações promovidas pela Lei 11.960/2009. 4. A aplicação da TR na Justiça do Trabalho demanda análise específica, a partir das normas em vigor para a relação trabalhista. A partir da análise das repercussões econômicas da aplicação da lei, verifica-se que a TR se mostra inadequada, pelo menos no contexto da Consolidação das Leis Trabalhistas (CLT), como índice de atualização dos débitos trabalhistas. 5. Confere-se interpretação conforme à Constituição ao art. 879, § 7º, e ao art. 899, § 4º, da CLT, na redação dada pela Lei 13.467, de 2017, definindo-se que, até que sobrevenha solução legislativa, deverão ser aplicados à atualização dos créditos decorrentes de condenação judicial e à correção dos depósitos recursais em contas judiciais na Justiça do Trabalho os mesmos índices de correção monetária e de juros vigentes para as hipóteses de condenações cíveis em geral (art. 406 do Código Civil), à exceção das dívidas da Fazenda Pública que possui regramento específico (art. 1º-F da Lei 9.494/1997, com a redação dada pela Lei 11.960/2009), com a exegese conferida por esta Corte na ADI 4.357, ADI 4.425, ADI 5.348 e no RE 870.947-RG (tema 810). 6. Em relação à fase extrajudicial, ou seja, a que antecede o ajuizamento das ações trabalhistas, deverá ser utilizado como indexador o IPCA-E acumulado no período de janeiro a dezembro de 2000. A partir de janeiro de 2001, deverá ser utilizado o IPCA-E mensal (IPCA-15/IBGE), em razão da extinção da UFIR como indexador, nos termos do art. 29, § 3º, da MP 1.973-67/2000. Além da indexação, serão aplicados os juros legais (art. 39, *caput*, da Lei 8.177, de 1991). 7. Em relação à fase judicial, a atualização dos débitos judiciais deve ser efetuada pela taxa referencial do Sistema Especial de Liquidação e Custódia – SELIC, considerando que ela incide como juros moratórios dos tributos federais (arts. 13 da Lei 9.065/1995; 84 da Lei 8.981/1995; 39, § 4º, da Lei 9.250/1995; 61, § 3º, da Lei 9.430/1996; e 30 da Lei 10.522/2002). A incidência de juros moratórios com base na variação da taxa SELIC não pode ser cumulada com a aplicação de outros índices de atualização monetária, cumulação que representaria bis in idem. 8. A fim de garantir segurança jurídica e isonomia na aplicação do novo entendimento, fixam-se os seguintes marcos para modulação dos efeitos da decisão: (i) são reputados válidos e não ensejarão qualquer rediscussão, em ação em curso ou em nova demanda, incluindo ação rescisória, todos os pagamentos realizados utilizando a TR (IPCA-E ou qualquer outro índice), no tempo e modo oportunos (de forma extrajudicial ou judicial, inclusive depósitos judiciais) e os juros de mora de 1% ao mês, assim como devem ser mantidas e executadas as sentenças transitadas em julgado que expressamente adotaram, na sua fundamentação ou no dispositivo, a TR (ou o IPCA-E) e os juros de mora de 1% ao mês; (ii) os processos

pré-judicial e a taxa Selic a partir do ajuizamento, às condenações de débitos diretos da Fazenda Pública, inclusive no âmbito da Justiça do Trabalho, aplica-se a tese do Tema 810 do STF, que determina a aplicação do IPCA-E como índice de correção monetária, acrescido dos juros da caderneta de poupança. O entendimento do STF é seguido pelo TST, que reitera a aplicação ininterrupta do IPCA-E para correção monetária de débitos trabalhistas devidos pela Fazenda Pública[13].

3.4. PREVISÃO DA SELIC COMO CRITÉRIO DE CORREÇÃO MONETÁRIA

A partir de 9 de dezembro de 2021, "nas discussões e nas condenações que envolvam a Fazenda Pública, independentemente de sua natureza e para fins de atualização monetária, de remuneração do capital e de compensação da mora, inclusive do precatório, haverá a incidência, uma única vez, até o efetivo pagamento, do índice da taxa referencial do Sistema Especial de Liquidação e de Custódia (Selic), acumulado mensalmente" (EC 113/2021, art. 3º).

Vale dizer que os precatórios são monetariamente corrigidos pela Selic, desde dezembro de 2021. Tal previsão não pode ser aplicada retroativamente para períodos e casos anteriores, nem pode atingir as coisas julgadas até então formadas. A previsão de um novo índice de correção não pode alcançar períodos anteriores, em razão do princípio da irretroatividade das leis, concretizador da segurança jurídica.

---

em curso que estejam sobrestados na fase de conhecimento, independentemente de estarem com ou sem sentença, inclusive na fase recursal, devem ter aplicação, de forma retroativa, da taxa Selic (juros e correção monetária), sob pena de alegação futura de inexigibilidade de título judicial fundado em interpretação contrária ao posicionamento do STF (art. 525, §§ 12 e 14, ou art. 535, §§ 5º e 7º, do CPC. 9. Os parâmetros fixados neste julgamento aplicam-se aos processos, ainda que transitados em julgado, em que a sentença não tenha consignado manifestação expressa quanto aos índices de correção monetária e taxa de juros (omissão expressa ou simples consideração de seguir os critérios legais). 10. Ação Declaratória de Constitucionalidade e Ações Diretas de Inconstitucionalidade julgadas parcialmente procedentes" (STF, Pleno, ADC 58, Rel. Min. Gilmar Mendes, *DJe* 07.04.2021).

[13] Nesse sentido: TST, 5ª Turma, Recurso de Revista 1040.-08.2010.5.04.0009, Rel. Min. Breno Medeiros, *DeJT* 24.09.2021; TST, 3ª Turma, Recurso de Revista 1314-63.2010.5.01.0038, *DeJT* 24.05.2019; TST, 5ª Turma, Recurso de Revista 2377-46.2013.5.02.0441, Rel. Min. Breno Medeiros, *DeJT* 22.10.2021; TST, 3ª Turma, Recurso de Revista 102200-87.2008.5.02.0046; TST, 3ª Turma, Recurso de Revista 1233-96.2010.5.04.0017, Rel. Min. Alberto Luiz Bresciani de Fontan Pereira, *DeJT* 27.09.2019; TST, 5ª Turma, Agravo no Recurso de Revista 20385-39.2016.5.04.0141, Rel. Min. Breno Medeiros, *DeJT* 22.10.2021.

Ao julgar a ADI 7.064, o STF, por razões de praticidade, rejeitou a alegação de inconstitucionalidade da Selic como indexador possível para a atualização de débitos judiciais.

Assim, as condenações impostas ao Poder Público devem, a partir de dezembro de 2021, ser atualizadas pela Selic. Se a dívida for tributária, aplicar-se-á apenas a Selic. Sendo não tributária, a correção é feita pela Selic, mas os juros moratórios, em caso de não pagamento do precatório no período de graça, são os mesmos aplicáveis às cadernetas de poupança, nos termos do art. 1º-F da Lei 9.494/1997.

O Recurso Extraordinário 1.317.982 foi afetado como Tema 1.170 da Repercussão geral, tendo sido julgado, com a fixação da seguinte tese: "É aplicável às condenações da Fazenda Pública envolvendo relações jurídicas não tributárias o índice de juros moratórios estabelecido no art. 1º-F da Lei n. 9.494/1997, na redação dada pela Lei n. 11.960/2009, a partir da vigência da referida legislação, mesmo havendo previsão diversa em título executivo judicial transitado em julgado".

Como está definido pelo STF, mesmo que haja coisa julgada em sentido divergente, os juros moratórios, nas relações não tributárias que envolvam o Poder Público, são os mesmos aplicáveis para remuneração da caderneta de poupança, aplicando-se o art. 1º-F da Lei 9.494/1997.

3.5. SELIC *VERSUS* IPCA-E

Conforme será demonstrado nos itens 3.5 a 3.7, o regime especial instituído pela Emenda Constitucional 94/2016 – e posteriormente alterado pelas Emendas Constitucionais 99/2017 e 109/2021 – aplica-se apenas aos Estados, ao Distrito Federal e aos Municípios que preencham a hipótese prevista no art. 101 do ADCT da Constituição.

Os Estados, o Distrito Federal e os Municípios que, em 25 de março de 2015, estavam em mora no pagamento de seus precatórios devem, até 31 de dezembro de 2029, saldar seus débitos vencidos (aí incluídos os que vencerem dentro desse período), atualizados pelo IPCA-E, mediante depósitos mensais em conta especial do Tribunal de Justiça local, sob única e exclusiva administração deste, de 1/12 (um doze avos) do valor calculado percentualmente sobre suas receitas correntes líquidas apuradas no segundo mês anterior ao mês de pagamento, em percentual suficiente para o pagamento de seus débitos e, ainda que variável, nunca inferior, em cada exercício, ao percentual praticado na data da entrada em vigor do regime especial, tudo conforme o plano de pagamento a ser anualmente apresentado ao Tribunal de Justiça local.

Significa que, para o regime especial de pagamento de precatórios pelos Estados, pelo Distrito Federal e pelos Municípios, a atualização dos valores é feita pelo IPCA-E.

Também se viu que o art. 3º da Emenda Constitucional 113, de 2021, passou a prever a incidência da Selic para a correção monetária das condenações que envolvam a Fazenda Pública, independentemente de sua natureza, inclusive do precatório.

Há, como se nota, um aparente conflito de normas: há disposições que preveem o IPCA-E e outra específica que estabelece a Selic. A Selic está prevista em norma geral, não alcançando a hipótese especial para a qual incide o IPCA-E. O IPCA-E está expressa e especificamente previsto para a correção monetária dos precatórios incluídos no âmbito do regime especial dos Estados, do Distrito Federal e dos Municípios. Para a generalidade dos casos, ou seja, para as demais hipóteses, aplica-se a Selic.

A Lei 14.352, de 25 de maio de 2022, alterou a Lei 14.194, de 2021, que dispõe sobre as diretrizes para a elaboração e a execução da lei orçamentária federal de 2022, ajustando-a à EC 113, de 2021.

Nos termos do art. 29 da referida Lei 14.194, de 2021, com a redação dada pela Lei 14.352, de 2022, a taxa Selic deve incidir, uma única vez, nas discussões e condenações que envolvam precatórios.

Ainda segundo tal dispositivo, os precatórios, nas relações tributárias, continuam sendo corrigidos pela Selic. Nas relações não tributárias, até o período a que alude o § 5º do art. 100 da Constituição, a correção monetária continua a ser feita pelo IPCA-E. Passado o período constitucional para pagamento, passam a incidir juros. Logo, a partir desse período, deixa de incidir o IPCA-E e passa a incidir a Selic.

Assim, por exemplo, inscrito um precatório até 2 de abril de 2022, seu pagamento deverá ser feito até 31 de dezembro de 2023. Nesse período, sendo a dívida tributária, a correção se faz pela Selic. Se não tributária, a correção será feita pelo IPCA-E. Porém, se não houver o pagamento até 31 de dezembro e 2023, passa a incidir, a partir de 1º de janeiro de 2024, a variação da taxa Selic, até o seu efetivo pagamento.

Então, se a dívida for tributária, será Selic sempre. Não sendo tributária, haverá incidência do IPCA-E no período a que se refere o § 5º do art. 100 da Constituição. Passado esse período sem pagamento, incide a taxa Selic. Suponha, por exemplo, que o precatório foi inscrito até 2 de abril de 2022, mas não foi pago até 31 de dezembro de 2023, vindo somente a ser pago em 3 maio de 2025. De 1º de janeiro de 2023 a 3 de maio de 2025, incidiria a Selic.

A previsão normativa ajusta-se à orientação do STF e considera que a Selic contém juros em sua composição. Segundo firme entendimento do STF, no período a que se refere o § 5º do art. 100 da Constituição (chamado de "período de graça"), não há incidência de juros[14]. Logo, considerou-se adequado prever um índice para o período de graça diverso da Selic, pois, naquele período, não há, como se viu, incidência de juros moratórios.

Essa seria a forma de corrigir os valores, segundo o disposto no art. 29 da Lei 14.194, de 2021, com a redação dada pela Lei 14.352, de 2022, que parece contrariar o comando do art. 3º da EC 113, de 2021[15].

Em outras palavras, os precatórios, a partir de 9 de dezembro de 2021, devem ser corrigidos pela variação da Selic. Já os que se inserem no regime de especial de pagamentos dos Estados, do Distrito Federal e dos Municípios são corrigidos pela variação do IPCA-E.

3.6. UTILIZAÇÃO DE DEPÓSITOS JUDICIAIS PARA PAGAMENTO DE PRECATÓRIOS EM ATRASO

A EC 94/2016 permitiu que Estados e Municípios empreguem depósitos judiciais para o pagamento de débitos de precatórios em atraso. A EC 99/2017 reforçou essa possibilidade.

O STF, ao julgar a ADI 5.679, afirmou a constitucionalidade dessa possibilidade, fixando a seguinte tese: "Observadas rigorosamente as exigências normativas, não ofende a Constituição a possibilidade de uso de depósitos judiciais para o pagamento de precatórios em atraso, tal como previsto pela EC nº 94/2016"[16].

---

[14] Nesse sentido, é o tema 1.037 da Repercussão Geral do STF: "O enunciado da Súmula Vinculante 17 não foi afetado pela superveniência da Emenda Constitucional 62/2009, de modo que não incidem juros de mora no período de que trata o § 5º do art. 100 da Constituição. Havendo o inadimplemento pelo ente público devedor, a fluência dos juros inicia-se após o 'período de graça'".

[15] Ao se referir ao art. 3º da EC 113/2021, assim se manifesta Murilo Avelino: "Em uma primeira leitura, o dispositivo parece conflitar diretamente com o decidido pelo STF nas ADIs 4.357 e 4.425, especialmente ao apreciar o art. 100, § 12, da CR. Trata-se de novidade legislativa, que certamente será objeto de análise pelo Supremo Tribunal Federal. De toda sorte, a previsão é de que a taxa Selic substituirá, sozinha, a incidência de quaisquer outros índices de correção monetária, remuneração de capital e compensação de mora em toda e qualquer condenação em face da Fazenda Pública" (AVELINO, Murilo Teixeira. *Fazenda Pública em juízo*. Salvador: JusPodivm, 2022. p. 225).

[16] STF, Pleno, ADI 5.679, Rel. Min. Luís Roberto Barroso, *DJe* 18.10.2023.

Assim, os Estados e os Municípios podem utilizar depósitos judiciais para pagar precatórios em atraso.

3.7. PROCEDIMENTO DO PRECATÓRIO PERANTE O PRESIDENTE DO TRIBUNAL

Determinada a expedição do precatório pelo juiz da execução, este o encaminhará, por ofício, ao presidente do respectivo tribunal. O presidente do tribunal, ao receber o precatório, irá inscrevê-lo, computando-o na ordem cronológica de pagamento.

Feitas todas as inscrições dos precatórios até o dia 2 de abril de cada ano, o presidente do tribunal determinará a confecção da lista dos precatórios, em ordens de prioridades e cronológica, encaminhando para as autoridades públicas responsáveis pela inclusão de tais valores na lei orçamentária e, de resto, no próprio orçamento do exercício seguinte.

Encaminhada a lista dos precatórios, o presidente do tribunal aguardará o pagamento de todos eles, destinando, de acordo com as prioridades e com a ordem cronológica, a seus respectivos credores.

3.8. NATUREZA JURÍDICA DA ATIVIDADE DO PRESIDENTE DO TRIBUNAL NO PRECATÓRIO

Na execução proposta contra a Fazenda Pública, a atividade judicial de primeiro grau é cumprida e acabada com a expedição do precatório. A partir daí, o que se desenvolve é a atividade do presidente do tribunal quanto ao procedimento em si mesmo do precatório. Tal atividade, desenvolvida pelo presidente do tribunal, reveste contornos de cunho jurisdicional ou administrativo?

A doutrina controverte-se acerca do tema, sendo de se ressaltar o entendimento no sentido de admitir como *jurisdicional* a atividade do presidente do tribunal, no processamento do precatório[17]. De outro lado, pontifica a orientação voltada a considerar a atividade do presidente do tribunal como *administrativa,* destacando-se como o último ato jurisdicional o do juiz que ordena a expedição do precatório[18].

---

[17] FEDERIGHI, Wanderley José. *A execução contra a Fazenda Pública.* São Paulo: Saraiva, 1996. p. 59; VIANA, Juvêncio Vasconcelos. *Execução contra a Fazenda Pública.* São Paulo: Dialética, 1998. p. 122-123.

[18] ASSIS, Araken de. *Comentários ao Código de Processo Civil.* São Paulo: RT, 2000. v. 9. p. 417.

Na seara jurisprudencial, não há controvérsia quanto à matéria, sobressaindo o entendimento, tanto do STF como do STJ, no sentido de reconhecer como *administrativa* a atividade do presidente do tribunal, desenvolvida no processamento do precatório. Realmente, ao julgar a ADI 1.098/SP, o Supremo Tribunal Federal definiu que a ordem judicial de pagamento, bem como os demais atos necessários a tal finalidade, concerne ao campo administrativo, e não ao jurisdicional[19].

Nos termos do Enunciado 311 da Súmula do STJ, "Os atos do presidente do tribunal que disponham sobre processamento e pagamento de precatório não têm caráter jurisdicional".

Caracteriza-se, portanto, como atividade *administrativa* o processamento do precatório pelo presidente do tribunal.

Exatamente porque é *administrativa* a atividade do presidente do tribunal na condução do precatório, as questões incidentais, na execução em face da Fazenda Pública, devem ser resolvidas pelo juízo que julgou a causa em primeiro grau. De fato, questões pendentes ou que surgirem após a expedição do precatório, tais como impugnação de juros ou de acréscimos indevidos, até mesmo a postulação de correção monetária não inserida no precatório, devem ser resolvidas pelo juízo de primeiro grau, cabendo ao presidente do tribunal *apenas* processar o precatório requisitório expedido por ordem daquele[20].

Sendo administrativa a natureza da atividade desenvolvida pelo presidente do tribunal no processamento do precatório, não são cabíveis recursos extraordinário nem especial, já que não houve o julgamento de uma *causa*, para fins de cabimento de tais recursos. Esse, aliás, é o entendimento firmado tanto pelo STF[21] como pelo STJ[22].

Nesse sentido, o Enunciado 733 da Súmula do STF: "Não cabe recurso extraordinário contra decisão proferida no processamento de precatórios".

Justamente por ser administrativa a atividade do presidente no processamento do precatório, não cabe, como já se viu, a interposição de recurso especial ou de recurso extraordinário. Caso, entretanto, o presidente do tribunal exerça, no procedimento do precatório, atividade tipicamente judi-

---

[19] STF, Pleno, ADI 1.098/SP, Rel. Min. Marco Aurélio, *DJ* 25.10.1996. p. 41.026.
[20] STJ, 1ª Turma do STJ, REsp 187.831/SP, Rel. Min. José Delgado, *DJ* 22.03.1999. p. 83; STJ, 2ª Turma, REsp 141.137/SP, Rel. Min. Francisco Peçanha Martins, *DJ* 13.12.1999. p. 132; STJ, 2ª Turma, REsp 1.142.728/SP, Rel. Min. Castro Meira, *DJe* 02.06.2010; STJ, 1ª Turma, RMS 32.009/RJ, Rel. Min. Benedito Gonçalves, *DJe* 23.11.2010.
[21] STF, Pleno, AGRRE 213.696/SP, Rel. Min. Carlos Velloso, *DJ* 06.02.1998. p. 73.
[22] STJ, 6ª Turma, AGA 288.539/SP, Rel. Min. Fernando Gonçalves, *DJ* 19.06.2000. p. 222.

cial, usurpando a função judicial para decidir acerca de algum incidente que sobrevier, essa sua decisão, confirmada que seja em agravo interno, desafiará a interposição de um recurso especial ou extraordinário. É que, nesse caso, haverá atividade judicial, descerrando o acesso aos Tribunais Superiores por meio dos recursos excepcionais[23].

Ressalvada essa hipótese de usurpação de função judicial, a atividade desenvolvida pelo presidente do tribunal na condução do precatório é administrativa, não ensejando a interposição de recursos especial ou extraordinário. Justamente por ser administrativa a atividade exercida no processamento do precatório, cabível a impetração de mandado de segurança contra alguma determinação tida por ilegal ou abusiva[24].

3.9. SEQUESTRO

Não sendo pago o crédito inscrito em precatório, a consequência, até agora vista, é permitir o cômputo de juros moratórios. Nesse caso, além dos juros, seria possível determinar o sequestro ou o bloqueio de verbas públicas para viabilizar o pagamento?

A resposta é positiva.

Com efeito, o sequestro é possível somente para o caso de preterição na ordem de inscrição do precatório e, bem ainda, para o caso de "não alocação orçamentária do valor necessário à satisfação do seu débito". A propósito, assim está redigido o § 6º do art. 100 da Constituição Federal:

> § 6º As dotações orçamentárias e os créditos abertos serão consignados diretamente ao Poder Judiciário, cabendo ao Presidente do Tribunal que proferir a decisão exequenda determinar o pagamento integral e autorizar, a requerimento do credor e exclusivamente para os casos de preterimento de seu direito de precedência *ou de não alocação orçamentária do valor necessário à satisfação do seu débito,* o sequestro da quantia respectiva.

É possível, portanto, que haja o sequestro não somente para o caso de preterição da ordem cronológica, mas também para a falta de alocação orçamentária do valor necessário à satisfação do crédito exequendo.

---

[23] STJ, 2ª Turma, EDcl em EDREsp 159.275/SP, Rel. Min. Ari Pargendler, *DJ* 28.09.1998. p. 39.

[24] VIANA, Juvêncio Vasconcelos. Novas considerações acerca da execução contra a Fazenda Pública. *Revista Dialética de Direito Processual*, São Paulo: Dialética. v. 5, ago. 2003. p. 58.

Somente se permite o sequestro nos casos expressamente previstos na Constituição. Não é possível, por exemplo, requerer o sequestro para pagamento de crédito de pessoas com doença grave sem observância à regra dos precatórios. Nesse sentido, a tese do Tema 598 da Repercussão Geral do STF: "O deferimento de sequestro de rendas públicas para pagamento de precatório deve se restringir às hipóteses enumeradas taxativamente na Constituição Federal de 1988".

O referido sequestro nada mais é do que um *arresto,* sendo imprópria a designação *sequestro*[25]. Tal *arresto,* contudo, não ostenta a natureza de medida cautelar[26], consistindo numa medida satisfativa, de natureza executiva, destinada a entregar a quantia apreendida ao credor preterido em sua preferência.

O que se discute é quem será, no caso de preterição da ordem cronológica de inscrição, o legitimado passivo do sequestro (leia-se arresto): a apreensão da quantia destinada a satisfazer o credor irá operar-se sobre o patrimônio da Fazenda Pública ou sobre o patrimônio do credor que recebeu em preterição, antes de chegado o seu momento?

Há quem defenda que tal medida somente possa ser encetada em face da Fazenda Pública, incidindo o sequestro sobre rendas públicas, e não sobre o valor do pagamento feito com quebra da ordem de preferência dos precatórios, abrindo-se uma exceção ao princípio da impenhorabilidade dos bens públicos[27]. Por sua vez, há quem entenda que somente o patrimônio do credor que recebeu antes do momento adequado é que estaria sujeito a medida de sequestro, não se atingindo o patrimônio público[28]. O sequestro, na realidade, pode incidir tanto sobre o patrimônio público como sobre o do credor que recebeu antes do momento adequado, possibilitando, portanto, um litisconsórcio passivo no requerimento de sequestro[29].

Nos termos do § 6º do art. 100 da Constituição, é possível o sequestro no caso de falta de alocação orçamentária dos recursos necessários e sufi-

---

[25] CÂMARA, Alexandre Freitas. *Lições de Direito Processual Civil.* 7. ed. Rio de Janeiro: Lumen Juris, 2003. v. 2. p. 343.
[26] SILVA, Ovídio A. Baptista da. *Curso de Processo Civil.* 3. ed. São Paulo: RT, 1998. v. 2. p. 116.
[27] SILVA, Ovídio A. Baptista da. *Curso de Processo Civil.* 3. ed. São Paulo: RT, 1998. v. 2. p. 116.
[28] CÂMARA, Alexandre Freitas. *Lições de Direito Processual Civil.* 7. ed. Rio de Janeiro: Lumen Juris, 2003. v. 2. p. 343.
[29] VIANA, Juvêncio Vasconcelos. Novas considerações acerca da execução contra a Fazenda Pública. *Revista Dialética de Direito Processual,* São Paulo: Dialética. v. 5, ago. 2003. p. 65.

cientes ao pagamento do crédito inscrito no precatório. Em tal situação, o sequestro atinge verbas públicas, ou seja, recursos financeiros da própria entidade executada.

O art. 101 do ADCT prevê um regime especial para os entes públicos que, em 25 de março de 2015, estivessem em mora com o pagamento de seus precatórios. Tal regime beneficia Estados, Distrito Federal e Municípios que se encaixem nessa hipótese, não alcançando a União. Os Estados, o Distrito Federal e os Municípios, bem como suas respectivas autarquias e fundações, que se beneficiarem desse regime e estiverem efetuando os pagamentos de acordo com tal regime não podem sofrer sequestro de valores, salvo no caso de falta de liberação tempestiva dos recursos.

Em regra, o sequestro não pode ser determinado de ofício, sendo necessário que haja prévio requerimento do credor. Requerido o sequestro, será ouvido o chefe do Ministério Público para, somente depois, ser determinada a medida executiva de satisfação do crédito. O sequestro previsto no inciso I do art. 104 do ADCT não depende de requerimento, podendo ser ordenado de ofício pelo presidente do Tribunal de Justiça, pela falta de liberação tempestiva para pagamento dos precatórios pendentes no regime especial estabelecido no art. 101 do mesmo ADCT.

Quanto à legitimidade ativa, poderá requerer o sequestro *qualquer* credor preterido: não somente aquele que está imediatamente acima, na ordem cronológica, como os que lhe antecedem. Assim, imagine os credores que estão, respectivamente, nos 5º, 6º e 7º lugares na ordem cronológica de inscrição. Se o 7º receber antes do 5º e do 6º, caberia, em princípio, ao 6º requerer o sequestro. Só que este último não deve receber seu crédito antes do 5º. Na verdade, quem deve requerer o sequestro é o 5º, nada impedindo, porém, que o 6º também o faça. Nesse caso, o 6º agirá por *substituição processual* em relação ao 5º[30]. A ordem cronológica, que decorre do princípio da impessoalidade, justifica a legitimidade extraordinária. A defesa da ordem cronológica é comum a todos os credores que foram afetados pela preterição. É possível aplicar, no caso, por analogia, o disposto no art. 3º da Lei 12.016/2009.

No caso da falta de pagamento por ausência de alocação orçamentária dos correspondentes recursos, a legitimidade ativa para requerer o sequestro é do credor que não teve seu crédito satisfeito.

---

[30] BUENO, Cassio Scarpinella. Execução por quantia certa contra a Fazenda Pública – uma proposta atual de sistematização. In: SHIMURA, Sérgio; WAMBIER, Teresa Arruda Alvim (coords.). *Processo de execução*. São Paulo: RT, 2001. p. 152.

4

REGIME ESPECIAL PARA ESTADOS, DISTRITO FEDERAL E MUNICÍPIOS

4.1. REGIME ESPECIAL PARA PAGAMENTO DE CRÉDITO DE PRECATÓRIO DE ESTADOS, DISTRITO FEDERAL E MUNICÍPIOS (INSTITUÍDO PELA EC 62/2009)

Os requisitos para pagamento de precatórios estão *todos* previstos na Constituição, não sendo possível que outros sejam estabelecidos pela legislação infraconstitucional. Às normas infraconstitucionais, não se permite agregar novos requisitos para além daqueles fixados no texto constitucional.

Sem embargo disso, a Emenda Constitucional 62/2009 acrescentou ao art. 100 da Constituição os §§ 15 e 16, delegando ao legislador infraconstitucional a possibilidade de criar um regime especial para pagamento de precatórios de Estados, do Distrito Federal e de Municípios. Tal possibilidade não alcança os precatórios da União.

O objetivo desse regime especial é viabilizar o pagamento de precatórios que estão vencidos há anos e que não foram ainda pagos por Estados, pelo Distrito Federal e por Municípios. A norma não alcança a União nem os demais entes federais.

Nos termos dos referidos §§ 15 e 16 do art. 100 da Constituição, independentemente das regras contidas no texto constitucional, é possível, por lei complementar, ser estabelecido regime especial para pagamento de crédito de precatórios de Estados, Distrito Federal e Municípios, dispondo sobre vinculações à receita corrente líquida, além da forma e do prazo de liquidação.

A seu critério exclusivo e na forma de lei, a União poderá assumir débitos, oriundos de precatórios, de Estados, do Distrito Federal e de Municípios, refinanciando-os diretamente.

O mencionado regime especial deve ser instituído, como visto, por lei complementar. Enquanto não editada tal lei, aplicam-se as regras contidas no art. 97 do ADCT da Constituição. A Emenda Constitucional 62/2009, além de alterar as normas previstas no art. 100 da Constituição, fez incluir, em seu ADCT, um novo dispositivo, qual seja, o art. 97, criando o regime especial de pagamento de precatórios de Estados, do Distrito Federal e de Municípios, enquanto não promulgada e sancionada a referida lei complementar, cabendo aos Estados, ao Distrito Federal e aos Municípios optar pela adoção de tal regime[1].

4.2. ASSUNÇÃO DE DÉBITOS DE ESTADOS, DO DISTRITO FEDERAL E DE MUNICÍPIOS PELA UNIÃO (CF, ART. 100, § 16)

O § 16 do art. 100 da Constituição prevê que a União, a seu critério exclusivo e na forma da lei, "poderá assumir débitos, oriundos de precatórios, de Estados, Distrito Federal e Municípios, refinanciando-os diretamente".

Faculta-se, enfim, a federalização da dívida, apenas em virtude de uma *escolha privativa* da União, o que arrosta o princípio constitucional da impessoalidade previsto no art. 37 da Constituição, atentando contra a própria essência do precatório, que consiste em evitar privilégios ou vantagens indevidas para o pagamento de condenações judiciais, fazendo respeitar a ordem cronológica de inscrição dos respectivos créditos.

A norma confere à União a possibilidade de escolher um débito específico para assumir, o que malfere a necessidade de obediência à ordem cronológica dos precatórios, desatendendo ao princípio da impessoalidade. Ora, sabe-se que a impessoalidade inspira a exigência de obediência à or-

---

[1] O regime especial somente é aplicável ao ente público que tenha, dentro do prazo previsto no art. 3º da EC 62/2009, feito expressa opção. É necessário, então, que haja expressa escolha feita pelo Poder Público ao regime especial para pagamento de precatórios.

dem cronológica[2]. Escolher qualquer débito para ser satisfeito desatende, concretamente, à ordem cronológica, não se respeitando, então, o princípio da impessoalidade.

O § 16 do art. 100 da Constituição confere, ainda, à União a faculdade de escolher a dívida de um Estado ou um Município específico, o que também atenta contra o princípio da impessoalidade, além de ofender o princípio da isonomia, por privilegiar credores de entes específicos, não agraciando todos que aguardam, há tempos, pelo pagamento de seus créditos e que se encontram na mesma situação.

4.3. INCONSTITUCIONALIDADE DO REGIME ESPECIAL ESTABELECIDO PARA ESTADOS, PARA O DISTRITO FEDERAL E PARA MUNICÍPIOS

A instituição do regime especial para pagamento de precatórios viola, em verdade, o princípio constitucional da moralidade administrativa[3].

Realmente, em vários dispositivos, há a preocupação constitucional com a moralidade administrativa. A Constituição, em seu art. 37, II, exige o concurso público para o ingresso na função pública. Seu art. 37, XVI, veda a

---

[2] Segundo anotado em precedente do STF, "o regime constitucional de execução por quantia certa contra o Poder Público, qualquer que seja a natureza do crédito exequendo (*RTJ* 150/337) – ressalvadas as obrigações definidas em lei como de pequeno valor – impõe a necessária extração de precatório, cujo pagamento deve observar, em obséquio aos princípios ético-jurídicos da moralidade, da impessoalidade e da igualdade, a regra fundamental que outorga preferência apenas a quem dispuser de precedência cronológica (*prior in tempore, potior in jure*). A exigência constitucional pertinente à expedição de precatório – com a consequente obrigação imposta ao Estado de estrita observância da ordem cronológica de apresentação desse instrumento de requisição judicial de pagamento – tem por finalidade (a) assegurar a igualdade entre os credores e proclamar a inafastabilidade do dever estatal de solver os débitos judicialmente reconhecidos em decisão transitada em julgado (*RTJ* 108/463), (b) impedir favorecimentos pessoais indevidos e (c) frustrar tratamentos discriminatórios, evitando injustas perseguições ou preterições motivadas por razões destituídas de legitimidade jurídica" (STF, Pleno, Rcl 2.143 AgR, Rel. Min. Celso de Mello, *DJ* 06.06.2003. p. 30).

[3] Segundo Humberto Ávila, o art. 37 da Constituição põe a moralidade como um dos princípios fundamentais da atividade administrativa, mas o texto constitucional, "longe de conceder uma palavra isolada à moralidade, atribui-lhe grande importância em vários dos seus dispositivos. A sumária sistematização do significado preliminar desses dispositivos demonstra que a Constituição Federal preocupou-se com padrões de conduta de vários modos" (*Teoria dos princípios:* da definição à aplicação dos princípios jurídicos. 9. ed. São Paulo: Malheiros, 2009. p. 94).

acumulação de cargos, estando, no art. 37, XXI, § 1º, proibida a autopromoção. Ademais, é necessária a demonstração de idoneidade moral ou reputação ilibada para ocupação de cargos de ministro do Tribunal de Contas (CF, art. 73), do Supremo Tribunal Federal (CF, art. 101), do Superior Tribunal de Justiça (CF, art. 104), do Tribunal Superior do Trabalho (CF, art. 111-A), do Tribunal Superior Eleitoral (CF, art. 119), do Tribunal Regional Eleitoral (CF, art. 120) e do Advogado-Geral da União (CF, art. 131, § 1º). O seu art. 12 exige idoneidade moral para requerer a nacionalidade brasileira, havendo inelegibilidade por violação à moralidade (CF, art. 14, § 9º). Acresce que o texto constitucional prevê a utilização de mecanismos de defesa dos direitos dos cidadãos, por meio da universalização da jurisdição (art. 5º, XXXV), da proibição de utilização de provas ilícitas (art. 5º, LVI), do controle da atividade administrativa pelo mandado de segurança e ação popular, sobretudo contra atos lesivos à moralidade (art. 5º, LXIX e LXXIII), além da possibilidade de anulação de atos de improbidade administrativa, com possibilidade de ressarcimento de danos, cuja pretensão é imprescritível (art. 37, § 4º).

Não bastasse isso, a Constituição instituiu vários mecanismos de controle da atividade administrativa, aí incluído aquele exercido pelos tribunais de contas (art. 70).

Tudo está a demonstrar que o texto constitucional impõe que a conduta administrativa seja impulsionada por uma forte carga ética. Os recursos públicos devem ser aplicados e geridos com seriedade, motivação, objetividade e correção, atendendo ao interesse público.

Significa que ofende a moralidade administrativa não cumprir determinada promessa, bem como frustrar uma expectativa legítima criada pela própria Administração. Se não atende à moralidade administrativa frustrar uma expectativa legítima criada pela própria Administração, ofende, *a fortiori*, o descumprimento de ordem judicial, que reconheceu expressamente um direito a ser atendido pelo Poder Público[4].

A moralidade administrativa relaciona-se, como se percebe, com a *confiança legítima* que se deve ter em face dos atos públicos.

---

[4] Com a palavra, Humberto Ávila observa que "o princípio da moralidade exige condutas sérias, leais, motivadas e esclarecedoras, mesmo que não previstas na lei. Constituem, pois, violação ao princípio da moralidade a conduta adotada sem parâmetros objetivos e baseada na vontade individual do agente e o ato praticado sem a consideração da expectativa criada pela Administração" (*Teoria dos princípios*: da definição à aplicação dos princípios jurídicos. 9. ed. São Paulo: Malheiros, 2009. p. 96).

A instituição do regime especial para pagamento de precatórios é incompatível com a confiança legítima, atentando contra a lealdade e a boa-fé, necessárias à promoção da moralidade administrativa. O princípio da confiança tem íntima ligação com o princípio da boa-fé, de forma a fixar um conteúdo ético mais acentuado à atuação dos sujeitos de direito. A confiança, que se relaciona mais com a moral, influencia a boa-fé, cuja aplicação opera-se mais para o direito[5].

Para que se atenda à boa-fé e à confiança, garantindo-se um mínimo de conduta ética e de estabilização nas relações jurídicas, é preciso que se continue a conferir primazia à coisa julgada, afastando-se qualquer instabilidade ou desconfiança nas decisões proferidas pelo Judiciário, cuja função e atividade devem ser fonte de segurança, respeito e confiabilidade por parte dos jurisdicionados.

Enfim, foi instituído o regime especial de precatórios com a finalidade de viabilizar o pagamento de créditos inscritos há anos e não adimplidos pelo Distrito Federal, nem por vários Estados e Municípios. O regime é inconstitucional por ferir vários direitos fundamentais, tais como a efetividade da jurisdição, a intangibilidade da coisa julgada, a impessoalidade, a isonomia e a moralidade administrativa, abalando os alicerces do próprio Estado Democrático de Direito.

4.4. AS AÇÕES DIRETAS DE INCONSTITUCIONALIDADE 4.357 E 4.425 E SEUS JULGAMENTOS PELO SUPREMO TRIBUNAL FEDERAL

A constitucionalidade do regime especial instituído pela EC 62/2009 para os Estados, o Distrito Federal e os Municípios foi questionada no Supremo Tribunal Federal.

Ao apreciar as Ações Diretas de Inconstitucionalidade 4.357 e 4.425, o STF entendeu serem inconstitucionais o § 15 do art. 100 da Constituição Federal e o art. 97 de seu ADCT, de forma que tais dispositivos foram expurgados do sistema constitucional. Em outras palavras, não há mais o regime especial instituído pelo art. 97 do ADCT da Constituição.

Segundo entendeu o STF, o regime especial de precatórios, tal como instituído pela Emenda Constitucional 62/2009, é inconstitucional, por violar a ideia central do Estado Democrático de Direito, infringindo as garantias do livre acesso à justiça, do devido processo legal, da coisa julgada e da duração razoável do processo.

---

[5] CORDEIRO, Antônio Manuel da Rocha e Menezes. *Da boa-fé no Direito Civil*. Coimbra: Almedina, 2001. p. 1.241-1.242.

Logo após o julgamento das referidas ações diretas, o Ministro Luiz Fux, na condição de relator, determinou, *ad cautelam,* que os tribunais de todos os Estados e do Distrito Federal dessem imediata continuidade aos pagamentos de precatórios, na forma do art. 97 do ADCT, respeitando-se a vinculação de receitas para fins de satisfação da dívida pública, sob pena de sequestro. Em outras palavras, o STF, mesmo tendo reconhecido e proclamado a inconstitucionalidade do regime especial previsto no art. 97 do ADCT, verificou que não poderia impedir ou sobrestar o cumprimento dos pagamentos pendentes, na forma como já estavam sendo realizados. Em novo julgamento, o STF resolveu questão de ordem, com vistas a:

1) modular os efeitos da decisão para que se dê sobrevida ao regime especial de pagamento de precatórios, instituído pela Emenda Constitucional 62/2009, por cinco exercícios financeiros a contar de 1º de janeiro de 2016;

2) conferir eficácia prospectiva à declaração de inconstitucionalidade dos seguintes aspectos da ação direta de inconstitucionalidade, fixando como marco inicial a data de conclusão do julgamento da presente questão de ordem (25.03.2015) e mantendo-se válidos os precatórios expedidos ou pagos até esta data, a saber:

2.1) manteve-se a aplicação do índice oficial de remuneração básica da caderneta de poupança (TR), nos termos da Emenda Constitucional 62/2009, até 25.03.2015, data após a qual *(i)* os créditos em precatórios devem ser corrigidos pelo Índice de Preços ao Consumidor Amplo Especial (IPCA-E) e *(ii)* os precatórios tributários devem observar os mesmos critérios pelos quais a Fazenda Pública corrige seus créditos tributários; e

2.2) ficam resguardados os precatórios expedidos, no âmbito da Administração Pública Federal, com base nos arts. 27 das Leis 12.919/2013 e 13.080/2015, que fixam o IPCA-E como índice de correção monetária;

3) quanto às formas alternativas de pagamento previstas no regime especial:

3.1) consideram-se válidas as compensações, os leilões e os pagamentos à vista por ordem crescente de crédito previstos na Emenda Constitucional 62/2009, desde que realizados até 25 de março de 2015, data a partir da qual não será possível a quitação de precatórios por tais modalidades;

3.2) fica mantida a possibilidade de realização de acordos diretos, observada a ordem de preferência dos credores e de acordo com lei própria da entidade devedora, com redução máxima de 40% do valor do crédito atualizado;

4) durante o período fixado no item 1 *supra*, ficam mantidas a vinculação de percentuais mínimos da receita corrente líquida ao pagamento dos precatórios, bem como as sanções para o caso de não liberação tempestiva dos recursos destinados ao pagamento de precatórios (art. 97, § 10, do ADCT);

5) delegação de competência ao CNJ para que considere a apresentação de proposta normativa que discipline *(i)* a utilização compulsória de 50% dos recursos da conta de depósitos judiciais tributários para o pagamento de precatórios e *(ii)* a possibilidade de compensação de precatórios vencidos, próprios ou de terceiros, com o estoque de créditos inscritos em dívida ativa até 25 de março de 2015, por opção do credor do precatório; e

6) atribuição de competência ao CNJ para que monitore e supervisione o pagamento dos precatórios pelos entes públicos.

O regime especial dos precatórios previsto na EC 62/2009, a inconstitucionalidade parcial proclamada na ADI 4.425 e a modulação de efeitos se aplicam aos precatórios expedidos anteriormente à sua promulgação. Nesse sentido, a tese do Tema 519 da Repercussão Geral do STF: "O regime especial de precatórios trazido pela Emenda Constitucional nº 62/2009 aplica-se aos precatórios expedidos anteriormente a sua promulgação, observados a declaração de inconstitucionalidade parcial quando do julgamento da ADI nº 4.425 e os efeitos prospectivos do julgado".

4.5. REGIME ESPECIAL PARA PAGAMENTO DE CRÉDITO DE PRECATÓRIO DE ESTADOS, DISTRITO FEDERAL E MUNICÍPIOS (INSTITUÍDO PELA EC 94/2016)

Diante da inconstitucionalidade proclamada pelo STF relativamente ao § 15 do art. 100 da Constituição, bem como ao art. 97 de seu ADCT, foi editada a Emenda Constitucional 94/2016, que acresceu ao ADCT da Constituição os arts. 101 a 105, estabelecendo outro regime especial para pagamento de precatórios a Estados, ao Distrito Federal e a Municípios que, em 25 de março de 2015, estivessem em mora com o pagamento de seus precatórios. O regime especial não se aplica à União, apenas aos Estados, ao Distrito Federal e aos Municípios que preencham a hipótese prevista no art. 101 do ADCT.

Os Estados, o Distrito Federal e os Municípios que, em 25 de março de 2015, estivessem em mora com o pagamento de seus precatórios deveriam adimplir seus débitos vencidos até 31 de dezembro de 2020 (e também os que se vencerem nesse período), depositando, mensalmente, em conta especial do tribunal respectivo, sob única e exclusiva administração deste, 1/12 (um doze avos) do valor calculado percentualmente sobre as respectivas receitas correntes líquidas, apuradas no segundo mês anterior ao do pagamento, em percentual suficiente para o pagamento dos seus débitos e, ainda que variável, nunca inferior, em cada exercício, à média do comprometimento percentual da receita corrente líquida no período de 2012 a 2014, em conformidade com plano de pagamento a ser anualmente apresentado ao Tribunal de Justiça local.

O § 1º do art. 101 do ADCT esclarece o que se entende por receita corrente líquida para fins desse regime especial, podendo o pagamento dos precatórios ser feito mediante a utilização de recursos orçamentários próprios e dos instrumentos previstos no § 2º daquele mesmo art. 101.

Durante a vigência desse regime especial, pelo menos 50% dos recursos destinados ao pagamento dos precatórios em mora devem observar sua ordem cronológica de apresentação, respeitadas as preferências dos créditos alimentares e, nestas, as relativas à idade, ao estado de saúde e à deficiência, nos termos do § 2º do art. 100 da Constituição, sobre os demais créditos de todos os anos (ADCT, art. 102). Por opção do respectivo ente federativo, a aplicação dos recursos remanescentes poderá ser destinada ao pagamento de precatórios, mediante acordos diretos, respeitada a ordem de preferência dos credores, perante Juízos Auxiliares de Conciliação de Precatórios, com redução máxima de 40% do valor do crédito atualizado, desde que, em relação ao crédito, não haja recurso ou defesa judicial pendente (ADCT, art. 102).

Adotado o regime especial, não poderá haver sequestro de valores destinados ao pagamento de precatórios, salvo no caso de falta de liberação tempestiva dos recursos para o Tribunal de Justiça local. Não liberados tempestivamente os recursos para o Tribunal de Justiça, seu presidente determinará o sequestro, até o limite do valor não liberado, das contas do ente federado inadimplente, devendo o chefe do respectivo Poder Executivo responder por improbidade administrativa. Normalmente, o sequestro é determinado pelo presidente do tribunal em razão de requerimento da parte interessada, não devendo ser feito de ofício. Nesse caso de regime especial, porém, o sequestro há de ser feito de ofício, pois integra o procedimento necessário à efetividade do regime especial. Ademais, o § 6º do art. 100 da Constituição exige expressamente o requerimento para que haja o sequestro. Por sua vez, o inciso I do art. 104 do ADCT, utilizando-se de verbo imperativo, confere ao presidente do tribunal poder para determinar o sequestro, sem menção a requerimento ou sem exigi-lo.

A falta de liberação tempestiva de recursos implica, ainda, a retenção pela União de recursos referentes aos repasses do Fundo de Participação dos Estados e do Distrito Federal e ao Fundo de Participação dos Municípios.

Assim, os Estados devem reter os repasses previstos no parágrafo único do art. 158 da Constituição, depositando os correspondentes valores na conta especial mantida no Tribunal de Justiça local para que sejam pagos, com eles, os precatórios em mora, nos termos do art. 101 do ADCT.

A conta especial deve ser mantida no Tribunal de Justiça, que irá geri-la. Ainda que haja precatórios expedidos na Justiça do Trabalho, na Justiça Federal ou, até mesmo, em execuções originárias propostas em tribunais superiores contra o ente federado, os depósitos hão de ser feitos na conta especial. A EC 94/2016, na trilha do que já era feito em alguns Estados, concentrou no Tribunal de Justiça a administração dos valores destinados ao pagamento de precatórios. Com isso, evitam-se dispersão, confusão e dificuldade na gestão do montante que serve para saldar os precatórios. Cabe ao presidente do Tribunal de Justiça local administrar tais valores, destinando-os ao pagamento das dívidas decorrentes de condenações judiciais e inscritas em precatório.

Enquanto perdurar a omissão na liberação dos recursos, o ente federado não poderá contrair empréstimo externo ou interno, ficando impedido de receber transferências voluntárias, salvo para os fins do § 2º do art. 101 do ADCT.

Durante a vigência do regime especial de pagamento de precatórios previsto no art. 101 do ADCT, os credores de precatórios, próprios ou de terceiros, podem realizar compensação com débitos de natureza tributária ou de outra natureza que, até 25 de março de 2015, tenham sido inscritos na dívida ativa dos Estados, do Distrito Federal ou dos Municípios, observados os requisitos definidos em lei própria do ente federado. Tais compensações não se sujeitam a qualquer tipo de vinculação, como as transferências a outros entes e as destinadas à educação, à saúde e a outras finalidades.

Os arts. 101 a 105 do ADCT, inseridos pela EC 94/2016, estabelecem, como se viu, um regime especial para pagamento de precatórios a Estados, ao Distrito Federal e a Municípios que, em 25 de março de 2015, estivessem em mora com o pagamento de seus precatórios.

A Emenda Constitucional 99/2017 modificou a redação do art. 101 do ADCT da Constituição para ampliar o prazo ali previsto. Rigorosamente, não houve a instituição de um novo regime especial, mas mudanças naquele já instituído pela Emenda Constitucional 94/2016.

Os Estados, o Distrito Federal e os Municípios devem regulamentar, por leis próprias, esse regime especial em até 120 dias a partir de 1º de janeiro de 2018. Decorrido tal prazo sem a regulamentação, é facultada aos credores de precatórios, próprios ou de terceiros, a compensação com débitos de natureza tributária ou de outra natureza que até 25 de março de 2015 tenham sido inscritos na dívida ativa dos Estados, do Distrito Federal ou dos Municípios, observados os requisitos definidos em lei própria do ente federado.

De acordo com a redação conferida ao referido art. 101, os Estados, o Distrito Federal e os Municípios que, em 25 de março de 2015, estiverem em mora com o pagamento de seus precatórios deverão adimplir seus débitos vencidos até 31 de dezembro de 2024 (e também os que se vencerem nesse período), atualizados pelo Índice Nacional de Preços ao Consumidor Amplo Especial (IPCA-E) ou por outro índice que venha a substituí-lo.

O prazo para adimplemento, que se relacionava com os débitos vencidos até 31 de dezembro de 2020, passou a abranger os débitos vencidos até 31 de dezembro de 2024. A EC 99/2017 ampliou, portanto, o prazo em mais 4 anos, de 31 de dezembro de 2020 para 31 de dezembro de 2024.

Houve, ainda, a mudança do índice de correção monetária. Com a EC 99/2017, o índice passou a ser o IPCA-E.

A Emenda Constitucional 99/2017 alterou o § 2º do art. 101 do ADCT da Constituição, acrescentando novos incisos (III e IV), além de inserir os §§ 3º e 4º[6]. Ampliou-se a possibilidade de utilização dos valores de depósitos judiciais para pagamento dos precatórios pendentes[7].

O débito de precatórios, nos termos do § 2º do art. 101 do ADCT da Constituição, será pago com recursos orçamentários próprios provenientes das fontes de receita corrente líquida e, adicionalmente, poderão ser utilizados recursos dos depósitos judiciais e dos depósitos administrativos em dinheiro referentes a processos judiciais ou administrativos, tributários ou não tributários, nos quais sejam parte os Estados, o Distrito Federal ou os Municípios, e as respectivas autarquias, fundações e empresas públicas, mediante a instituição de fundo garantidor ali mesmo previsto. Quanto aos 30% dos demais depósitos judiciais, também podem ser utilizados para pagamento dos precatórios, nos termos do inciso II do referido § 2º.

A possibilidade do uso de depósitos judiciais para pagamento de precatórios está igualmente prevista na Lei Complementar 151, de 2015.[8]

Os Estados, o Distrito Federal e os Municípios também podem valer-se de empréstimos para pagar os precatórios pendentes, conforme o inciso III do § 2º do mencionado art. 101.

---

[6] O § 4º veio, posteriormente, a ser revogado pela EC 109/2021.

[7] A utilização de valores de depósitos judiciais para pagamento de precatórios foi autorizada, originariamente, pela EC 94/2015. Contra tal previsão foi ajuizada a ADI 5.679 no STF, ainda não julgada. A EC 99/2017 ampliou a possibilidade de utilização de valores de depósitos judiciais para pagamento de precatórios.

[8] O STF, ao julgar as ADIs 5.361 e 5.463, considerou constitucionais as disposições da Lei Complementar 151/2015 a esse respeito (STF, Pleno, ADI 5361, rel. Min. Nunes Marques, *DJe* 24.01.2024; STF, Pleno, ADI 5.463, rel. Min. Nunes Marques, *DJe* 24.01.2014).

Os depósitos em precatórios e requisições de pagamento de pequeno valor efetuados até 31 de dezembro de 2009 e ainda não levantados podem, de igual modo, servir para pagamento de precatórios pendentes e ainda não pagos. Nesse caso, os precatórios e RPVs, cujos depósitos tenham sido feitos até 31 de dezembro de 2009 e ainda não levantados, devem ser cancelados, podendo os aludidos depósitos ser transferidos para a conta especial mantida no Tribunal de Justiça para pagamento dos precatórios pendentes e ainda não adimplidos. Cancelados os precatórios e requisitórios, seus respectivos credores podem requerer novamente aos correspondentes juízes das execuções a renovação da sua expedição. Colhida a manifestação da entidade devedora, o precatório pode ser novamente expedido, mantida a posição de ordem cronológica original e a remuneração de todo o período.

4.6. AMPLIAÇÃO DO PRAZO DO REGIME ESPECIAL PELA EC 109/2021

A Emenda Constitucional 109, de 2021, ampliou o prazo do regime especial para pagamento de precatórios pelos Estados, pelo Distrito Federal e pelos Municípios para até 31 de dezembro de 2029[9].

Assim, os Estados, o Distrito Federal e os Municípios que, em 25 de março de 2015, estavam em mora no pagamento de seus precatórios devem, até 31 de dezembro de 2029, pagar seus débitos vencidos e os que vencerão dentro desse período, atualizados pelo Índice Nacional de Preços ao Consumidor Amplo Especial, ou por outro índice que venha a substituí-lo.

Mantendo o IPCA-E, a Emenda Constitucional 109/2021 ampliou o prazo de pagamento para 31 de dezembro de 2029.

4.7. LIMITE SUBJETIVO DE APLICAÇÃO

O regime especial instituído pela Emenda Constitucional 94/2016 – e posteriormente alterado pelas Emendas Constitucionais 99/2017 e 109/2021 – não se aplica à União. O regime especial aplica-se apenas aos Estados, ao Distrito Federal e aos Municípios que preencham a hipótese prevista no art. 101 do ADCT da Constituição.

Assim, os Estados, o Distrito Federal e os Municípios que, em 25 de março de 2015, estavam em mora no pagamento de seus precatórios devem, até 31 de dezembro de 2029, saldar seus débitos vencidos (aí incluídos os que se vencerem

---

[9] Essa ampliação do prazo do regime especial é questionada nas ADIs 6.804 e 6.805, que tramitam no STF.

dentro desse período), atualizados pelo IPCA-E, mediante depósitos mensais em conta especial do Tribunal de Justiça local, sob única e exclusiva administração deste, de 1/12 (um doze avos) do valor calculado percentualmente sobre suas receitas correntes líquidas apuradas no segundo mês anterior ao mês de pagamento, em percentual suficiente para o pagamento de seus débitos e, ainda que variável, nunca inferior, em cada exercício, ao percentual praticado na data entrada em vigor do regime especial, tudo conforme o plano de pagamento a ser anualmente apresentado ao Tribunal de Justiça local.

4.8. PREFERÊNCIAS PARA O REGIME ESPECIAL

Como já se viu no item 1.8 *supra*, há preferências, previstas no art. 100 da Constituição, para o pagamento de precatórios. Em primeiro lugar, devem ser pagos os créditos alimentares de pessoas idosas, pessoas com doenças graves e pessoas com deficiência, até o limite equivalente ao triplo do valor fixado para as requisições de pequeno valor. Em segundo lugar, devem ser pagos os demais créditos alimentares, restando, por fim, os créditos não alimentares.

No caso das pessoas idosas, pessoas com doenças graves e pessoas com deficiência, a preferência de seus créditos alimentares vai até o triplo do valor estabelecido para as RPVs, admitindo-se o fracionamento para que o restante seja pago na ordem de apresentação dos créditos alimentares. Assim, por exemplo, se o idoso tem um crédito alimentar equivalente a 300 salários mínimos, mas se o limite de RPV for de 40 salários mínimos, seu triplo é de 120 salários mínimos. Ele deve, então, receber, com máxima prioridade, o equivalente a 120 salários mínimos, ficando o equivalente a 180 salários mínimos na ordem cronológica dos demais créditos alimentares.

A EC 99/2017 introduziu um § 2º ao art. 102 do ADCT para estabelecer que "as preferências relativas à idade, ao estado de saúde e à deficiência serão atendidas até o valor equivalente ao quíntuplo fixado em lei para os fins do disposto no § 3º do art. 100 da Constituição Federal, admitido o fracionamento para essa finalidade, e o restante será pago em ordem cronológica de apresentação do precatório".

Em razão da Emenda Constitucional 109/2021, esses precatórios ainda não pagos pelos Estados, Distrito Federal e Municípios devem ser adimplidos até 31 de dezembro de 2029, mediante o regime especial ali previsto. Durante a vigência desse regime especial, as preferências para pagamento de precatórios não são as previstas no art. 100 da Constituição, mas as do § 2º do art. 102 do seu ADCT.

Logo, durante o regime especial, devem ser pagos, em primeiro lugar, os créditos alimentares de pessoas idosas, pessoas com doenças graves e pessoas com deficiência, até o limite equivalente ao quíntuplo do valor fixado para as requisições de pequeno valor, admitido o fracionamento para que o restante seja pago na ordem cronológica dos demais créditos alimentares.

Essa é uma preferência específica e transitória. É específica apenas para os casos de regime especial de Estados, do Distrito Federal e dos Municípios. E é transitória, pois só vigora durante o regime especial. Para a União e para os entes que não aderiram ao regime especial, prevalece a prioridade prevista no art. 100 da Constituição, e não essa do § 2º do art. 102 do seu ADCT. Encerrado o regime especial, também deixa de haver essa prioridade, voltando a incidir a do art. 100 da Constituição.

4.9. PROIBIÇÃO DE DESAPROPRIAÇÕES

Na vigência desse regime especial, os Estados, o Distrito Federal e os Municípios, cujos estoques de precatórios ainda pendentes de pagamento superem 70% das respectivas receitas correntes líquidas (aí incluídos os precatórios a pagar de suas entidades da administração indireta), estão proibidos de realizar desapropriações, excetuadas aquelas para fins de necessidade pública nas áreas de saúde, educação, segurança pública, transporte público, saneamento básico e habitação de interesse social (ADCT, art. 103, parágrafo único).

4.10. VEDAÇÃO DE SEQUESTRO

Enquanto os Estados, o Distrito Federal e os Municípios estiverem submetidos a esse regime especial e efetuando o pagamento da parcela mensal devida, nem eles, nem as respectivas autarquias, fundações e empresas estatais dependentes poderão sofrer sequestro de valores (ADCT, art. 103, *caput*).

Se, porém, o Estado, o Distrito Federal ou o Município ou suas respectivas autarquias, fundações ou empresas estatais não liberarem recursos relativos ao próprio regime especial, aí cabe o sequestro para garantir a liberação dos recursos. Se o pagamento da parcela mensal estiver regular, não cabe sequestro de verbas públicas.

4.11. INCONSTITUCIONALIDADE DO REGIME ESPECIAL

O STF, ao apreciar as Ações Diretas de Inconstitucionalidade 4.357 e 4.425, entendeu serem inconstitucionais o § 15 do art. 100 da Constituição e o art. 97 de seu ADCT, de forma que o regime especial de precatórios, tal como instituído pela Emenda Constitucional 62/2009, é inconstitucional, por violar a ideia central do Estado Democrático de Direito, infringindo as garantias do livre acesso à justiça, do devido processo legal, da coisa julgada e da duração razoável do processo.

É, pelas mesmas razões, também inconstitucional o regime especial instituído pela Emenda Constitucional 94/2016 e posteriormente alterado pelas Emendas Constitucionais 99/2017 e 109/2021. Atenta contra o Estado Democrático de Direito postergar, indefinidamente, o pagamento de crédito decorrente de condenação judicial transitada em julgado, arrostando, do mesmo modo, as garantias do livre acesso à justiça, do devido processo legal, da coisa julgada e da duração razoável do processo.

De nada adianta condenar o Poder Público para pagar determinada quantia a quem o acionou judicialmente, se a este não se garante o pagamento no tempo e na forma previstos no art. 100 da Constituição. Sucessivas emendas constitucionais criam regimes especiais, prorrogando, também sucessivamente, o prazo para pagamento final, frustrando a expectativa de quem tem, legitimamente, o crédito constituído mediante condenação imposta por sentença transitada em julgado.

O sujeito, depois de longo percurso processual, sagra-se vitorioso. Formado o título executivo, e ultrapassada a etapa do cumprimento de sentença, expede-se o precatório, cujo pagamento é incerto, submetido a um regime especial que se prorroga sucessiva e indefinidamente. Tal cenário é instável, atentando contra o Estado Democrático de Direito, a segurança jurídica, a coisa julgada e a duração razoável do processo. Também atenta contra o acesso à justiça. O acesso à justiça concretiza-se, não somente com a facilitação na propositura de demandas, na gratuidade, no amplo controle jurisdicional, mas também na satisfação do direito reconhecido, de forma efetiva e em tempo razoável.

O acesso democrático à justiça exige que se garanta a efetividade da tutela jurisdicional, não somente no momento da gênese do direito, mas sobretudo no momento de sua aplicação, satisfação ou concretização[10].

A *ratio decidendi* do julgamento proferido nas Ações Diretas de Inconstitucionalidade 4.357 e 4.425 serve para se reconhecer também a inconstitucionalidade do regime especial instituído pela Emenda Constitucional 94/2016 e posteriormente alterado pelas Emendas Constitucionais 99/2017 e 109/2021.

É por isso que se afigura inconstitucional o regime especial para pagamento de precatórios pelos Estados, pelo Distrito Federal e pelos Municípios.

---

[10] NUNES, Dierle; TEIXEIRA, Ludmila. *Acesso à justiça democrático*. Brasília: Gazeta Jurídica, 2013. p. 67.

LIMITE DE GASTOS PARA PRECATÓRIOS FEDERAIS

5.1. LIMITES DE GASTOS PARA DESPESAS PRIMÁRIAS

O art. 107 do ADCT da Constituição estabelecia limites individualizados para as despesas primárias de diversos entes e órgãos dos Poderes Executivo, Legislativo e Judiciário da União.

Esse limite aplicava-se apenas aos entes e órgãos da União, não alcançando os Estados, o Distrito Federal nem os Municípios.

Para o exercício de 2017, ficou estabelecido que o limite de gasto deveria equivaler à despesa primária paga no exercício de 2016, incluídos os restos a pagar e demais operações que afetam o resultado primário, corrigida em 7,2. Para os exercícios posteriores, o limite de gastos seria equivalente ao valor do limite do exercício imediatamente anterior, corrigido pelo IPCA ou por outro índice que viesse a substituí-lo.

Era vedada a abertura de crédito suplementar ou especial que amplie o valor total autorizado de despesa primária sujeita a limites de gastos (ADCT, art. 107, § 5º).

5.2. REVOGAÇÃO DO LIMITE DE GASTOS PELA EC 126/2022

Já se viu que o art. 107 do ADCT da Constituição estabelecia limites individualizados para as despesas primárias de diversos entes e órgãos dos Poderes da União, não alcançando os Estados, o Distrito Federal nem os Municípios.

Posteriormente, o art. 107 do ADCT veio a ser revogado pela EC 126/2022, não havendo mais limites individualizados para as despesas primárias dos diversos órgãos dos Poderes da União.

Embora o art. 107 do ADCT tenha sido revogado, a Lei Complementar 200, de 2023, estabeleceu, para cada exercício a partir de 2024, limites individualizados para o montante global das dotações orçamentárias relativas a despesas primárias.

O limite de gastos deixou de ser previsto constitucionalmente, para passar a ser previsto pela legislação infraconstitucional.

5.3. LIMITES DE GASTOS PARA PAGAMENTO DE PRECATÓRIOS FEDERAIS

Até o fim de 2026, ficou estabelecido, pelo art. 107-A do ADCT (acrescido pela EC 114/2021), para cada exercício financeiro, limite para alocação na proposta orçamentária das despesas com pagamentos de precatórios, equivalente ao valor da despesa paga no exercício de 2016. A EC 126/2022 alterou a redação do art. 107-A do ADCT para estabelecer que o limite equivale ao valor da despesa paga no exercício de 2016, incluídos os restos a pagar pagos, corrigido, para o exercício de 2017, em 7,2% (sete inteiros e dois décimos por cento) e, para os exercícios posteriores, pela variação do Índice Nacional de Preços ao Consumidor Amplo (IPCA),

Os precatórios, enfim, devem ser pagos no limite do que se pagou a esse título em 2016, incluídos os restos a pagar de 2017. Alcançado o limite, os demais créditos de precatórios devem ser pagos nos exercícios seguintes, observada a ordem cronológica e as preferências especialmente estabelecidas para esses casos de limites de gastos federais.

Significa que, até 2026, os precatórios da União e dos demais entes federais devem ser pagos com a observância dos limites previstos no art. 107-A do ADCT da Constituição.

5.4. EXCLUSÃO DO LIMITE DE GASTOS

Não se incluem nos limites de gastos federais as despesas destinadas ao pagamento de precatórios utilizados para adimplemento de débitos parcelados ou inscritos em dívida ativa, compra de imóveis públicos, pagamento de outorga de delegações de serviços públicos, aquisição de participação societária e compra de direitos do ente federativo, inclusive em contratos de partilha de petróleo (CF, art. 100, § 11), as parcelas ou os acordos previstos no § 20 do art. 100 da Constituição e as amortizações mencionadas no § 21 do mesmo art. 100 (ADCT, art. 107-A, § 5º).

De igual modo, não se incluem nos limites de gastos federais as despesas destinadas ao pagamento de precatórios utilizados para adimplemento de débitos constantes de transações tributárias[1] ou transação resolutiva de litígio (CF, art. 100, § 11, I; ADCT, art. 107-A, § 5º).

Também não se incluem nos limites estabelecidos nos arts. 107 e 107-A do ADCT da Constituição os precatórios decorrentes de demandas relativas à complementação da União aos Estados e aos Municípios por conta do Fundo de Manutenção e Desenvolvimento do Ensino Fundamental e de Valorização do Magistério – FUNDEF, o quais devem ser pagos em três parcelas anuais e sucessivas, da seguinte forma: 40% no primeiro ano; 30% no segundo ano; 30% no terceiro ano (EC 114/2021, art. 4º).

A propósito, as receitas que os Estados e os Municípios receberem a título de pagamentos da União por força de demandas judiciais que tenham por objeto a complementação de parcela desta no FUNDEF deverão ser aplicadas na manutenção e no desenvolvimento do ensino fundamental e na valorização de seu magistério, conforme destinação originária do Fundo (EC 114/2021, art. 5º). Dessa aplicação, no mínimo 60% deverão ser repassados aos profissionais do magistério, inclusive aposentados e pensionistas, na forma de abono, vedada a incorporação na remuneração, na aposentadoria ou na pensão (EC 114/2021, art. 5º, parágrafo único).

5.5. INCONSTITUCIONALIDADE DO LIMITE DE GASTOS PARA PAGAMENTO DOS PRECATÓRIOS: O JULGAMENTO DE PROCEDÊNCIA PELO STF DA ADI 7.064

Ao julgar a ADI 7.064, o STF conferiu uma interpretação conforme a Constituição para restringir a eficácia do art. 107-A do ADCT apenas ao exercício de 2022, proclamando a inconstitucionalidade dos seus incisos II e III.

O limite de gastos para pagamento de precatórios foi considerado legítimo e razoável pelo STF somente para o exercício de 2022. Depois disso, tal limite tornou-se incompatível com as disposições constitucionais, pois, segundo o STF, cessaram os eventos que justificavam a supressão dos direitos individuais ao recebimento dos créditos inscritos em precatórios contra a União.

Diante da inconstitucionalidade proclamada pelo STF, cabe ao Poder Executivo federal retomar o pagamento dos precatórios encaminhados pelo Poder Judiciário sem qualquer limitação orçamentária a partir do exercício

---

[1] A transação tributária está disciplinada na Lei 13.988, de 14 de abril de 2020.

de 2023, devendo, ainda, eliminar de imediato o passivo de precatórios acumulado no exercício de 2022 e encaminhado até 2 de abril de 2023.

Para viabilizar o pagamento e evitar comprometimento fiscal, o STF, no julgamento da referida ADI 7.064, entendeu que os pagamentos relativos ao passivo de precatórios ocasionado pelas Emendas Constitucionais 113 e 114, de 2021, devem ser incluídos nas excepcionalidades do art. 3º, § 2º, da Lei Complementar 200/2023, afastando-se as consequências da discrepância entre despesas e receitas quando da satisfação dos créditos representados naqueles precatórios.

Consequentemente, deixa de haver limite ao pagamento dos precatórios expedidos para os exercícios de 2023, 2024, 2025 e 2026, tendo o STF deferido o pedido para abertura de créditos extraordinários para o pagamento dos precatórios de todos esses exercícios financeiros compreendidos entre 2022 e 2026.

Os precatórios devem ser pagos, sem limite financeiro, observada a ordem cronológica e as prioridades previstas no texto constitucional.

Somente se pode começar a pagar os créditos do exercício seguinte depois de esgotado o pagamento dos créditos do exercício anterior. Se um crédito mais moderno for pago antes de um mais antigo, cabe, aliás, o sequestro por preterição na ordem cronológica. A propósito, o STF, ao fixar a tese do Tema 521 da Repercussão Geral, assim enunciou: "É legítima a expedição de ordem de sequestro de verbas públicas, por conta da ordem cronológica de pagamento de precatórios, na hipótese de crédito de natureza alimentar mais antigo ser preterido em favor de parcela de precatório de natureza não alimentar mais moderno, mesmo quando este integrar o regime do art. 78 do ADCT".

A ordem de preferências deve ser observada entre os precatórios inscritos no mesmo ano. Assim, pagam-se, em primeiro lugar, os superpreferenciais. Depois, os alimentares até três vezes o valor da RPV. Em seguida, os créditos alimentares acima desses valores. Finalmente, os demais créditos. Esgotados os créditos daquele ano, passa-se ao pagamento dos créditos do ano seguinte, observada a ordem de preferências já mencionada.

E nem poderia ser diferente, pois:

> [O] artigo 100 da Constituição da República traduz-se em um dos mais expressivos postulados realizadores do princípio da igualdade, pois busca conferir, na concreção do seu alcance, efetividade à exigência constitucional de tratamento isonômico dos credores do Estado. (...) O Supremo Tribunal Federal possui entendimento iterativo no sentido de que a ordem

cronológica é o critério constitucional para a satisfação dos débitos do Poder Público reconhecidos em juízo[2].

Enfim, é preciso observar o cumprimento da ordem cronológica e das prioridades previstas no art. 100 da Constituição.

---

[2] STF, Pleno, RE 612.707, Rel. Min. Edson Fachin, *DJe* 08.09.2020.

6

DEMAIS REGRAS SOBRE PRECATÓRIOS

6.1. O CANCELAMENTO DE PRECATÓRIOS E REQUISIÇÕES DE PEQUENO VALOR FEDERAIS (LEI 13.463/2017)

A Lei 13.463, de 2017, dispõe sobre a destinação dos recursos voltados para o pagamento de precatórios e requisições de pequeno valor federais. Tal lei somente se aplica a pagamentos de precatórios e RPVs feitos pela União ou por outros entes federais; ela não se aplica a pagamentos feitos pela Fazenda Pública estadual nem pela municipal.

De acordo com o seu art. 2º, os precatórios e requisições federais já expedidos, cujos valores tenham sido transferidos à instituição financeira responsável pela gestão de recursos, mas não tenham sido levantados pelo credor há mais de dois anos, devem ser cancelados. O cancelamento se dá mediante devolução dos recursos, pela instituição financeira, à conta única do Tesouro Nacional.

O presidente do respectivo tribunal será notificado do cancelamento, devendo, então, comunicar o fato ao juiz da execução, que, por sua vez, comunicará ao credor.

Quer isso dizer que os valores depositados, há mais de dois anos, e não levantados pelo exequente, são reintegrados ao Tesouro Nacional, que destinará parte dos referidos recursos às finalidades instituídas pela própria Lei 13.463, de 2017.

O Supremo Tribunal Federal, ao julgar a ADI 5.755, proclamou a inconstitucionalidade do referido art. 2º da Lei 13.463, de 2017.

É relevante observar que, quando do cancelamento, o pagamento já havia sido feito. O precatório ou RPV já fora atendido. O valor já está disponibilizado ao exequente, que apenas não tomou a iniciativa de levantá-lo. Por isso, o cancelamento não resulta na perda de tais valores. Segundo precedente do Superior Tribunal de Justiça:

> Efetuado o depósito dos valores do precatório ou RPV, os montantes respectivos se transferem à propriedade do credor, pois saem da esfera de disponibilidade patrimonial do Ente Público. Sendo de sua propriedade, o credor pode optar por sacá-los quando bem entender; eventual subtração da quantia que lhe pertence, para retorná-la em caráter definitivo aos cofres públicos, configuraria verdadeiro confisco – ou mesmo desapropriação de dinheiro, instituto absolutamente esdrúxulo e ilegal[1].

De acordo com o art. 3º da Lei 13.463/2017, o credor poderá requerer a expedição de novo ofício requisitório, garantida a ordem cronológica do requisitório anterior e a remuneração correspondente a todo o período. A regra não era razoável, pois o credor, já tendo o valor depositado e posto à sua disposição, tinha de requerer nova expedição de precatório e aguardar, novamente, por um novo depósito.

A 2ª Turma do Superior Tribunal de Justiça, em um primeiro momento, entendeu ser imprescritível a pretensão do credor de requerer a expedição de novo precatório ou RPV, pois, nos termos de sua própria jurisprudência, "a prática de atos pelo ente público, que importem em reconhecimento inequívoco do direito da parte contrária, como a realização de pagamentos das verbas controvertidas aos exequentes (servidores públicos), são incompatíveis com os efeitos da prescrição. Reconhecimento, na hipótese, da renúncia tácita ao prazo prescricional, nos termos do art. 191 do Código Civil"[2]. Posteriormente, a mesma 2ª Turma passou a entender que tal pretensão não seria imprescritível, começando a correr o prazo prescricional a partir do

---

[1] STJ, 1ª Turma, REsp 1.874.973/RS, Rel. Min. Napoleão Nunes Maia Filho, *DJe* 13.10.2020.

[2] STJ, 2ª Turma, REsp 1.827.462/PE, Rel. Min. Herman Benjamin, *DJe* 11.10.2019. No mesmo sentido: STJ, 5ª Turma, AgRg no REsp 1.100.377/RS, Rel. Min. Marco Aurélio Bellizze, *DJe* 18.03.2013.

cancelamento[3] do precatório ou RPV, cujos valores, embora depositados, não tenham sido levantados[4].

Por sua vez, a 1ª Turma do STJ entende que referida previsão legal de cancelamento do precatório "deixa à mostra que não se trata de extinção de direito do credor do precatório ou RPV, mas sim de uma postergação para recebimento futuro, quando tiverem decorridos dois anos da liberação, sem que o credor levante os valores correspondentes"[5]. Não há prazo para requerer nova expedição do requisitório, já que o reconhecimento do crédito e depósito

---

[3] Caso se entenda mesmo pela existência de prescrição, o prazo deve ter início da ciência do cancelamento, e não do anterior depósito feito e não levantado há mais de dois anos. Nesse sentido: "Agravo interno no recurso especial. Cancelamento de RPV já expedida. Lei 13.462/2017. Prescrição. Não ocorrência. Termo inicial. Teoria da *actio nata*. Devolução dos montantes depositados ao tesouro nacional. 1. Apesar de a Lei 13.462/2017 ter possibilitado o cancelamento dos precatórios e requisições de pequenos valores depositados há mais de dois anos e não levantados pelos credores, assim como sua devolução ao Tesouro Nacional, assegurou aos últimos o direito de pedir a expedição de novo requisitório, conservando a ordem cronológica anterior e a remuneração correspondente a todo o período. 2. Deve ser rechaçada a tese da União de que o credor cujo precatório foi cancelado, consoante a Lei 13.462/2017, não pode pedir sua reexpedição, na forma do art. 3º do mesmo diploma normativo, se, entre a data do depósito do valor do precatório, posteriormente cancelado, e o aludido pleito de reexpedição tiver transcorrido mais de cinco anos. 3. Não prospera o argumento da União de que, nessa hipótese, a inércia do particular em levantar o precatório acarreta a prescrição do crédito, mesmo para sua reexpedição, porque o termo inicial seria a data do depósito. 4. Primeiro porque antes do advento da referida lei não existia prazo para o credor levantar os precatórios depositados, não havendo a previsão de cancelamento do precatório e retorno ao Tesouro Nacional dos valores não levantados depois de dois anos. Então não há como sustentar que desde o depósito já corria o prazo de prescrição para que o saque fosse feito. Além disso, os arts. 2º e 3º da Lei 13.462/2017 não estabeleceram prazo para o pleito de novo ofício requisitório, nem termo inicial de prescrição para o credor reaver os valores dos precatórios cancelados. Evidente, outrossim, que tal pretensão não é imprescritível. 5. Nesse caso, deve-se aplicar a teoria da *actio nata*, segundo a qual o termo *a quo* para contagem da prescrição da pretensão tem início com a violação do direito subjetivo e quando o titular do seu direito passa a conhecer o fato e a extensão de suas consequências. 6. A afronta ocorre com a devolução dos montantes depositados ao Tesouro Nacional, de modo que não há como reconhecer a prescrição. 7. Agravo Interno não provido" (STJ, 2ª Turma, AgInt no REsp 1.859.389/CE, Rel. Min. Herman Benjamin, *DJe* 21.08.2020).

[4] STJ, 2ª Turma, REsp 1.859.409/RN, Rel. Min. Mauro Campbell Marques, *DJe* 25.06.2020. No mesmo sentido: STJ, 2ª Turma, REsp 1.844.138/PE, Rel. Min. Og Fernandes, *DJe* 09.10.2020; STJ, 2ª Turma, REsp 1.947.651/RN, Rel. Min. Og Fernandes, *DJe* 06.10.2021.

[5] STJ, 1ª Turma, REsp 1.874.973/RS, Rel. Min. Napoleão Nunes Maia Filho, *DJe* 13.10.2020.

dos valores representa o ingresso do crédito no patrimônio do credor, e a reincorporação ao Tesouro Nacional é feita mediante ulterior remuneração (prevista na própria lei). Logo, não há que se falar em prescrição, pois se trata de verba colocada à disposição do ente federal mediante remuneração expressamente prevista em lei, ou seja, operação que mais se assemelha a um empréstimo sem prazo específico para pagamento. Ainda de acordo com a 1ª Turma do STJ, não há prescrição, pois "o retorno dos valores do precatório ou RPV, havendo seu cancelamento depois de um biênio, tem todo o aspecto de um empréstimo ao Ente Público pagador"[6]. Para a 1ª Turma do STJ, "não há que se falar em prescrição, sobretudo por se tratar do exercício de um direito potestativo, o qual não estaria sujeito à prescrição, podendo ser exercido a qualquer tempo"[7]. Enfim, para a 1ª Turma do STJ, é imprescritível a "pretensão à reexpedição da requisição de pequeno valor (RPV) cancelada nos termos da Lei 13.463/2017"[8], tendo em vista a ausência de previsão legal nesse sentido[9].

Diante da controvérsia, a 1ª Seção do STJ resolveu afetar os Recursos Especiais 1.944.899/PE, 1.961.642/CE e 1.944.707/PE como representativos do Tema 1.141, tendo, então, submetido a seguinte questão: "Definir se é prescritível a pretensão de expedição de novo precatório ou RPV, após o cancelamento da requisição anterior, de que tratam os arts. 2º e 3º da Lei 13.463, de 06.07.2017".

Os recursos foram julgados e a 1ª Seção do STJ concluiu pela prescritibilidade da pretensão, firmando a seguinte tese: "A pretensão de expedição de novo precatório ou requisição de pequeno valor, fundada nos arts. 2º e 3º da Lei 13.463/2017, sujeita-se à prescrição quinquenal prevista no art. 1º do Decreto 20.910/32 e tem, como termo inicial, a notificação do credor, na forma do § 4º do art. 2º da referida Lei 13.463/2017".

Por sua vez, o STF, no julgamento da ADI 5.755, reconheceu a inconstitucionalidade do art. 2º da Lei 13.463, de 2017, tendo, então, sido a regra extirpada do ordenamento. Logo, não há mais razão para requerer a expedição de novo precatório, não sendo mais necessário examinar a existência ou não de prescrição a esse respeito.

---

[6] STJ, 1ª Turma, REsp 1.856.498/PE, Rel. Min. Napoleão Nunes Maia Filho, *DJe* 13.10.2020.

[7] STJ, 1ª Turma, AgInt no REsp 1.868.064/PB, Rel. Min. Manoel Erhardt (Des. conv. TRF5), *DJe* 18.11.2021.

[8] STJ, 1ª Turma, AgInt no REsp 1.939.146/CE, Rel. Min. Gurgel de Faria, *DJe* 08.11.2021.

[9] STJ, 1ª Turma, AgInt no AREsp 1.707.348/CE, Rel. Min. Benedito Gonçalves, *DJe* 02.06.2021; STJ, 1ª Turma, AgInt no REsp 1.882.202/CE, Rel. Min. Sérgio Kukina, *DJe* 18.08.2021.

Ao julgar embargos de declaração opostos pela União, o STF decidiu modular os efeitos de sua decisão para estabelecer que a proclamação de inconstitucionalidade só deve ser eficaz a partir de 6 de julho de 2022, quando da publicação da ata de julgamento da ação. Por isso, a regra do cancelamento mantém-se até 5 de julho de 2022, não podendo mais aplicar-se a partir de 6 de julho de 2022.

Enfim, não é mais possível o cancelamento dos precatórios e RPVs federais a partir de 6 de julho de 2022. Antes disso, porém, o cancelamento mantém-se válido, podendo o credor requerer nova expedição de precatório ou RPV federal dentro do prazo prescricional de 5 (cinco) anos.

Significa que, quanto aos cancelamentos feitos até 5 de julho de 2022, o credor pode requerer nova expedição de precatório ou RPV federal dentro do prazo prescricional de 5 (cinco) anos. A partir de 6 de julho de 2022, não se pode nem mesmo realizar cancelamento. Os que foram feitos a partir daquela data devem ser desconsiderados, independentemente de qualquer prazo prescricional.

6.2. INTERVENÇÃO FEDERAL E ESTADUAL

Inscrito o precatório até o dia 1º de julho (ou até 2 de abril, a partir de 2022), seu pagamento será requisitado para ser feito até o final do exercício seguinte. Não efetuado no momento previsto constitucionalmente, ter-se-á fundamento para requerer a intervenção judicial. É que, nesse caso, haverá desobediência à ordem ou decisão judicial[10].

A intervenção está prevista nos arts. 34 a 36 da Constituição, estando disciplinadas no art. 34 as hipóteses de intervenção da União nos Estados ou no Distrito Federal. O art. 35 da Constituição disciplina os casos de intervenção estadual nos Municípios ou da União nos Territórios Federais, estando o procedimento capitulado no seu art. 36.

A satisfação parcial do débito não tem o condão de gerar a satisfação da dívida, não tendo poder liberatório. Nesse caso, não tendo havido pagamento integral do crédito, o precatório continua mantido inscrito na ordem cronológica, até satisfação plena[11].

A alegação de falta de recursos, conquanto parecesse não ser motivo suficiente para afastar a intervenção[12], passou a ser tida como justificativa plausível,

---

[10] STOCO, Rui. Os precatórios judiciais e a intervenção no Estado ou Municípios. *Revista dos Tribunais*, São Paulo, v. 739, maio 1997. p. 74.

[11] STOCO, Rui. Os precatórios judiciais e a intervenção no Estado ou Municípios. *Revista dos Tribunais*, São Paulo, v. 739, maio 1997. p. 75.

[12] STOCO, Rui. Os precatórios judiciais e a intervenção no Estado ou Municípios. *Revista dos Tribunais*, São Paulo, v. 739, maio 1997. p. 76.

a impedir o decreto interventivo. Diante da ausência de configuração de dolo ou de atuação deliberada do administrador público, a simples falta de recursos para satisfação do precatório é tida como justificativa aceitável para afastar a medida extrema da intervenção, com aplicação do princípio da proporcionalidade[13].

6.3. PARCELAMENTO DE PRECATÓRIOS QUE SUPERAM 15% DO MONTANTE DOS PRECATÓRIOS

A Emenda Constitucional 94, de 2016, acrescentou um § 20 ao art. 100 da Constituição, com o seguinte teor:

> § 20. Caso haja precatório com valor superior a 15% (quinze por cento) do montante dos precatórios apresentados nos termos do § 5º deste artigo, 15% (quinze por cento) do valor deste precatório serão pagos até o final do exercício seguinte e o restante em parcelas iguais nos cinco exercícios subsequentes, acrescidas de juros de mora e correção monetária, ou mediante acordos diretos, perante Juízos Auxiliares de Conciliação de Precatórios, com redução máxima de 40% (quarenta por cento) do valor do crédito atualizado, desde que em relação ao crédito não penda recurso ou defesa judicial e que sejam observados os requisitos definidos na regulamentação editada pelo ente federado.

O dispositivo prevê, como se percebe, um parcelamento em dez anos para precatórios de créditos cujos valores superem 15% do montante de precatórios inscritos para o respectivo exercício financeiro. Assim, por exemplo, se o montante total de precatórios de determinado exercício financeiro for de R$ 10 bilhões, o precatório que supere o valor de R$ 1,5 bilhão terá 15% do seu valor, ou seja, R$ 225.000.000,00 pagos até o final do exercício seguinte, devendo o restante ser pago em parcelas iguais nos cinco exercícios financeiros subsequentes, acrescidas de juros e correção monetária.

Tal parcelamento revela-se flagrantemente inconstitucional, por atentar contra o princípio constitucional da efetividade da tutela jurisdicional, do acesso democrático à justiça, do respeito à coisa julgada e da observância do direito de propriedade.

6.4. ABATIMENTO, A TÍTULO DE COMPENSAÇÃO, NO VALOR DO PRECATÓRIO DE DÉBITOS COM A CORRESPONDENTE FAZENDA PÚBLICA

Os §§ 9º e 10 do art. 100 da Constituição, na redação dada pela EC 62/2009, previam que, antes de expedir o precatório ao presidente do respectivo tribunal,

---

[13] STF, Pleno, IF 1.317/SP, Rel. Min. Gilmar Mendes, *DJ* 1º.08.2003. p. 113.

o juiz da execução deve solicitar à Fazenda Pública devedora informações sobre débitos líquidos e certos, inscritos ou não em dívida ativa e constituídos contra o exequente. Comunicada a existência desses débitos, seu valor correspondente deveria ser abatido, a título de compensação, do montante do precatório, de forma que este fosse inscrito pela diferença, já se satisfazendo, assim, o crédito que a Fazenda Pública devedora mantém em face do exequente.

Os §§ 9º e 10 do art. 100 da Constituição tiveram sua inconstitucionalidade proclamada pelo Supremo Tribunal Federal, quando do julgamento das Ações Diretas de Inconstitucionalidade 4.357 e 4.425, de sorte que não é mais possível proceder a essa compensação.

Em virtude do disposto no art. 6º da Emenda Constitucional 62/2009, ficam convalidadas todas as compensações de precatórios com tributos vencidos até 31 de outubro de 2009 da entidade devedora, efetuadas na forma do disposto no § 2º do art. 78 do ADCT, realizadas antes da promulgação da própria EC 62/2009.

Diante da proclamação de inconstitucionalidade pelo STF, a EC 113/2021 conferiu nova redação ao § 9º do art. 100 da Constituição, para estabelecer que, "sem que haja interrupção no pagamento do precatório e mediante comunicação da Fazenda Pública ao Tribunal, o valor correspondente aos eventuais débitos inscritos em dívida ativa contra o credor do requisitório e seus substituídos deverá ser depositado à conta do juízo responsável pela ação de cobrança, que decidirá pelo seu destino definitivo".

O STF voltou a proclamar a inconstitucionalidade da regra. Ao julgar as ADIs 7.047 e 7.064, a Suprema Corte considerou que a compensação não se mostra compatível com a Constituição. Por isso, decretou a inconstitucionalidade do § 9º do art. 100 da Constituição, na redação dada pela EC 113/2021, ressalvando as compensações que já tenham sido até então efetivadas.

Embora não seja mais possível a compensação, o precatório pode ser penhorado em execução fiscal proposta pelo próprio ente público. É certo que a Fazenda Pública pode recusar a substituição do bem penhorado por precatório (Tema 120/STJ), mas isso não impede que ela aceite ou requeira a penhora do precatório contra si mesma expedido.

6.5. UTILIZAÇÃO DE CRÉDITO DE PRECATÓRIO

Quem disponha de um crédito inscrito em precatório pode utilizá-lo para pagar débitos parcelados ou débitos inscritos em dívida ativa do ente federado devedor, inclusive em transação resolutiva de litígio, e, subsidiariamente, débitos com a administração autárquica e fundacional do mesmo ente. Também pode utilizá-lo para compra de imóveis públicos da Fazenda

Pública devedora ou para pagamento de outorga de delegações de serviços públicos e demais espécies de concessão negocial promovidas pelo mesmo ente ou, ainda, para aquisição, inclusive minoritária, de participação societária, disponibilizada para venda, do respectivo ente federativo. O crédito do precatório pode, de igual modo, ser utilizado para compra de direitos, disponibilizados para cessão, do respectivo ente federativo, inclusive, no caso da União, da antecipação de valores a serem recebidos a título do excedente em óleo em contratos de partilha de petróleo.

Em vez de aguardar o adimplemento do precatório, poderá o credor utilizar-se do seu crédito para qualquer um desses pagamentos ou aquisições. Para tanto, é necessária a edição de lei específica pelo ente federativo. No caso da União, a possibilidade era imediata, sendo desnecessária a edição de qualquer lei específica, mas o STF, ao julgar as ADIs 7.047 e 7.064, conferiu interpretação conforme a Constituição para excluir do § 11 do art. 100 da Constituição a expressão "com autoaplicabilidade para a União".

Essa é mais uma forma prevista pelo texto constitucional para a satisfação de crédito inscrito em precatório ou decorrente de condenação judicial imposta contra a Fazenda Pública. Havendo, nos termos de lei específica, imóvel público a ser vendido, participação societária a ser oferecida, delegação de serviço público a ser realizada, direitos a serem vendidos, débitos a serem cobrados ou em execução, o credor de precatório pode valer-se do seu crédito para adquiri-lo.

A falta de alocação orçamentária do valor necessário à satisfação do seu débito permite ao credor requerer ao presidente do tribunal o sequestro da correspondente verba pública. Em vez de requerer tal sequestro, poderá o credor, se houver lei específica a esse respeito, utilizar seu crédito para compra, aquisição, pagamento ou adimplemento de um imóvel, de uma dívida etc.

É exatamente isso que prevê o § 11 do art. 100 da Constituição Federal, na redação que lhe foi dada pela EC 113/2021. O crédito do precatório poderia ser utilizado para a compra de imóveis do ente público devedor. A EC 113/2021 ampliou as possibilidades, sendo permitido que o credor do precatório use seu crédito para pagar uma dívida fiscal sua junto ao mesmo ente público, comprar um imóvel público, adquirir uma participação societária do ente público, pagar por uma delegação de serviço público, adquirir direitos, enfim, o precatório pode ser utilizado como moeda para pagamentos e aquisições especificadas no referido § 11 do art. 100 da Constituição.

6.6. CESSÃO DE CRÉDITO INSCRITO EM PRECATÓRIO

O art. 78 do ADCT prevê um parcelamento de precatórios, permitindo a cessão de créditos, de sorte que o credor pode negociá-lo, transferindo-o a outrem, que assumirá a condição de credor, habilitando-se ao recebimento das parcelas. Tal dispositivo teve sua inconstitucionalidade proclamada pelo STF no julgamento das ADIs 2.356 e 2.362. Pende, porém, análise pelo próprio STF de proposta de modulação de efeitos feita pela Ministro Gilmar Mendes.

Os §§ 13 e 14 do art. 100 da Constituição também preveem a possibilidade de cessão, valendo dizer que é possível, em qualquer caso, haver a cessão, total ou parcial, a terceiros, do crédito constante de precatório.

Se houver cessão de crédito alimentício de que seja titular pessoa idosa, pessoa com doença grave ou pessoa com deficiência, tais atributos subjetivos não se mantêm com a cessão, valendo dizer que a preferência de que goza o cedente não se transfere ao cessionário. O crédito mantém-se alimentar, mas não se transferem as preferências subjetivas da idade e da doença. De igual modo, caso haja cessão parcial, de forma que o valor cedido equivalha a montante que dispensa a expedição de precatório, o cessionário não se beneficiará de tal regra. Ainda que, em caso de cessão total, o crédito seja de pequeno valor, a dispensa do precatório não beneficia o cessionário, que deverá, para seu recebimento, ter de requerer a expedição do precatório.

Em outras palavras, o disposto nos §§ 2º e 3º do art. 100 da Constituição Federal não se aplica ao cessionário. A cessão de crédito é feita sem as qualidades subjetivas de preferência ou de pequeno valor.

A propósito, o STF, sob a sistemática da repercussão geral, concluiu que a cessão de créditos alimentares não implica a perda do seu caráter alimentar[14] – mas resulta na perda da preferência instituída em favor das pessoas idosas, pessoas com doenças graves ou com deficiência, por força do art. 100, §§ 2º, 3º e 13, da Constituição. Foi, então, fixada a tese do Tema 361 da Repercussão Geral, nos seguintes termos: "A cessão de crédito alimentício não implica a alteração da natureza".

A cessão de precatórios somente poderá produzir efeitos após comunicação, por meio de petição protocolizada, ao juízo da execução e à entidade devedora. Enquanto não formalizados tais comunicados, não se terá como realizada a cessão do precatório. Significa que essa somente produz efeitos, para o juízo da execução e para a entidade devedora, a partir de tais comunicações. A cessão não deve observar as possíveis compensações, pois o STF,

---

[14] STF, Pleno, RE 631.537, Rel. Min. Marco Aurélio, *DJe* 02.06.2020. Note-se que há dispositivo tratando expressamente da cessão de crédito alimentar titularizado por pessoas idosas e pessoas com deficiência ou doenças graves (os chamados créditos superpreferenciais). É o art. 100, § 13º, da CF.

ao julgar as ADIs 7.047 e 7.064, proclamou a inconstitucionalidade do § 9º do art. 100 da Constituição, na redação que lhe foi dada pela EC 113/2021.

Em razão do disposto no art. 5º da Emenda Constitucional 62/2009, ficam convalidadas todas as cessões de precatórios efetuadas antes da sua promulgação, independentemente da concordância da entidade devedora.

6.7. NEGOCIAÇÃO E CESSÃO DE PRECATÓRIOS MEDIANTE SERVIÇOS NOTARIAIS

Já se viu que é possível haver cessão de crédito constante de precatório. A cessão pode ser feita por escritura pública. Antes da lavratura da escritura, o credor do precatório e o possível cessionário podem estar em fase de negociação, e essa negociação pode frustrar-se diante de outra cessão, feita entre o credor do precatório e outro interessado.

Para que o possível cessionário que esteja em fase de negociação tenha garantia de que não haverá, durante sua negociação, a cessão do crédito para outrem, a negociação pode ser comunicada por notário ao juízo da execução ou ao presidente do tribunal onde se processa o precatório.

Feito o comunicado pelo notário ao juízo da execução ou ao presidente do tribunal onde se processa o precatório, será ineficaz qualquer cessão realizada para pessoas não identificadas na comunicação notarial se, em 15 (quinze) dias, contados do recebimento desta pelo juízo ou tribunal, for lavrada a escritura pública de cessão de crédito.

Tudo isso está disposto no art. 6º-A da Lei 8.935, de 1994, nela inserido pela Lei 14.711, de 2023, com o seguinte teor: "A pedido dos interessados, os tabeliães de notas comunicarão ao juiz da vara ou ao tribunal, conforme o caso, a existência de negociação em curso entre o credor atual de precatório ou de crédito reconhecido em sentença transitada em julgado e terceiro, o que constará das informações ou consultas que o juízo emitir, consideradas ineficazes as cessões realizadas para pessoas não identificadas na comunicação notarial se, dentro do prazo de 15 (quinze) dias corridos, contado do recebimento desta pelo juízo, for lavrada a respectiva escritura pública de cessão de crédito".

Com o auxílio do tabelião de notas, as partes interessadas conferem maior garantia às tratativas, ficando o possível cessionário seguro de que não haverá cessão a outrem dentro dos 15 (quinze) dias seguintes, até que se lavre a escritura pública de cessão do crédito.

Passado o prazo de 15 (quinze) dias sem a celebração da escritura pública, o credor estará liberado para realizar outra cessão, sem que seja considerada ineficaz. Se, porém, for feita outra cessão dentro dos referidos 15 (quinze) dias, mas a escritura pública não for lavrada, não haverá a ineficácia daquela outra cessão. A ineficácia só ocorre se tiver sido lavrada a escritura pública da cessão cuja negociação fora comunicada dentro dos 15 (quinze) dias contados da comunicação feita ao juízo ou tribunal.

Lavrada a escritura pública, o notário deverá comunicar ao juízo ou tribunal a realização da cessão, em até 3 (três) dias úteis, contados da data da sua assinatura (Lei 8.935/1994, art. 6º-A, § 1º).

Para regular as cessões dos precatórios que emitirem, os tribunais darão aos notários e a seus substitutos acesso, por meio de central notarial de âmbito nacional, aos dados do credor e do crédito a ser cedido, sendo-lhes feitas comunicações das cessões de precatórios (Lei 8.935/1994, art. 6º-A, § 2º).

OS PRECATÓRIOS E O CONSELHO NACIONAL DE JUSTIÇA

7.1. RELEMBRANDO AS FUNÇÕES DO CONSELHO NACIONAL DE JUSTIÇA

Criado com a Emenda Constitucional 45, de 2004, o Conselho Nacional de Justiça – CNJ é órgão integrante do Poder Judiciário (CF, art. 92, I-A), embora não exerça atividade jurisdicional. Ao CNJ cabe o controle da atuação administrativa e financeira do Poder Judiciário e do cumprimento dos deveres funcionais dos juízes (CF, art. 103-B, § 4º).

Diante das atribuições relacionadas no § 4º do art. 103-B da Constituição, o CNJ, assim que foi constituído, era considerado um órgão com funções disciplinares[1].

Realmente, é possível, ao se examinar o texto do referido § 4º, dividir as funções do CNJ em quatro categorias:

---

[1] MOREIRA, José Carlos Barbosa. A Emenda Constitucional 45 e o processo. *Temas de direito processual (nona série).* São Paulo: Saraiva, 2007. p. 31.

a) fiscalizar e sancionar os magistrados, no seu aspecto disciplinar, podendo *(i)* conhecer diretamente de reclamações; *(ii)* avocar procedimentos já instaurados em outras instâncias; *(iii)* rever processos disciplinares julgados há menos de um ano; *(iv)* emitir regulamentos ao Estatuto da Magistratura e fazer recomendações;

b) rever, relativamente à legalidade, os atos administrativos dos órgãos judiciários, resguardada a atividade dos tribunais de contas;

c) elaborar relatórios e estatísticas, inclusive uma programação anual a ser encaminhada ao Congresso Nacional por meio do STF;

d) exercer outras atribuições, que viessem a ser previstas no Estatuto da Magistratura.

É possível verificar que o CNJ tem atribuições primárias e secundárias[2]. São primárias as atribuições de *(a)* exercer um controle da atuação administrativa do Poder Judiciário; *(b)* exercer um controle da atuação financeira desse mesmo poder; e, *(c)* verificar o cumprimento pelos magistrados de seus deveres funcionais.

Por sua vez, são secundárias as atribuições de *(a)* zelar pela autonomia do Judiciário; *(b)* zelar pela observância do art. 37 da Constituição e apreciar, de ofício ou mediante provocação, a legalidade dos atos administrativos praticados por membros ou órgãos do Poder Judiciário, podendo desconstituí-los, revê-los ou fixar prazo para que se adotem as providências necessárias ao cumprimento da lei, sem prejuízo da competência do tribunal de contas; *(c)* elaborar semestralmente relatório estatístico sobre processos e sentenças prolatadas, por unidade da Federação, nos diferentes órgãos do Poder Judiciário; *(d)* elaborar relatório anual, propondo as providências que julgar necessárias, sobre a situação do Poder Judiciário no país; *(e)* representar ao Ministério Público, no caso de crime contra a Administração Pública ou de abuso de autoridade; *(f)* rever, de ofício ou mediante provocação, os processos disciplinares de juízes e membros dos tribunais julgados há menos de um ano; *(g)* avocar processos disciplinares em curso, determinar a remoção, a disponibilidade ou a aposentadoria com subsídios ou proventos proporcionais ao tempo de serviço, bem como aplicar outras sanções administrativas.

---

[2] TAVARES, André Ramos. *Reforma do Judiciário no Brasil pós-88*: (des)estruturando a Justiça. São Paulo: Saraiva, 2005. p. 171. As atribuições secundárias consistem em desdobramentos complementares das atribuições primárias ou procedimentos instrumentais que buscam efetivá-las (TAVARES, André Ramos. *Reforma do Judiciário no Brasil pós-88*: (des)estruturando a Justiça. São Paulo: Saraiva, 2005. p. 176).

O CNJ é um órgão de controle, não apenas dos órgãos jurisdicionais da União, mas de toda a Justiça brasileira[3]. Não cabe ao CNJ a revisão de atos jurisdicionais. Suas atribuições são administrativas, financeiras e disciplinares.

O STF, ao julgar a ADI 3.367, reconheceu a constitucionalidade da criação do CNJ, concluindo ser um órgão de "aprimoramento do autogoverno do Judiciário". Ao julgar a ADC 12, o STF reconheceu o exercício da competência normativa do CNJ.

A partir daí, o CNJ passou a desempenhar um papel muito importante no sistema da justiça brasileira. Como órgão de coordenação e planejamento do sistema judiciário, ele exerce importante função para a concretização da boa administração da justiça no Brasil[4].

7.2. O CONSELHO NACIONAL DE JUSTIÇA E AS BOAS PRÁTICAS DA ATIVIDADE JURISDICIONAL

Nos termos do art. 218 da Constituição, o Estado deve promover e incentivar o desenvolvimento científico, a pesquisa, a capacitação científica e tecnológica e a inovação. O Estado deve, ainda, estimular a formação e o fortalecimento da inovação nas empresas, bem como nos entes públicos e privados, a constituição e a manutenção de ambientes promotores da inovação (CF, art. 219, parágrafo único).

A Lei 10.973, de 2004, que dispõe sobre incentivos à inovação, define, em seu art. 2º, IV, inovação como "introdução de novidade ou aperfeiçoamento no ambiente produtivo e social que resulte em novos produtos, serviços ou processos ou que compreenda a agregação de novas funcionalidades ou características a produto, serviço ou processo já existente que possa resultar em melhorias e em efetivo ganho de qualidade ou desempenho".

Considera-se inovação, nos termos do art. 2º da Resolução 395/2021 do CNJ, "a implementação de ideias que criam uma forma de atuação e geram valor para o Poder Judiciário, seja por meio de novos produtos, serviços, processos de trabalho, ou uma maneira diferente e eficaz de solucionar problemas complexos encontrados no desenvolvimento das atividades que lhe são afetas".

---

[3] GRAMSTRUP, Erik Frederico. Conselho Nacional de Justiça e controle externo: roteiro geral. *Reforma do Judiciário:* primeiras reflexões sobre a Emenda Constitucional n. 45/2004. São Paulo: RT, 2005. p. 194.

[4] DIDIER JR., Fredie; FERNANDEZ, Leandro. *O Conselho Nacional de Justiça e o Direito Processual:* administração judiciária, boas práticas e competência normativa. Salvador: JusPodivm, 2021. p. 51.

A Lei 14.129, de 2021, que dispõe sobre normas e instrumentos para o aumento da eficiência da administração pública, especialmente por meio da inovação, além de outros meios, aplica-se à promoção do desenvolvimento tecnológico e da inovação no setor público (art. 3º, XXVI).

Os entes públicos podem instituir laboratórios de inovação, abertos à participação e à colaboração da sociedade para o desenvolvimento e a experimentação de conceitos, de ferramentas e de métodos inovadores para a gestão pública, a prestação de serviços públicos, o tratamento de dados produzidos pelo poder público e a participação do cidadão no controle da administração pública (Lei 14.129/2021, art. 44).

Os laboratórios de inovação consistem no espaço aberto à participação e à colaboração da sociedade para o desenvolvimento de ideias, ferramentas e métodos inovadores para a gestão pública, a prestação de serviços públicos e a participação do cidadão para o exercício do controle sobre a administração pública (Lei 14.129/2021, art. 4º, VIII).

Os laboratórios de inovação têm como diretrizes, entre outras, o incentivo à inovação (Lei 14.129/2021, art. 45, VI).

O CNJ instituiu, mediante sua Resolução 395, de 2021, a política de gestão da inovação no âmbito do Poder Judiciário, com o objetivo de "aprimoramento das atividades dos órgãos judiciários, por meio da difusão da cultura da inovação, com a modernização de métodos e técnicas de desenvolvimento do serviço judiciário, de forma coletiva e em parceria, com ênfase na proteção dos Direitos e Garantias Fundamentais previstos na Constituição Federal".

Para os fins da referida resolução, considera-se inovação a implementação de ideias que criam uma forma de atuação e geram valor para o Poder Judiciário, seja por meio de novos produtos, serviços, processos de trabalho, ou uma maneira diferente e eficaz de solucionar problemas complexos encontrados no desenvolvimento das atividades que lhe são afetas (Res. CNJ 395/2021, art. 2º).

Os tribunais devem observar a política de criação de laboratórios de inovação (Res. CNJ 395/2021, arts. 4º e 5º), cabendo ao próprio CNJ criar também seu laboratório de inovação (Res. CNJ 395/2021, arts. 6º a 8º).

Aos órgãos do Poder Judiciário, cabe atuar em colaboração, realizando trabalho em rede de inovação, com compartilhamento de boas práticas (Res. CNJ 395/2021, art. 3º, IV).

Nos termos do art. 4º, I, da Portaria 140/2019 do CNJ, boa prática é a "experiência, atividade, ação, caso de sucesso, projeto ou programa, cujos resultados sejam notórios pela eficiência, eficácia e/ou efetividade e contribuam para o aprimoramento e/ou desenvolvimento de determinada tarefa, atividade ou procedimento no Poder Judiciário".

As boas práticas na administração da justiça consistem em ações, comportamentos ou arranjos institucionais, de aspecto inovador, ajustados às particularidades de um caso ou às especificidades de uma determinada espécie de demanda. O CNJ deve estimular a adoção de boas práticas e realizar, inclusive, estudos para exame de potenciais impactos na implantação de uma prática inovadora[5].

7.3. A RESOLUÇÃO 303/2019 DO CONSELHO NACIONAL DE JUSTIÇA

Já se viu que o STF, ao julgar as Ações Diretas de Inconstitucionalidade 4.357 e 4.425, entendeu serem inconstitucionais o § 15 do art. 100 da Constituição, bem como o art. 97 de seu ADCT.

Também se viu que, em questão de ordem suscitada após o julgamento de tais ações diretas, o STF determinou, entre outras coisas, que se delegasse competência ao Conselho Nacional de Justiça para que considere a apresentação de proposta normativa que discipline *(a)* a utilização compulsória de 50% dos recursos da conta de depósitos judiciais tributários para o pagamento de precatórios e *(b)* a possibilidade de compensação de precatórios vencidos, próprios ou de terceiros, com o estoque de créditos inscritos em dívida ativa até 25 de março de 2015, por opção do credor do precatório. Além disso, reconheceu ter o CNJ competência para monitorar e supervisionar o pagamento dos precatórios pelos entes públicos.

Em razão da competência que lhe foi atribuída por esse julgamento do STF, o CNJ editou a Resolução 303/2019, dispondo sobre a gestão dos precatórios e respectivos procedimentos operacionais no âmbito do Poder Judiciário[6].

Por meio de tal resolução, o CNJ padronizou a operacionalização das normas que regulam o regime do precatório, a fim de atender ao princípio da eficiência. Diante da especificidade, da provisoriedade e da complexidade do regime especial de precatórios estabelecido pelo art. 101 do ADCT da Constituição, na redação dada pela EC 99/2017, e considerando a necessidade

---

[5] DIDIER JR., Fredie; FERNANDEZ, Leandro. *O Conselho Nacional de Justiça e o Direito Processual:* administração judiciária, boas práticas e competência normativa. Salvador: JusPodivm, 2021. p. 98-106.

[6] A Ministra Rosa Weber, do STF, concedeu medida liminar, na ADI 6.556-DF, para suspender a vigência dos §§ 3º e 7º do art. 9º da Resolução CNJ 303/2019, estando tal decisão pendente de referendo pelo Plenário da Suprema Corte brasileira.

de um maior controle da gestão dos precatórios e de tornar mais efetivo o cumprimento das sentenças que impõem condenações contra o Poder Público, o CNJ editou a referida resolução, padronizando, como visto, a operacionalização das normas que regulam os precatórios.

7.4. A GESTÃO DOS PRECATÓRIOS E O CONTROLE PELO CONGRESSO NACIONAL E PELO CONSELHO NACIONAL DE JUSTIÇA

Nos termos do art. 6º da Emenda Constitucional 114/2021, o Congresso Nacional, no prazo de um ano, a contar da sua promulgação, promoverá, por meio de comissão mista, exame analítico dos atos, fatos e políticas públicas com maior potencial gerador de precatórios e de sentenças judiciais contrárias à Fazenda Pública da União. Tal comissão deve atuar em cooperação com o Conselho Nacional de Justiça e com o Tribunal de Contas da União e poderá requisitar informações e documentos de órgãos e entidades da Administração Pública direta e indireta de qualquer dos Poderes da União, dos Estados, do Distrito Federal e dos Municípios, buscando identificar medidas legislativas a serem adotadas a fim de trazer maior segurança jurídica no âmbito federal.

Essa previsão reforça a aplicação do princípio da eficiência no âmbito da Administração Pública. A partir da exigência de uma Administração Pública eficiente (CF, art. 37), que desenvolva um adequado modelo de gestão e incorpore técnicas da administração gerencial, e diante do incremento das ideias democráticas, a atividade administrativa passou a exigir maior participação social institucionalizada; o particular passa a poder participar da construção das decisões administrativas, sendo comparticipe da gestão pública[7]. Há, enfim, uma atuação administrativa consensual[8]. A consensualidade consiste num relevante mecanismo de atingimento da eficiência administrativa.

Diante da necessidade de eficiência administrativa, os diversos entes públicos podem compartilhar suas expertises e suas capacidades institucionais

---

[7] "Fenômeno relativamente recente nas relações entre o Estado e os indivíduos na realização de fins de interesse público tem sido a busca de decisões administrativas por meios consensuais" (SILVA, Almiro do Couto e. Os indivíduos e o Estado na realização de tarefas públicas. *Conceitos fundamentais do direito no Estado Constitucional*. São Paulo: Malheiros, 2015. p. 261).

[8] BARREIROS, Lorena Miranda Santos. *Convenções processuais e Poder Público*. Salvador: JusPodivm, 2016. p. 45-49. FACCI, Lucio Picanço. *Meios adequados de resolução de conflitos administrativos*: a experiência da Câmara de Conciliação e Arbitragem da Administração Federal. Rio de Janeiro: Lumen Juris, 2019. p. 128-132.

para melhor atuar em prol do interesse público. Não é sem razão, aliás, que a Lei 14.210, de 30 de setembro de 2021, acrescentou o Capítulo XI-A à Lei 9.784, de 29 de janeiro de 1999, para dispor sobre a decisão coordenada no âmbito da administração pública federal[9].

---

[9] "Art. 49-A. No âmbito da Administração Pública federal, as decisões administrativas que exijam a participação de 3 (três) ou mais setores, órgãos ou entidades poderão ser tomadas mediante decisão coordenada, sempre que: I – for justificável pela relevância da matéria; e II – houver discordância que prejudique a celeridade do processo administrativo decisório. § 1º. Para os fins desta Lei, considera-se decisão coordenada a instância de natureza interinstitucional ou intersetorial que atua de forma compartilhada com a finalidade de simplificar o processo administrativo mediante participação concomitante de todas as autoridades e agentes decisórios e dos responsáveis pela instrução técnico-jurídica, observada a natureza do objeto e a compatibilidade do procedimento e de sua formalização com a legislação pertinente. § 2º. (VETADO). § 3º. (VETADO). § 4º. A decisão coordenada não exclui a responsabilidade originária de cada órgão ou autoridade envolvida. § 5º. A decisão coordenada obedecerá aos princípios da legalidade, da eficiência e da transparência, com utilização, sempre que necessário, da simplificação do procedimento e da concentração das instâncias decisórias. § 6º. Não se aplica a decisão coordenada aos processos administrativos: I – de licitação; II – relacionados ao poder sancionador; ou III – em que estejam envolvidas autoridades de Poderes distintos. Art. 49-B. Poderão habilitar-se a participar da decisão coordenada, na qualidade de ouvintes, os interessados de que trata o art. 9º desta Lei. Parágrafo único. A participação na reunião, que poderá incluir direito a voz, será deferida por decisão irrecorrível da autoridade responsável pela convocação da decisão coordenada. Art. 49-C. (VETADO). Art. 49-D. Os participantes da decisão coordenada deverão ser intimados na forma do art. 26 desta Lei. Art. 49-E. Cada órgão ou entidade participante é responsável pela elaboração de documento específico sobre o tema atinente à respectiva competência, a fim de subsidiar os trabalhos e integrar o processo da decisão coordenada. Parágrafo único. O documento previsto no *caput* deste artigo abordará a questão objeto da decisão coordenada e eventuais precedentes. Art. 49-F. Eventual dissenso na solução do objeto da decisão coordenada deverá ser manifestado durante as reuniões, de forma fundamentada, acompanhado das propostas de solução e de alteração necessárias para a resolução da questão. Parágrafo único. Não poderá ser arguida matéria estranha ao objeto da convocação. Art. 49-G. A conclusão dos trabalhos da decisão coordenada será consolidada em ata, que conterá as seguintes informações: I – relato sobre os itens da pauta; II – síntese dos fundamentos aduzidos; III – síntese das teses pertinentes ao objeto da convocação; IV – registro das orientações, das diretrizes, das soluções ou das propostas de atos governamentais relativos ao objeto da convocação; V – posicionamento dos participantes para subsidiar futura atuação governamental em matéria idêntica ou similar; e VI – decisão de cada órgão ou entidade relativa à matéria sujeita à sua competência. § 1º. Até a assinatura da ata, poderá ser complementada a fundamentação da decisão da autoridade ou do agente a respeito de matéria de competência do órgão ou da entidade representada. § 2º. (VETADO). § 3º. A ata será publicada por extrato no Diário Oficial da União, do

A atuação conjunta e a decisão coordenada são concretizações do princípio da eficácia. Em razão do regime democrático, a atuação administrativa insere-se no âmbito da consensualidade[10]. A consensualidade, presente no processo decisório e na fase executiva, caracteriza a *Administração Pública dialógica*, num estágio ainda mais avançado que o da *Administração Pública gerencial*[11].

A previsão contida na EC 114/2021, segundo a qual o Congresso Nacional deve, em cooperação com o CNJ e o TCU, diagnosticar o cenário de disputas judiciais e buscar identificar medidas legislativas a serem adotadas com o objetivo de trazer maior segurança jurídica no âmbito federal, concretiza o princípio da eficiência e a ideia de Administração Pública dialógica.

Tais medidas e previsões normativas reforçam a importância do CNJ na definição, na execução e na articulação de políticas relacionadas com o sistema de justiça brasileiro, sobretudo com o cumprimento de sentenças judiciais proferidas contra o Poder Público. Também reforçam a importante função do CNJ de um verdadeiro laboratório, observatório e divulgador de boas práticas judiciais brasileiras.

Não foi essa, porém, a percepção do STF.

Ao julgar a Ação Direta de Inconstitucionalidade 7.064, o Supremo Tribunal Federal considerou que o art. 6º da EC 114, de 2021, atenta contra o princípio da separação de poderes (CF, art. 2º). Partindo do pressuposto de que a Constituição estabelece a distribuição de competências em matéria orçamentária para equilibrar o sistema de freios e contrapesos, o STF entende que o referido dispositivo da EC 114, de 2021, "subverte a ordem de atribuições, impondo um controle sobre a atividade tanto do Poder Executivo, condenado em demandas judiciais, quanto do Poder Judiciário, que julga o melhor direito e condena o Estado a pagar o cidadão".

Ainda no julgamento da referida ADI 7.064, o STF entendeu que "o papel que está sendo atribuído à referida comissão já é desempenhado pelos órgãos do Poder Executivo que exercem a defesa e representação da União, em âmbito federal, e pelos Presidentes dos Tribunais que, com base em

---

qual deverão constar, além do registro referido no inciso IV do *caput* deste artigo, os dados identificadores da decisão coordenada e o órgão e o local em que se encontra a ata em seu inteiro teor, para conhecimento dos interessados."

[10] PEIXOTO, Ravi; AVELINO, Murilo. *Consensualidade e Poder Público*. Salvador: JusPodivm, 2022.

[11] Para mais detalhes, consultar LIMA, Raimundo Márcio Ribeiro. *Administração Pública dialógica*. Curitiba: Juruá, 2013.

regulamentação do Conselho Nacional de Justiça atestam a lisura do ofício precatório e o encaminham para inclusão no orçamento".

Nesse sentido, segundo o STF entendeu no referido julgamento, a AGU já trabalha em atividades de prevenção de perdas em desfavor da União, executando até mesmo trabalho de redução de litigiosidade. Seria, então, "tautológico atribuir ao próprio Poder Legislativo o controle de medidas que, na maioria das vezes, ele mesmo editou e foram desaprovadas de maneira definitiva, pelo Poder Judiciário, resultando na expedição dos precatórios". Esse papel é da AGU, sendo inconstitucional a disposição que modifica "o eixo de sustentação do sistema de separação de poderes".

Por isso, o STF proclamou a inconstitucionalidade da regra segundo a qual o Congresso Nacional deve, em cooperação com o CNJ e o TCU, diagnosticar o cenário de disputas judiciais e buscar identificar medidas legislativas a serem adotadas com o objetivo de trazer maior segurança jurídica no âmbito federal.

Não parece que a previsão ofenda a separação de poderes. As competências constitucionais não devem ser rigidamente consideradas. O princípio da eficiência permite compartilhamento de competências. O princípio democrático estimula a consensualidade. Ter uma comissão, formada pelo Congresso Nacional, com cooperação com o CNJ e o TCU, para diagnosticar o cenário de disputas e buscar identificar medidas legislativas a serem adotadas não elimina a importante tarefa da AGU nem subtrai qualquer sistema de atribuição de competências.

Seria uma medida de cooperação, na busca de maior eficiência e de maior consensualidade para redução de litigiosidade.

De qualquer modo, o STF considerou a previsão inconstitucional, por atentar contra a separação de poderes, o que significa que a disposição foi expurgada do sistema normativo brasileiro.

8

NORMAS PROCESSUAIS DA EXECUÇÃO CONTRA A FAZENDA PÚBLICA

8.1. EXECUÇÃO CONTRA A FAZENDA PÚBLICA

A execução realiza-se no interesse do exequente, que adquire, pela penhora, o direito de preferência sobre os bens penhorados (CPC, art. 797). A execução por quantia certa tem por finalidade específica expropriar bens do executado, a fim de satisfazer o exequente. Nos termos do art. 825 do CPC, a expropriação consiste em *(a)* adjudicação em favor do exequente ou das pessoas indicadas no § 5º do art. 876 do CPC, *(b)* alienação e *(c)* apropriação de frutos e rendimentos de empresa, estabelecimentos ou outros bens.

Quando a Fazenda Pública é o executado, todas essas regras não têm aplicação, pois os bens públicos são, em geral, impenhoráveis e inalienáveis.

Nesse caso, não se aplicam as regras próprias da execução por quantia certa, não havendo a adoção de medidas expropriatórias para a satisfação do crédito. Diante da peculiaridade e da situação da Fazenda Pública, a execução por quantia certa contra ela intentada contém regras próprias. Põe-se em relevo, no particular, a *instrumentalidade* do processo, a impor adequação procedimental, na exata medida em que as exigências do direito material na disciplina das relações jurídicas que envolvem a Fazenda Pública influenciam e ditam as regras processuais.

Não há, enfim, expropriação na execução intentada contra a Fazenda Pública, devendo o pagamento submeter-se à sistemática do precatório (ou da Requisição de Pequeno Valor). Por essa razão, a doutrina defende não haver, propriamente, uma execução contra a Fazenda Pública, estando a sentença condenatória contra ela proferida despida de força executiva, justamente por não serem penhoráveis os bens públicos[1].

A execução contra a Fazenda Pública tem seu regime jurídico disciplinado pela Constituição, que estabelece ser necessária a expedição de precatório ou de requisição de pequeno valor. E, para que se possa garantir o pagamento dos créditos inscritos em precatório ou constantes de requisições de pequeno valor, a "União, os Estados, o Distrito Federal e os Municípios aferirão mensalmente, em base anual, o comprometimento de suas respectivas receitas correntes líquidas com o pagamento de precatórios e obrigações de pequeno valor" (CF, art. 100, § 17, incluído pela EC 94/2016)[2].

Os bens públicos são revestidos dos atributos da inalienabilidade e impenhorabilidade[3], motivo pelo qual se revela inoperante, em face da Fazenda Pública, a regra de responsabilidade patrimonial prevista no art. 789 do CPC.

---

[1] FURTADO, Paulo. *Execução*. 2. ed. São Paulo: Saraiva, 1991. n. 195. p. 280.

[2] Nos termos do § 18 do art. 100 da CF, incluído pela EC 94/2016: "Entende-se como receita corrente líquida, para os fins de que trata o § 17, o somatório das receitas tributárias, patrimoniais, industriais, agropecuárias, de contribuições e de serviços, de transferências correntes e outras receitas correntes, incluindo as oriundas do § 1º do art. 20 da Constituição Federal, verificado no período compreendido pelo segundo mês imediatamente anterior ao de referência e os 11 (onze) meses precedentes, excluídas as duplicidades, e deduzidas: I – na União, as parcelas entregues aos Estados, ao Distrito Federal e aos Municípios por determinação constitucional; II – nos Estados, as parcelas entregues aos Municípios por determinação constitucional; III – na União, nos Estados, no Distrito Federal e nos Municípios, a contribuição dos servidores para custeio de seu sistema de previdência e assistência social e as receitas provenientes da compensação financeira referida no § 9º do art. 201 da Constituição Federal".

[3] É comum haver confusão entre o conceito de inalienabilidade e impenhorabilidade. Embora interligados, o bem impenhorável nem sempre será, por isso mesmo, inalienável. É o que sucede, segundo lembra Lásaro Cândido da Cunha, com o bem de família, que é impenhorável, mas não é inalienável. "Por sua vez, o bem inalienável será sempre impenhorável, salvo se perder essa característica" (CUNHA, Lásaro Cândido da. *Precatório*: execução contra a Fazenda Pública. Belo Horizonte: Del Rey, 1999. p. 38).

Desse modo, a execução por quantia certa contra a Fazenda Pública está estruturada de modo especial, não havendo penhora nem apropriação ou expropriação de bens para alienação judicial, a fim de satisfazer o crédito executado.

Enfim, a execução contra a Fazenda Pública rege-se por regras próprias, que serão examinadas neste capítulo.

A execução contra a Fazenda Pública pode fundar-se em título judicial ou em título extrajudicial. Quando o título for judicial, há cumprimento de sentença contra a Fazenda Pública (CPC, arts. 534 e 535). Sendo extrajudicial, propõe-se a execução disciplinada no art. 910 do CPC. Tanto numa como noutra, é necessário observar o regime de precatórios ou de requisição de pequeno valor, previsto no art. 100 da Constituição Federal.

8.2. CUMPRIMENTO DE SENTENÇA CONTRA A FAZENDA PÚBLICA

O cumprimento de sentença constitui uma fase do processo. O processo, que é um só, divide-se em duas fases: acertamento e cumprimento.

Não é, rigorosamente, apropriado falar em *fase* de cumprimento de sentença nos casos de obrigações de fazer, não fazer e dar coisa, pois a decisão esgota a tutela dessas situações jurídicas.

A fase de cumprimento ocorre, única e exclusivamente, para a execução de decisões que reconhecem obrigação de pagar quantia, pois nelas não se tutela satisfatoriamente o direito reconhecido. Nos casos de sentença condenatória de obrigação de pagar, haverá, então, outra fase, que é a do cumprimento de sentença.

O cumprimento de sentença que pretende o pagamento de quantia certa há de ser requerido pelo exequente, a quem cabe apresentar memória de cálculo contendo os elementos relacionados no art. 534 do CPC. Nos casos de obrigação de fazer, não fazer e entregar coisa, não se aplica o art. 534; aplicam-se, isto sim, as regras gerais dos arts. 536 e 538 do CPC.

Não há qualquer peculiaridade no cumprimento de sentença contra a Fazenda Pública quando se tratar de obrigação de fazer, não fazer e entregar coisa. A peculiaridade – com incidência dos arts. 534 e 535 do CPC – apresenta-se apenas quando a obrigação for de pagar quantia certa, atraindo, igualmente, a incidência do art. 100 da Constituição[4].

---

[4] A propósito, o STF, apreciando o Tema 45 da repercussão geral, por unanimidade, fixou tese nos seguintes termos: "A execução provisória de obrigação de fazer em

Diante das particularidades impostas pelo art. 100 da Constituição, o procedimento comum do cumprimento de sentença não se aplica à Fazenda Pública. Esta é executada por meio de um procedimento especial de cumprimento de sentença, regulado nos arts. 534 e 535 do CPC.

Embora se trate de um só processo, cada fase tem início por uma demanda própria. Há, para cada fase, uma pretensão à tutela jurisdicional distinta. A exigência de requerimento caracteriza o cumprimento de sentença que reconhecer a obrigação de pagar quantia como uma demanda contida no mesmo processo. Sendo o cumprimento de sentença apenas uma das fases de um mesmo processo, o juiz, de acordo com a regra do impulso oficial (CPC, art. 2º), poderia, em princípio, dar início, de ofício, à fase do cumprimento da sentença. Só que não lhe é possível fazê-lo, justamente porque o cumprimento da sentença (no caso de obrigação pecuniária) instaura-se por demanda proposta pelo exequente.

Tal requerimento do exequente nada mais é do que uma petição inicial simplificada, cujos requisitos – quando ajuizada contra a Fazenda Pública – estão relacionados no art. 534 do CPC.

O cumprimento de sentença contra a Fazenda Pública é regulado pelos arts. 534 e 535 do CPC. Não há, como já visto, penhora nem apropriação ou expropriação de bens para alienação judicial, a fim de satisfazer o crédito executado. Isso porque os bens públicos são inalienáveis e impenhoráveis. Daí por que a execução é especial, resultando, ao final, na expedição de precatório ou de requisição de pequeno valor.

No cumprimento de sentença, a Fazenda Pública não é intimada para pagar, mas apenas para apresentar impugnação. Não há, por isso mesmo, incidência da multa prevista no § 1º do art. 523. Aliás, é exatamente isto que consta do § 2º do art. 534 do CPC: "a multa prevista no § 1º do art. 523 não se aplica à Fazenda Pública".

---

face da Fazenda Pública não atrai o regime constitucional dos precatórios". No mesmo sentido: "Direito constitucional. Agravo interno em recurso extraordinário. Mandado de segurança. Descumprimento de decisão judicial de obrigação de fazer pela Fazenda Pública. Regime de precatório afastado. Precedentes. 1. O caso envolve descumprimento, pela Administração Pública, de obrigação de fazer determinada por decisão judicial transitada em julgado, o que afasta a exigência do regime de precatórios. Nesse sentido: RE 573.872-RG. 2. Inaplicável o art. 85, § 11, do CPC/2015, uma vez que não é cabível condenação em honorários advocatícios (art. 25 da Lei 12.016/2009 e Súmula 512/STF). 3. Agravo interno a que se nega provimento, com aplicação da multa prevista no art. 1.021, § 4º, do CPC/2015, em caso de unanimidade da decisão" (STF, 1ª Turma, RE 636.158 AgR, Rel. Min. Roberto Barroso, *DJe* 07.08.2017).

A Fazenda Pública não é intimada para pagar, justamente porque não lhe é franqueada a possibilidade de pagamento voluntário. Cabe-lhe pagar as condenações que lhe são impostas, de acordo com a ordem cronológica de inscrição dos precatórios. É por isso que não incide, no cumprimento de sentença contra a Fazenda Pública, a multa prevista no § 1º do art. 523 do CPC. Por essa mesma razão, não é possível à Fazenda Pública valer-se do expediente previsto no art. 526[5] do CPC e, antecipando-se à intimação para pagamento, já efetuá-lo no valor que entende devido[6]. A Fazenda Pública não é intimada, como já afirmado, para pagar, mas para apresentar impugnação. O pagamento voluntário não lhe é franqueado, porque está sujeita à disciplina do precatório, prevista no art. 100 da Constituição, devendo aguardar o momento próprio para pagar, em observância à ordem cronológica. Aliás, o pagamento voluntário, em descumprimento à ordem cronológica, pode acarretar o sequestro do valor, por preterição àquela mesma ordem cronológica (CF, art. 100, § 6º).

No caso de condenação de pequeno valor, não há existência constitucional de observância da ordem cronológica. Logo, a Fazenda Pública pode, nas hipóteses de pequeno valor, efetuar pagamento voluntário. Sendo assim, é possível valer-se do expediente previsto no art. 526 do CPC e, antecipando-se à intimação para pagamento, já efetuá-lo no valor que entende devido. Mas isso, não custa repetir, só é possível nos casos em que a condenação for de pequeno valor.

Ainda no caso de pequeno valor, proposto o cumprimento de sentença e não havendo impugnação ou rejeitadas as arguições da Fazenda Pública, o pagamento da obrigação será, por ordem do juiz, dirigido à autoridade

---

[5] "Art. 526. É lícito ao réu, antes de ser intimado para o cumprimento da sentença, comparecer em juízo e oferecer em pagamento o valor que entender devido, apresentando memória discriminada do cálculo. § 1º. O autor será ouvido no prazo de 5 (cinco) dias, podendo impugnar o valor depositado, sem prejuízo do levantamento do depósito a título de parcela incontroversa. § 2º. Concluindo o juiz pela insuficiência do depósito, sobre a diferença incidirão multa de dez por cento e honorários advocatícios, também fixados em dez por cento, seguindo-se a execução com penhora e atos subsequentes. § 3º. Se o autor não se opuser, o juiz declarará satisfeita a obrigação e extinguirá o processo."

[6] Concordando com esse entendimento, mas ressalvando os casos de Municípios que pagam, desde logo, seus débitos judiciais: ASSIS, Araken de. *Manual da execução*. 18. ed. São Paulo: RT, 2016. p. 457. Não se entende – nem se concorda – com a ressalva a Municípios que pagam, desde logo, seus débitos judiciais. Não há qualquer ressalva no texto constitucional, não havendo justificativa de pagamento imediato, em descumprimento às exigências contidas no art. 100 da Constituição.

responsável, realizado no prazo de dois meses, contado da entrega da requisição, mediante depósito na agência bancária mais próxima da residência do exequente (CPC, art. 535, § 3º, II). Ao julgar a ADI 5.534, o STF declarou a constitucionalidade do art. 535, § 3º, II, do CPC, considerando válido o prazo de dois meses para pagamento, inclusive para Estados, Municípios e suas autarquias e fundações. Por outro lado, ao julgar a ADI 5.492, o STF reconheceu a inconstitucionalidade da expressão "banco oficial" e deu ao dispositivo interpretação conforme a Constituição para que se entenda que a "agência" nele referida pode ser de instituição financeira pública ou privada[7].

Proposta uma demanda contra a Fazenda Pública por mais de um autor, cada um deve apresentar seu próprio requerimento de cumprimento de sentença, com seu correspondente demonstrativo de cálculo. Em caso de litisconsórcio ativo, será considerado o valor devido a cada um deles, expedindo-se *cada* requisição de pagamento para *cada* um dos litisconsortes[8]. Pode ocorrer, porém, de serem expedidos, simultaneamente, requisições de pequeno valor e requisições mediante precatório. Se houver uma grande quantidade de litisconsortes que comprometa o cumprimento da sentença ou dificulte a defesa da Fazenda Pública na impugnação a ser apresentada, o juiz pode limitar a presença dos litisconsortes, aplicando-se o disposto nos §§ 1º e 2º do art. 113 do CPC[9].

Requerido o cumprimento da sentença, a Fazenda Pública será intimada (e não citada) para apresentar, em 30 dias, sua impugnação. A intimação é pessoal (CPC, art. 183), feita ao advogado público que já acompanhava o processo ou a qualquer outro que o substitua, podendo realizar-se por carga, remessa ou meio eletrônico (CPC, art. 183, § 1º).

Não apresentada impugnação ou transitada em julgado a decisão que a inadmitir ou rejeitar, deverá ser expedido precatório, seguindo-se com a observância das normas contidas no art. 100 da Constituição, ou seja, o juiz determina a expedição de precatório ao presidente do respectivo tribunal

---

[7] STF, Pleno, ADI 5.492, rel. Min. Dias Toffoli, *DJe* 09.08.2023.

[8] STF, 2ª Turma, AC-Ag 653/SP, Rel. Min. Joaquim Barbosa, *DJ* 12.05.2006. p. 17; STF, 1ª Turma, RE 634.707, Rel. Min. Marco Aurélio, *DJe* 04.05.2012. Nesse sentido, o Tema 148 da Repercussão Geral do STF: "A interpretação do § 4º do art. 100, alterado e hoje § 8º do art. 100 da Constituição da República, permite o pagamento dos débitos em execução nos casos de litisconsórcio facultativo".

[9] Enunciado 386 do Fórum Permanente de Processualistas Civis: "A limitação do litisconsórcio facultativo multitudinário acarreta o desmembramento do processo". Enunciado 387 do Fórum Permanente de Processualistas Civis: "A limitação do litisconsórcio multitudinário não é causa de extinção do processo".

para que reste consignado à sua ordem o valor do crédito, com requisição às autoridades administrativas para que façam incluir no orçamento geral, a fim de proceder ao pagamento no exercício financeiro subsequente.

Determinada a expedição do precatório pelo juiz, deverá o cartório judicial providenciar sua autuação com cópia das principais peças dos autos originários, entre elas a certidão de trânsito em julgado (requisito relevante diante do § 5º do art. 100 da CF) e a referência à natureza do crédito, se alimentício ou não. Estando instruído e assinado pelo juiz, o precatório deverá ser encaminhado ao presidente do respectivo tribunal, sendo ali registrado, autuado e distribuído. O presidente do tribunal deverá inscrever o precatório e comunicar ao órgão competente para efetuar a ordem de despesa, a fim de que a Administração Pública passe a adotar as medidas necessárias e suficientes à abertura do crédito que liquidará a dívida mediante depósito bancário feito à disposição da presidência do tribunal.

Até 2021, os precatórios deveriam ser inscritos até 1º de julho, para pagamento até o final do exercício seguinte. A partir de 2022, o prazo de inscrição passou a ser o dia 2 de abril de cada ano.

Se, porém, houver precatório com valor alto, que supere 15% do montante dos demais precatórios apresentados até 1º de julho de 2020, ainda no exemplo imaginado, o montante correspondente a 15% do crédito inscrito em tal precatório será pago até 31 de dezembro de 2021, devendo o restante ser pago em parcelas iguais nos cinco próximos exercícios seguintes, ou seja, até 31 de dezembro de 2022, de 2023, de 2024, de 2025 e de 2026, acrescidas de juros de mora e correção monetária (CF, art. 100, § 20, incluído pela EC 94/2016).

O credor *pode*, alternativamente, optar por realizar acordo com a Fazenda Pública perante Juízos Auxiliares de Conciliação de Precatórios, com redução máxima de 40% do valor do crédito atualizado, desde que não haja qualquer recurso ou defesa judicial pendente, respeitados os requisitos definidos na regulamentação editada pelo respectivo ente federado (CF, art. 100, § 20, incluído pela EC 94/2016).

Nos termos da Lei 14.057, de 2020, as propostas de acordo direto para pagamento de precatório serão apresentadas pelo credor ou pela entidade devedora perante o Juízo Auxiliar de Conciliação de Precatórios vinculado ao Presidente do Tribunal que proferiu a decisão exequenda. Tais propostas podem ser apresentadas até o pagamento integral do valor do precatório e não suspendem o pagamento de suas parcelas. Não se permite, na proposta, afastar a atualização monetária ou os juros previstos no § 12 do art. 100 da

Constituição[10]. Recebida a proposta de acordo direto, o juiz auxiliar de conciliação de precatórios determinará a intimação do credor ou da entidade devedora para aceitar ou recusar a proposta ou apresentar-lhe contraproposta, observado o limite máximo de desconto de 40% do valor do crédito atualizado.

Aceita a proposta de acordo, o juízo auxiliar de conciliação de precatórios homologará o acordo e dará conhecimento dele ao presidente do tribunal para que sejam adotadas as medidas cabíveis.

O acordo terminativo de litígio de que tratam o art. 1º da Lei 9.469, de 1997, e o § 12 do art. 19 da Lei 10.522, de 2002, pode ser proposto pela entidade pública ou pelo titular do crédito e pode abranger condições diferenciadas de deságio e de parcelamento para o pagamento do crédito. O parcelamento não pode, porém, ser superior a oito parcelas anuais e sucessivas, se houver título executivo judicial transitado em julgado, ou a doze parcelas anuais e sucessivas, se não houver título judicial transitado em julgado. Recebida a proposta, o juízo competente para o processamento da ação intimará o credor ou a entidade pública, conforme o caso, para aceitar ou recusar a proposta ou apresentar-lhe contraproposta.

Aceito o valor proposto, esse montante será consolidado como principal e parcelado em tantas quantas forem as parcelas avençadas, observado o disposto nos §§ 5º e 12 do art. 100 da Constituição quanto à atualização monetária e aos juros de mora.

Embora a Lei 14.057, de 2020, preveja a apresentação de uma proposta formal, com intimação para aceitação ou não ou para envio de contraproposta, é possível – e até recomendável – que se instaure sessão de conciliação ou de mediação para que sejam intensificadas as tratativas destinadas à obtenção de um bom acordo para todos os envolvidos.

8.3. LIQUIDAÇÃO DE SENTENÇA CONTRA A FAZENDA PÚBLICA: AUSÊNCIA DE REGRAS ESPECIAIS

Sendo a Fazenda Pública condenada ao pagamento de quantia certa, sua efetivação ou execução faz-se mediante cumprimento de sentença, regulado nos arts. 534 e 535 do CPC. O procedimento comum do cumprimento de

---

[10] Ao julgar as ADIs 4.357 e 4.425, o STF proclamou a inconstitucionalidade do § 12, por entender que tal índice não é suficiente para recompor as perdas inflacionárias. Os índices aplicáveis estão definidos no Tema 810 da Repercussão Geral do STF e no Tema 905 dos repetitivos do STJ. A partir de 9 de dezembro de 2021, as condenações judiciais impostas à Fazenda Pública devem ser atualizadas pela Selic, em virtude do disposto no art. 3º da EC 113/2021.

sentença não se aplica à Fazenda Pública. A sentença que a condenar pode, contudo, ser ilíquida, devendo, em razão disso, ser objeto de uma liquidação para, somente depois, poder ser executada.

Os tipos de liquidação de sentença – por procedimento comum e por arbitramento – são perfeitamente aplicáveis aos processos que envolvam a Fazenda Pública. As regras – decorrentes dos arts. 509 a 512 do CPC – são *aplicáveis* aos processos de que faça parte a Fazenda Pública, motivo pelo qual a liquidação de sentença proferida contra qualquer pessoa jurídica de direito público segue, igualmente, os ditames daquelas regras.

O art. 512 do CPC permite a liquidação imediata, mesmo na pendência de recurso. Ainda que o recurso ostente efeito suspensivo, é possível iniciar a liquidação da sentença. Tal regra aplica-se aos processos que tenham a Fazenda Pública como ré. A expedição de precatório ou a de requisição de pequeno valor depende, por imposição constitucional, do *prévio trânsito em julgado*. Isso poderia conduzir à conclusão segundo a qual não seria possível a liquidação imediata contra a Fazenda Pública, não se lhe aplicando o art. 512 do CPC. Ocorre, porém, que a exigência constitucional do prévio trânsito em julgado diz respeito à *expedição* do precatório ou da requisição de pequeno valor. Tal exigência *não* impede a liquidação imediata. O trânsito em julgado, não custa repetir, é necessário, apenas, para a expedição do precatório ou da requisição de pequeno valor. É possível, enfim, a liquidação imediata contra a Fazenda Pública.

8.4. A DEFESA DA FAZENDA PÚBLICA NO CUMPRIMENTO DE SENTENÇA: IMPUGNAÇÃO

Já se viu que, no cumprimento de sentença contra a Fazenda Pública, esta é intimada para, em 30 dias, apresentar impugnação.

No cumprimento de sentença, a Fazenda Pública defende-se por impugnação, e não por embargos. Os embargos constituem o meio de defesa que a Fazenda Pública apresenta na execução fundada em título extrajudicial. A impugnação é uma defesa, não ostentando a natureza de ação ou demanda judicial.

O cumprimento de sentença contra a Fazenda Pública pode ser promovido em litisconsórcio ativo. Nos termos do § 1º do art. 534 do CPC, cada litisconsorte deve requerer seu cumprimento de sentença, apresentando sua correspondente memória de cálculo. Se houver uma grande quantidade de litisconsortes que comprometa o cumprimento da sentença ou dificulte a defesa da Fazenda Pública na impugnação a ser apresentada, o juiz pode limitar a presença dos litisconsortes, aplicando-se o disposto nos §§ 1º e 2º do art. 113 do CPC. A Fazenda Pública pode, antes de impugnar, pedir a limitação ao juiz. Tal pedido interrompe o prazo para impugnação, que será integralmente devolvido à Fazenda Pública a partir da intimação da decisão que o acolher ou rejeitar (CPC, art. 113, § 2º).

A Fazenda Pública é intimada para apresentar impugnação no prazo de 30 dias. A intimação da Fazenda Pública é pessoal (CPC, art. 183), podendo ser feita por carga, remessa ou meio eletrônico (CPC, art. 183, § 1º).

Quando a intimação for feita por carga, considera-se o dia do começo do prazo o dia da carga (CPC, art. 231, VIII). Sendo a intimação feita por remessa dos autos, a contagem do prazo, segundo entendimento já firmado no âmbito da jurisprudência do STJ, "inicia-se no dia da remessa dos autos com vista, ou, se as datas não coincidirem, do recebimento destes por servidor do órgão, e não a partir do dia em que o representante ministerial manifesta, por escrito, sua ciência do teor da decisão"[11]. Quando a intimação se realizar por meio eletrônico, considera-se o dia do começo do prazo o dia útil seguinte à consulta ao teor da intimação ou ao término do prazo para que a consulta se dê (CPC, art. 231, V).

O prazo de 30 dias para impugnar é específico, sendo próprio para a Fazenda Pública. Logo, não deve ser contado em dobro (CPC, art. 183, § 2º). O prazo para impugnar é de 30 dias, computando-se apenas, na sua contagem, os dias úteis (CPC, art. 219).

A impugnação apresentada pela Fazenda Pública no cumprimento da sentença é dotada de efeito suspensivo. Nos termos do § 6º do art. 525 do CPC, "a apresentação de impugnação não impede a prática dos atos executivos, inclusive os de expropriação, podendo o juiz, a requerimento do executado e desde que garantido o juízo com penhora, caução ou depósito suficientes, atribuir-lhe efeito suspensivo, se seus fundamentos forem relevantes e se o prosseguimento da execução for manifestamente suscetível de causar ao executado grave dano de difícil ou incerta reparação". Tal dispositivo não se aplica ao cumprimento de sentença proposto contra a Fazenda Pública pelos seguintes motivos: *(a)* o efeito suspensivo depende de penhora, depósito ou caução. A Fazenda Pública não se sujeita a penhora, depósito nem caução, não precisando garantir o juízo; *(b)* a expedição de precatório ou requisição de pequeno valor depende do prévio trânsito em julgado (CF, art. 100, §§ 3º e 5º), de sorte que somente pode ser determinado o pagamento se não houver mais qualquer discussão quanto ao valor executado.

---

[11] STJ, 5ª Turma, EDcl no RHC 43.374/PA, Rel. Min. Laurita Vaz, *DJe* 30.04.2014.

Em outras palavras, o precatório ou a RPV somente se expede depois de não haver mais qualquer discussão quanto ao valor executado, valendo dizer que tal expedição depende do trânsito em julgado da decisão que julgar a impugnação[12]. Por essa razão, a impugnação apresentada pela Fazenda Pública deve, forçosamente, ser recebida no efeito suspensivo, pois, enquanto não se tornar incontroverso ou definitivo o valor cobrado, não há como expedir o precatório ou a RPV[13].

O trânsito em julgado a que se referem os §§ 3º e 5º do art. 100 da Constituição é o da sentença que julgar a impugnação ao cumprimento da sentença ou os embargos à execução fundada em título extrajudicial. E isso porque o valor a ser incluído no orçamento deve ser definitivo, não pendendo qualquer discussão a seu respeito. Observe-se que toda lei orçamentária que é aprovada estabelece, em um de seus dispositivos, que somente incluirá dotações para o pagamento de precatórios cujos processos contenham certidão de trânsito em julgado da decisão exequenda e, igualmente, certidão de trânsito em julgado dos embargos à execução ou, em seu lugar, certidão de que não tenham sido opostos embargos ou qualquer impugnação aos respectivos cálculos. Ora, se o precatório somente pode ser expedido quando já definitivo o valor, não havendo mais discussão a seu respeito – o que se pode comprovar por certidão de trânsito em julgado dos embargos à execução ou da impugnação ao cumprimento da sentença –, é evidente que a impugnação deve, necessariamente, ser recebida com efeito suspensivo. A simples apresentação da impugnação acarreta a suspensão do cumprimento da sentença.

Quando a impugnação for parcial, a parte não questionada, nos termos do § 4º do art. 535 do CPC, será, desde logo, objeto de cumprimento, expedindo-se o precatório ou a RPV. Isso porque a parte questionada acarreta a suspensão imediata do cumprimento da sentença. Nesse caso, não incide a vedação do § 8º do art. 100 da Constituição, pois não se trata de intenção do exequente de repartir o valor para receber uma parte por RPV e outra, por precatório.

A propósito, o STF, ao julgar o Tema 28 da repercussão geral, fixou a seguinte tese: "Surge constitucional expedição de precatório ou requisição

---

[12] Nesse sentido, o Enunciado 532 do Fórum Permanente de Processualistas Civis: "A expedição do precatório ou da RPV depende do trânsito em julgado da decisão que rejeita as arguições da Fazenda Pública executada".

[13] Nesse sentido, o Enunciado 120 do Fórum Nacional do Poder Público: "A impugnação ao cumprimento de sentença contra a Fazenda Pública tem efeito suspensivo automático em relação à matéria impugnada, devido à exigência constitucional de prévio trânsito em julgado para expedição de precatório ou de RPV".

de pequeno valor para pagamento da parte incontroversa e autônoma do pronunciamento judicial transitada em julgada observada a importância total executada para efeitos de dimensionamento como obrigação de pequeno valor". Esse tema foi afetado no Recurso Extraordinário 1.205.530, em cujo julgamento do STF assim se afirmou: "Possível é a execução parcial do título judicial no que revela parte autônoma transitada em julgado na via da recorribilidade"[14].

Ao julgar a ADI 5.534, o STF confirmou esse entendimento e conferiu interpretação conforme a Constituição ao § 4º do art. 535 do CPC, para estabelecer que a execução da parte incontroversa deve observar o valor total da condenação, conforme definido no julgamento do Tema 28 da repercussão geral. Assim, promovido, por exemplo, cumprimento de sentença contra a União no valor equivalente a 100 salários mínimos, e vindo a União a reconhecer que são devidos apenas 50 salários mínimos, a execução pode prosseguir por essa parcela incontroversa, mas deverá, no caso, ser expedido precatório, e não RPV. Embora a parte incontroversa seja de pequeno valor, ao autorizar a expedição de RPV, o valor global da execução é de 100 salários mínimos, devendo ser expedido precatório, em vez de RPV.

Apresentada a impugnação, o juiz poderá rejeitá-la liminarmente, quando intempestiva ou quando verse sobre matéria não prevista no art. 535 do CPC, caso em que deve ser considerada manifestamente protelatória. Não há previsão para essa rejeição liminar, mas constitui uma decorrência lógica da previsão de prazo para seu ajuizamento e, igualmente, da regra inscrita no aludido art. 535. Ora, se há um prazo para ajuizamento da impugnação, é óbvio que deve ser rejeitada quando sua apresentação for intempestiva. De igual modo, se a impugnação somente pode versar sobre determinadas matérias (CPC, art. 535), revela-se incabível quando não tratar de qualquer uma delas, impondo-se sua rejeição liminar.

Também pode haver rejeição liminar quando o executado alegar excesso de execução, mas não declarar, em sua impugnação, o valor que entende correto. Essa hipótese de rejeição liminar está expressamente prevista no § 2º do art. 535 do CPC. Embora a ausência de indicação do valor que a Fazenda Pública entenda como devido acarrete a rejeição liminar da impugnação, o juiz deve determinar a remessa dos autos ao contador para averiguação dos cálculos, quando verificar a possibilidade de existência de excesso de execução[15].

---

[14] STF, Pleno, RE 1.205.530, Rel. Min. Marco Aurélio, *DJe* 1º.07.2020.
[15] STJ, 2ª Turma, REsp 1.887.589/GO, Rel. Min. Og Fernandes, *DJe* 14.04.2021.

Não sendo caso de rejeição liminar da impugnação, o juiz irá recebê-la. Em seguida, deverá determinar a intimação do exequente para sobre ela manifestar-se. Não há previsão legal quanto ao prazo do exequente para manifestação sobre a impugnação. Daí por que o exequente deve manifestar-se no prazo que lhe for assinado pelo juiz, levando em conta a maior ou menor complexidade da causa (CPC, art. 218, § 1º). Não assinado pelo juiz, o prazo será de 5 dias (CPC, art. 218, § 3º). Diante do silêncio da lei, deve o juiz fixar o prazo para que o exequente se manifeste sobre a impugnação; deixando de fazê-lo, o prazo será de cinco dias.

Mesmo intimado, é possível que o exequente não se pronuncie sobre a impugnação. A ausência de manifestação do exequente não implica qualquer presunção de veracidade quanto ao afirmado pelo executado. A sentença que se executa é título executivo, gozando de presunção de certeza, liquidez e exigibilidade, estando, ademais, acobertada pela preclusão e, tratando-se de execução definitiva, pela coisa julgada. Ao executado incumbe o ônus da prova das alegações que fizer, não se operando a presunção de veracidade dos fatos alegados, em razão de simples inércia do exequente, ao deixar de se pronunciar sobre a impugnação.

Após a manifestação do exequente, poderá o juiz determinar a produção de provas adicionais e designar audiência de instrução e julgamento. Não havendo necessidade de outras provas, o juiz poderá, diversamente, já decidir a impugnação.

A impugnação, como já se afirmou, pode ser rejeitada liminarmente pelo juiz. Da decisão que a rejeitar, desde logo, cabe agravo de instrumento. A lista taxativa de decisões agraváveis, prevista no art. 1.015 do CPC, não se aplica à fase de cumprimento de sentença. No cumprimento de sentença, todas as decisões interlocutórias são agraváveis, nos termos do parágrafo único do art. 1.015 do CPC.

Se processada e, ao final, rejeitada a impugnação, também cabe agravo de instrumento. A rejeição da impugnação faz-se por decisão interlocutória, sendo admissível agravo de instrumento. Diversamente, se acolhida a impugnação para extinguir a execução, terminada essa fase do processo, aí cabe apelação.

Caso, porém, a impugnação seja acolhida apenas para diminuir o valor da execução ou suprimir alguma parcela cobrada, não será caso de extinção da execução. Nessa hipótese, o cumprimento da sentença deve prosseguir, com um valor menor. Cabível, então, agravo de instrumento, e não apelação.

Julgado o agravo de instrumento ou a apelação, caberão recurso especial e extraordinário, desde que presentes seus requisitos específicos. De todas as decisões cabem, desde que haja omissão, obscuridade, contradição ou erro material, embargos de declaração.

8.5. CONTEÚDO DA IMPUGNAÇÃO APRESENTADA PELA FAZENDA PÚBLICA

8.5.1. Observação inicial

A Fazenda Pública, no cumprimento da sentença, somente pode alegar as matérias relacionadas no art. 535 do CPC. A Fazenda, em sua impugnação, apenas pode tratar de vícios, defeitos ou questões da própria execução e, ainda, suscitar causas impeditivas, modificativas ou extintivas da obrigação, desde que supervenientes à sentença. É *taxativo* o elenco de matérias previstas no art. 535 do CPC, não podendo o executado alegar, em sua impugnação, qualquer outro tema.

Ressalvadas a falta ou nulidade de citação, se o processo correu à revelia (CPC, art. 535, I), e a chamada *coisa julgada inconstitucional* (CPC, art. 535, § 5º), à Fazenda Pública não se permite alegar questões anteriores à sentença, restringindo-se a suscitar matéria que diga respeito à própria execução ou que seja superveniente ao trânsito em julgado da sentença. E isso porque as questões anteriores à sentença já foram alcançadas pela preclusão ou pela coisa julgada, não devendo mais ser revistas na execução.

Na execução fundada em título extrajudicial, a Fazenda Pública defende-se por embargos à execução, cujo conteúdo é amplo e irrestrito, não se aplicando a limitação de matérias prevista no art. 535 do CPC. Tratando-se de título extrajudicial, não há razão para restringir o âmbito dos embargos, pois não há preclusão nem coisa julgada relativamente ao título que impeça a alegação de questões pertinentes à obrigação ou à relação jurídica que deu origem ao crédito. Os limites impostos no art. 535 do CPC, não custa repetir, incidem apenas à impugnação ao cumprimento da sentença, não se referindo aos embargos à execução fundada em título executivo extrajudicial. De acordo com o § 2º do art. 910 do CPC, "nos embargos, a Fazenda Pública poderá alegar qualquer matéria que lhe seria lícito deduzir como defesa no processo de conhecimento".

A Fazenda Pública defende-se, no cumprimento de sentença, por impugnação. As matérias a serem alegadas estão relacionadas no art. 535 do CPC, sendo as mesmas que devem ser alegadas na impugnação ao cumprimento de sentença comum. Com efeito, todas as matérias relacionadas no § 1º do art. 525 do CPC coincidem com as que estão mencionadas no seu art. 535, com exceção da alegação de "penhora incorreta ou avaliação errônea", exatamente porque não há penhora nem avaliação no cumprimento de sentença contra a Fazenda Pública.

Feitas essas observações, cumpre examinar as matérias que podem ser alegadas na impugnação ao cumprimento da sentença contra a Fazenda Pública.

8.5.2. Falta ou nulidade da citação, se o processo correu à revelia

Ao ser proposta a demanda de conhecimento, o processo já existe para o autor, somente sendo produzidos, para o réu, os efeitos mencionados no art. 240 depois que for validamente citado (CPC, art. 312). Antes da citação, o processo já existe, havendo relação jurídico-processual (CPC, art. 312). Com a citação, os efeitos da demanda passam a ser igualmente produzidos para o réu (CPC, art. 240). Em razão da citação, o réu se vincula ao processo e a seus efeitos. Ademais, a citação constitui requisito de validade para os atos processuais praticados contra o réu. Logo, a validade da sentença de procedência depende da citação do réu.

Proferida sentença em desfavor da Fazenda Pública, *em processo que correu à sua revelia*, quer porque não fora citada, quer porque o fora de maneira defeituosa, tal sentença está contaminada por *vícios transrescisórios*[16], e esses defeitos são arguidos na impugnação ao cumprimento da sentença. A impugnação veicula, nesse sentido, uma *querela nullitatis*, ou seja, a Fazenda Pública postula a nulidade da sentença, a fim de que seja reiniciada a fase de conhecimento.

A citação não é pressuposto de existência do processo ou da sentença. Essa observação é importante, pois, para quem pensa em sentido diverso, a *querela nullitatis* equipara-se a uma ação declaratória de inexistência da sentença[17], e não a uma ação de nulidade.

A citação é condição de eficácia do processo em relação ao réu e, além disso, requisito de validade dos atos processuais que lhe seguirem. Ademais, sentença proferida sem a citação do réu, mas a favor dele, não é inválida nem ineficaz, tendo em vista a total ausência de prejuízo (CPC, arts. 282, § 2º, e 488). O indeferimento da petição inicial, por exemplo, é uma sentença limi-

---

[16] TESHEINER, José Maria. *Pressupostos processuais e nulidades no processo civil.* São Paulo: Saraiva, 2000. p. 283.
[17] WAMBIER, Teresa Arruda Alvim. *Nulidades do processo e da sentença.* 4. ed. São Paulo: RT, 2004, *passim*; TALAMINI, Eduardo. *Coisa julgada e a sua revisão.* São Paulo: RT, 2005. p. 368.

nar, sem resolução do mérito, favorável ao réu e expressamente prevista no direito processual brasileiro. De igual modo, a sentença proferida com base no art. 332 do CPC é favorável ao réu que não foi nem sequer citado, o que confirma que existe processo e que não há invalidez ou ineficácia, quando o réu se sagra vitorioso sem ser citado.

Mesmo diante de vícios de tal gravidade, há possibilidade de suprimento do defeito pelo comparecimento do réu ao processo (CPC, art. 239, § 1º). Se a Fazenda Pública, regularmente intimada para cumprir a sentença proferida em processo com tal defeito, comparecer e não o apontar, convalidado estará o vício pela preclusão[18].

Nessa hipótese do inciso I do art. 535 do CPC, caso realmente se comprove que a citação foi inexistente ou inválida, deverá o juiz acolher a impugnação para anular a sentença, reiniciando toda a fase de conhecimento. Tal acolhimento somente poderá ocorrer se a Fazenda Pública tiver, na fase de conhecimento, sido revel. Se, mesmo ausente ou inválida a citação, a Fazenda apresentou regularmente, na fase de conhecimento, sua contestação, não deve ser acolhida impugnação, por não haver revelia.

8.5.3. Ilegitimidade de parte

A Fazenda Pública pode, em sua impugnação, alegar a ilegitimidade das partes *na fase de cumprimento de sentença*. Não lhe é permitido alegar a ilegitimidade para a demanda cognitiva. Esta última ilegitimidade há de ser alegada na fase de conhecimento. Operado o trânsito em julgado, tal alegação, que não tiver sido deduzida na fase de conhecimento, é tida como alegada e repelida (CPC, art. 508), não podendo ser suscitada na impugnação.

O que a Fazenda Pública pode invocar, em sua impugnação, é a ilegitimidade para o cumprimento da sentença, não se lhe franqueando a possibilidade de discutir a legitimidade relativa à própria demanda cognitiva, já que se trata de assunto já alcançado pela preclusão e, até mesmo, pela coisa julgada.

Embora o inciso II do art. 535 do CPC esteja normalmente relacionado à legitimidade *ad causam,* também é lícito, com base nele, arguir-se a *ilegitimidade processual* ou, até mesmo, a ausência de capacidade processual, como um defeito de representação processual, desde que esteja relacionado ao cumprimento da sentença.

---

[18] MIRANDA, Francisco Cavalcanti Pontes de. *Comentários ao Código de Processo Civil.* 2. ed. Rio de Janeiro: Forense, 1974. t. XI. p. 77.

8.5.4. Inexequibilidade do título ou inexigibilidade da obrigação

A Fazenda Pública pode, em sua impugnação, alegar inexequibilidade do título ou inexigibilidade da obrigação. Haverá inexequibilidade quando a decisão não ostentar a natureza de título executivo judicial ou quando lhe faltarem os atributos da respectiva obrigação (certeza e liquidez). A obrigação é inexigível quando penda alguma condição ou termo que iniba a eficácia do direito reconhecido na sentença. A obrigação consubstanciada no título executivo precisa ser *certa*, *líquida* e *exigível*.

Caberá a impugnação pela Fazenda Pública, com fundamento no inciso III do art. 535 do CPC, se, por exemplo, o exequente valer-se de sentença submetida a recurso com efeito suspensivo ou de sentença rescindida.

Realmente, interposta apelação com efeito suspensivo, a exigibilidade ainda não existe, não podendo ser promovido o cumprimento da sentença. De igual modo, promovido o cumprimento de sentença já rescindida por ação rescisória, será inexequível o título, devendo o executado apresentar impugnação.

8.5.5. Decisão fundada em lei ou ato normativo considerado inconstitucional pelo Supremo Tribunal Federal (CPC, art. 535, § 5º)

Já se viu que a Fazenda Pública pode, na impugnação, alegar inexigibilidade da obrigação reconhecida no título executivo judicial. O § 5º do art. 535 do CPC equipara à hipótese de inexigibilidade da obrigação a hipótese conhecida na doutrina como "coisa julgada inconstitucional".

O dispositivo equivale ao disposto no § 1º do art. 475-L do CPC/1973, que estava assim redigido: "Para efeito do disposto no inciso II do *caput* deste artigo, considera-se também inexigível o título judicial fundado em lei ou ato normativo declarados inconstitucionais pelo Supremo Tribunal Federal, ou fundado em aplicação ou interpretação da lei ou ato normativo tidas pelo Supremo Tribunal Federal como incompatíveis com a Constituição Federal".

Lendo o dispositivo, em cotejo com o texto do § 5º do art. 535 do CPC/2015, observa-se que este último contém o acréscimo da expressão "em controle de constitucionalidade concentrado ou difuso". Elimina-se, assim, uma discussão acerca do tipo de controle de constitucionalidade que rende ensejo à aplicação da regra.

O § 5º do art. 535 do CPC prevê uma causa de inexigibilidade da obrigação, mutilando a relação jurídica material, pois impede ou encobre o exercício da pretensão, a exemplo do que ocorre com a prescrição[19]. Permite-se ao executado resistir à satisfação do crédito, suscitando a inexigibilidade da obrigação.

Não é toda sentença inconstitucional que pode ter seu cumprimento obstado. Segundo Teori Albino Zavascki:

> São apenas três, portanto, os vícios de inconstitucionalidade que permitem a utilização do novo mecanismo: (a) a aplicação de lei inconstitucional; ou (b) a aplicação da lei a situação considerada inconstitucional; ou, ainda, (c) a aplicação da lei com um sentido (= uma interpretação) tido por inconstitucional. Há um elemento comum às três hipóteses: o da *inconstitucionalidade da norma aplicada* pela sentença. O que as diferencia é, apenas, a técnica utilizada para o reconhecimento dessa inconstitucionalidade. No primeiro caso (aplicação de lei inconstitucional) supõe-se a declaração de inconstitucionalidade com redução de texto. No segundo (aplicação da lei em situação tida por inconstitucional), supõe-se a técnica da declaração de inconstitucionalidade parcial sem redução de texto. E no terceiro (aplicação de lei com um sentido inconstitucional), supõe-se a técnica da interpretação conforme a Constituição[20].

A decisão do STF pode ter sido resultado do controle difuso ou concentrado da constitucionalidade das leis, desde que, em ambos os casos, tenha sido proferida pelo *Plenário*. É importante ressaltar que mesmo as decisões proferidas em controle difuso servem como paradigma para a aplicação do mencionado dispositivo, tendo em vista a eficácia *ultra partes* e *paradigmática* que vem sendo dada pelo STF a tais decisões, em fenômeno que já se designou de "objetivação do controle difuso de constitucionalidade". Para a aplicação do dispositivo, é desnecessária a resolução do Senado (CF, art. 52, X), suspendendo a vigência da lei[21].

---

[19] Sobre o tema, consultar, com proveito, SILVA, Beclaute Oliveira. Coisa julgada baseada em lei inconstitucional: análise sob o prisma da teoria das cargas de eficácia da sentença em Pontes de Miranda. In: COSTA, Eduardo José da Fonseca; MOURÃO, Luiz Eduardo Ribeiro; NOGUEIRA, Pedro Henrique Pedrosa (coords.). *Teoria quinária da ação*: estudos em homenagem a Pontes de Miranda nos 30 anos do seu falecimento. Salvador: JusPodivm, 2010.

[20] ZAVASCKI, Teori Albino. Inexigibilidade de sentenças inconstitucionais. In: DIDIER JR., Fredie (org.). *Relativização da coisa julgada* – enfoque crítico. 2. ed. Salvador: JusPodivm, 2006. p. 333.

[21] "É indiferente, também, que o precedente tenha sido tomado em controle concentrado ou difuso, ou que, nesse último caso, haja resolução do Senado suspendendo a execução da norma. Também essa distinção não está contemplada no texto normativo,

A aplicação do dispositivo pressupõe, ainda: *(a)* que a decisão do STF tenha sido anterior à formação do título judicial; *(b)* a lei – cuja inconstitucionalidade já tenha sido proclamada pelo STF – deve ter sido essencial para a procedência do pedido.

Com efeito, a pretensão executiva somente pode ter sua eficácia encoberta se o posicionamento do STF for *anterior* à sua prolação, de modo que ela tenha sido proferida com um *defeito genético*: já surgiu em desconformidade com a orientação do STF. Tanto é assim que o § 7º do art. 535 do CPC dispõe que "[a] decisão do Supremo Tribunal Federal referida no § 5º deve ter sido proferida antes do trânsito em julgado da decisão exequenda".

A regra não se aplica quando a decisão do STF tenha sido proferida posteriormente à formação do título judicial. Proferida a decisão do STF após o trânsito em julgado e não tendo havido modulação de efeitos pela Corte Suprema, a hipótese será de ação rescisória, ajuizada perante o tribunal competente, "cujo prazo será contado do trânsito em julgado da decisão proferida pelo Supremo Tribunal Federal" (CPC, art. 535, § 8º).

A hipótese de cabimento da ação rescisória prevista no § 8º do art. 535 do CPC não se confunde com a prevista no inciso V do art. 966 do mesmo diploma legal. Os pressupostos e a contagem do prazo para exercício do direito à rescisão são diversos.

Se o órgão jurisdicional decide contrariamente a entendimento já firmado pelo STF, será possível ao executado, no posterior cumprimento de sentença, apresentar impugnação para invocar a inexigibilidade do título (CPC, art. 535, § 5º). Nesse caso, a alegação tem por finalidade obstar o cumprimento da sentença, encobrindo a pretensão executiva. A impugnação não visa desfazer ou rescindir a decisão sob cumprimento; destina-se apenas a reconhecer sua ineficácia, sua inexigibilidade, impedindo que se prossiga com o cumprimento da sentença. Para desfazer ou rescindir a decisão, é preciso ajuizar a ação rescisória. Em tal hipótese, a rescisória terá por fundamento o inciso V do art. 966 do CPC, pois terá havido manifesta violação à norma

---

sendo de anotar que, de qualquer sorte, não seria cabível resolução do Senado na declaração de inconstitucionalidade parcial sem redução de texto e na que decorre da interpretação conforme a Constituição. Além de não prevista na lei, a distinção restritiva não é compatível com a evidente intenção do legislador, já referida, de valorizar a autoridade dos precedentes emanados do órgão judiciário guardião da Constituição, que não pode ser hierarquizada em função do procedimento em que se manifesta" (ZAVASCKI, Teori Albino. Inexigibilidade de sentenças inconstitucionais. In: DIDIER JR., Fredie (org.). *Relativização da coisa julgada – enfoque crítico*. 2. ed. Salvador: JusPodivm, 2006. p. 337).

jurídica: o órgão julgador decidiu contrariando a norma construída pelo STF ao interpretar o correspondente texto ou enunciado constitucional.

Enfim, se a desarmonia entre a decisão rescindenda e a orientação do STF for congênita, caberá ação rescisória com fundamento no inciso V do art. 966 do CPC. A obrigação é considerada inexigível, sendo possível, na impugnação ao cumprimento da sentença, alegar essa inexigibilidade (CPC, art. 535, §§ 5º e 7º). Só que a impugnação se restringe a obter o reconhecimento da inexigibilidade e a impedir o cumprimento da sentença; não desfaz ou rescinde a decisão nem permite a repetição de valores já pagos em razão da decisão proferida pelo órgão julgador. Se se pretende efetivamente desfazer ou rescindir a coisa julgada, aí será necessário o ajuizamento de ação rescisória, que terá por fundamento o inciso V do art. 966 do CPC.

A distinção é importante. A impugnação apenas reconhece a inexigibilidade e impede o cumprimento da sentença, não tendo o condão de desfazê-la nem de permitir que haja, por exemplo, a repetição do que já foi pago voluntariamente. Se o executado pretende receber o que pagou voluntariamente, terá de ajuizar ação rescisória para desfazer ou rescindir a decisão exequenda e, então, repetir o valor pago.

Se, porém, a desarmonia entre a decisão e o entendimento do Supremo Tribunal Federal vier a ocorrer depois da coisa julgada, aí a ação rescisória não terá fundamento no inciso V do art. 966 do CPC. Isso porque, nesse caso, quando fora proferida a decisão, não existia ainda pronunciamento do STF. Logo, não houve *manifesta violação* à norma jurídica. O órgão julgador não contrariou entendimento do Supremo Tribunal Federal, inexistente à época da decisão. Na hipótese de o Supremo Tribunal Federal proferir decisão contrária *após* o trânsito em julgado da decisão rescindenda, a rescisória terá por fundamento o § 8º do art. 535 do CPC. A hipótese é diversa.

Não se confundem, pois, as hipóteses do inciso V do art. 966 com a do § 8º do art. 535, ambos do CPC. Na *primeira* hipótese, a desarmonia entre a decisão rescindenda e o entendimento do STF há de ser congênita ou anterior ao trânsito em julgado. Na *segunda*, há de ser posterior. Ainda na segunda hipótese, não caberá a ação rescisória se o Supremo Tribunal Federal tiver modulado os efeitos de seu julgado em atenção à segurança jurídica. Realmente, se o STF tiver estabelecido no julgamento que seus efeitos são prospectivos, não alcançando situações anteriormente consolidadas, não haverá ação rescisória para desfazer decisões proferidas antes do pronunciamento da Corte Suprema.

A hipótese do inciso V do art. 966 difere, ainda, da do § 8º do seu art. 535 na contagem do prazo. Enquanto a rescisória do inciso V do art. 966 tem seu prazo contado a partir do trânsito em julgado da última decisão proferida no processo, a deste último tem seu prazo contado do trânsito em julgado da decisão proferida pelo Supremo Tribunal Federal.

Em suma, se a desarmonia entre a decisão rescindenda e a orientação do STF for congênita, a obrigação é considerada inexigível, sendo possível, na impugnação ao cumprimento da sentença, alegar essa inexigibilidade (CPC, art. 535, §§ 5º e 7º).

Se, ainda que afastada a lei tida como inconstitucional pelo STF, persistir a conclusão a que chegara o juiz, não faz sentido acolher a pretensão formulada na impugnação. É preciso, em outras palavras, que haja uma relação de *causa e efeito,* de sorte que, afastada a lei que fundamentara a sentença, o desfecho desta seja, inevitavelmente, alterado. Caso, afastada a lei invocada na fundamentação da sentença, esta mantenha sua conclusão, não há de ser acolhida a impugnação. Se, mesmo seguindo a orientação do STF, o juízo tenha condenado a Fazenda Pública ou julgado procedente o pedido do autor, não há razão para aceitar a impugnação. É por isso que, apresentada a impugnação, com fundamento no § 5º do art. 535 do CPC, terá o exequente a oportunidade de demonstrar que, ainda que a decisão observasse o entendimento do STF, o resultado seria o mesmo, tendo havido, de todo modo, a procedência do seu pedido, com a condenação do executado. Noutros termos, se o desatendimento ao entendimento do STF não impuser modificação na sentença, restando apenas por alterar sua fundamentação, não há razão para acolhimento da impugnação.

É relevante observar que a regra já existia, tendo sido inserida no ordenamento jurídico brasileiro desde abril de 2000, por meio de medida provisória, vindo a ser reeditada no CPC/1973 por força das modificações levadas a efeito pela Lei 11.232/2005. As coisas julgadas existentes até 11 de abril de 2000 *não* sofrem qualquer repercussão da regra, sob pena de afronta à garantia da irretroatividade da lei (CF, art. 5º, XXXVI). Aliás, esse é o entendimento do Superior Tribunal de Justiça, consolidado no Enunciado 487 de sua súmula de jurisprudência, que, referindo-se a dispositivo do CPC/1973, está assim redigido: "O parágrafo único do art. 741 do CPC não se aplica às sentenças transitadas em julgado em data anterior à da sua vigência".

Em novembro de 2023, o Plenário do STF, analisando a aplicação do art. 535, § 5º, do CPC no âmbito dos Juizados Especiais Federais, consolidou as seguintes teses, firmadas no âmbito do Tema 100 da Repercussão Geral (RE 586.068/PR): "1) é possível aplicar o artigo 741, parágrafo único, do CPC/73, atual art. 535, § 5º, do CPC/2015, aos feitos submetidos ao procedimento sumaríssimo, desde que o trânsito em julgado da fase de conhecimento seja posterior a 27.8.2001; 2) é admissível a invocação como fundamento da inexigibilidade de ser o título judicial fundado em 'aplicação ou interpretação tida como incompatível com a Constituição' quando houver pronunciamento jurisdicional, contrário ao decidido pelo Plenário do Supremo Tribunal Federal, seja no controle difuso, seja no controle concentrado de constitucionalidade; 3) o art. 59 da Lei 9.099/1995 não impede a desconstituição da coisa julgada quando o título executivo judicial se amparar em contrariedade à interpretação ou sentido da norma conferida pela Suprema Corte, anterior ou posterior ao trânsito em julgado, admitindo, respectivamente, o manejo (i) de impugnação ao cumprimento de sentença ou (ii) de simples petição, a ser apresentada em prazo equivalente ao da ação rescisória".

8.5.6. Excesso de execução ou cumulação indevida de execuções

De acordo com o art. 780 do CPC, "O exequente pode cumular várias execuções, ainda que fundadas em títulos diferentes, quando o executado for o mesmo e desde que para todas elas seja competente o mesmo juízo e idêntico o procedimento".

Como se vê, é possível a cumulação de várias execuções num mesmo processo. Para isso, é preciso, porém, que o juízo seja absolutamente competente para processá-las, devendo todas sujeitar-se ao mesmo procedimento. Se para cada execução corresponder um procedimento próprio, não será possível a cumulação de execuções.

Não se revela possível, porém, a cumulação de demandas executivas, uma delas, em título judicial, e outra, em título extrajudicial. Isso porque os procedimentos executivos possuem peculiaridades próprias que tornam impossível o processamento conjunto. O cumprimento da sentença tramita como fase de um processo já em curso, ao passo que a execução fundada em título extrajudicial deve trilhar o caminho traçado pelo processo autônomo de execução.

Além disso, são diversas as formas dos atos processuais. A Fazenda Pública, no cumprimento da sentença, defende-se pela impugnação, cujo objeto é limitado às matérias previstas no art. 535 do CPC. Já na execução fundada em título extrajudicial, a defesa da Fazenda Pública faz-se por embargos, por meio dos quais se permite a alegação de toda e qualquer matéria (CPC, art. 910, § 2º).

No tocante à cumulação de execuções fundadas em dois ou mais títulos judiciais distintos, a questão a ser enfrentada diz respeito à competência do juízo perante o qual se vai requerer a cumulação. Isso porque um dos requisitos de admissibilidade da cumulação diz respeito à competência do juízo para o processamento de cada uma das execuções cumuladas. A competência para a execução de créditos provenientes de certificação judicial é, em regra, do juízo da sentença (CPC, art. 516, I e II). Desse modo, somente o juízo perante o qual se formou o título é que tem competência para tomar providências executivas.

Pode-se afirmar, diante disso, que a cumulação de execuções fundadas em distintos títulos judiciais somente é possível se os títulos judiciais emanaram de um mesmo órgão jurisdicional, caso em que será sua a competência para executá-los.

Por fim, destaque-se que, mesmo sendo único o título executivo do qual se possa extrair distintos direitos a prestação, isso não quer dizer que será possível cumular, num só procedimento, todas essas demandas executivas. Do mesmo modo que é possível cumular execuções com base em títulos distintos, desde que atendidos os requisitos legais, é possível também que não seja lícito cumular execuções, ainda que seja único o título do qual emanem as pretensões executivas.

É possível, enfim, que, para cada capítulo decisório, o credor deva valer-se de um procedimento executivo próprio, não sendo possível, portanto, haver a cumulação das execuções. Não se permite, por exemplo, cumular o cumprimento de sentença de uma obrigação de fazer com o de uma obrigação de pagar quantia, pois os procedimentos não são idênticos.

Nas situações em que não seja possível cumular as duas execuções, já que cada uma submete-se a procedimento próprio, poderá a Fazenda Pública, se houver tal cumulação, ajuizar impugnação, a fim de que seja extinto o cumprimento da sentença. É possível, contudo, deixar de acolher a impugnação para impor a extinção completa da execução, determinando-se, ao contrário, o prosseguimento de apenas uma delas, em razão de a escolha a ser feita pelo exequente. Assim, deve o juiz intimá-lo para que faça sua escolha, optando por uma das execuções cumuladas.

Em sua impugnação, pode o executado alegar *excesso de execução*, que ocorre, de acordo com o § 2º do art. 917 do CPC, nas seguintes hipóteses: *(i)* quando o credor pleiteia quantia superior à do título; *(ii)* quando recai sobre coisa diversa daquela declarada no título; *(iii)* quando se processa de modo diferente do que foi determinado na sentença; *(iv)* quando o credor, sem cumprir a prestação que lhe corresponde, exige o adimplemento do devedor; *(v)* se o credor não provar que a condição se realizou.

Se, em sua impugnação, a Fazenda Pública alegar excesso de execução, deverá demonstrar em que consiste o excesso. Caso não se desincumba desse ônus, sua impugnação será rejeitada liminarmente. Havendo outras alegações além da de excesso de execução, esta última não será apreciada se não houver a demonstração do valor que seria o correto, prosseguindo-se o exame da impugnação nos demais pontos.

O disposto no § 2º do art. 535 do CPC supera o entendimento do STJ, firmado no julgamento REsp 1.387.248/SC, submetido ao regime dos recursos repetitivos. Ali o STJ concluiu que a *exceptio declinatoria quanti* não se aplica à Fazenda Pública. Tal entendimento do STJ, manifestado sob a égide do CPC/1973, não prevalece mais diante do CPC/2015. É que no § 2º do art. 535 está expresso que, "quando se alegar que o exequente, em excesso de execução, pleiteia quantia superior à resultante do título, cumprirá à executada declarar de imediato o valor que entende correto, sob pena de não conhecimento da arguição".

É preciso, porém, fazer uma advertência: a regra tem aplicação nos casos em que o valor da execução foi liquidado em fase própria ou, unilateralmente, pelo exequente, se isso for possível por simples cálculos aritméticos. Não raramente, porém, acontece a utilização abusiva da memória de cálculo prevista no art. 534 do CPC, em situações em que isso não era possível, pois exigiriam a dilação probatória para a verificação da extensão dos prejuízos. Nesses casos, o executado pode ter certeza de que o valor é despropositado, mas não pode afirmar de pronto quanto deve, exatamente porque é necessária a produção de provas em audiência, como as provas pericial e testemunhal.

Um exemplo talvez demonstre a importância dessa ponderação. Imagine uma sentença que, em uma demanda indenizatória, condenou a Fazenda Pública a ressarcir os lucros cessantes de uma empresa de transporte de passageiros, pelo fato de ela não ter podido utilizar um de seus ônibus durante determinado período. Na fase de liquidação, seria preciso provar a média de viagens feitas pelo ônibus em mês, bem como a média da ocupação, tendo em vista determinada rota, a lucratividade do negócio e ainda o percentual de beneficiários que têm direito a transporte gratuito (como idosos) etc. Imagine que o credor, unilateralmente, entendendo tratar-se de situação que permite a "liquidação unilateral", calcule o valor da obrigação e promova a execução. A Fazenda Pública poderá discutir o "excesso de execução", mas não terá como apresentar de pronto o valor que entende devido, exatamente porque o cálculo desse montante não prescinde da produção de provas em audiência e, pois, em contraditório. Nesses casos, há falta de liquidez da obrigação, pois o título dependeria de uma liquidação pelo procedimento comum, e não por simples cálculo do credor.

Na verdade, não incide, em casos como esse, a exigência de o executado demonstrar o valor devido ou em que consistiria o excesso. Não há, nessas situações, o ônus de demonstrar o valor que deveria ser executado. É que, rigorosamente, tais casos não constituem hipóteses de excesso de execução, revelando-se como situações de *iliquidez* da obrigação, afastando-se, portanto, o ônus da alegação, por parte do executado, do valor correto. À Fazenda Pública caberá apontar a *iliquidez* da obrigação, indicando a necessidade de uma liquidação pelo procedimento comum ou por arbitramento.

Fora dessas hipóteses que estão, em verdade, a configurar casos de iliquidez, a Fazenda Pública, quando impugnar alegando excesso de execução, deve demonstrar em que consiste o excesso, indicando o valor que entende ser devido. A impugnação será parcial, podendo a execução prosseguir na parte incontroversa, já com a expedição do precatório ou da RPV. Quanto à parte impugnada ou controvertida, a execução ficará suspensa.

8.5.7. Qualquer causa impeditiva, modificativa ou extintiva da obrigação, como pagamento, novação, compensação, transação ou prescrição, desde que superveniente à sentença

A Fazenda Pública, em sua impugnação, pode alegar qualquer fato impeditivo, modificativo ou extintivo da obrigação, seja uma exceção substancial, seja uma objeção substancial. O elenco de matérias constante do inciso VI do art. 535 do CPC é meramente exemplificativo, de sorte que *qualquer* fato *superveniente* que impeça, modifique ou extinga a obrigação pode ser alegado pela Fazenda Pública em sua impugnação.

É preciso, com efeito, que se trate de *fato superveniente ao trânsito em julgado da decisão exequenda.* O inciso VI do art. 535 do CPC alude a fato "superveniente ao trânsito em julgado da sentença". Os fatos supervenientes à sentença podem, ainda no curso da fase de conhecimento, ser alegados (CPC, art. 1.014 c/c o art. 493). Se o fato é *superveniente* à sentença, mas *anterior* ao trânsito em julgado, não poderá ser alegado na impugnação, não estando contido na hipótese do inciso VI do art. 535 do CPC. Isso porque será tido como alegado e repelido (CPC, art. 508).

Assim, a *prescrição,* por exemplo, deve atingir a pretensão executiva, e não a pretensão deduzida na demanda de conhecimento.

A Fazenda Pública pode, em sua impugnação, alegar uma compensação superveniente[22]. Segundo anotado em precedente do Superior Tribunal de Justiça, "é admissível a discussão quanto à compensação de valores restituídos

---

[22] STJ, 1ª Seção, EREsp 779.917/DF, Rel. Min. Eliana Calmon, *DJ* 1º.08.2006. p. 364.

em ajuste anual de imposto de renda com o valor objeto de execução contra a Fazenda Pública fundada em título judicial"[23].

Se a compensação era contemporânea à fase de conhecimento, mas não foi alegada ou foi alegada e rejeitada, não poderá mais ser alegada na impugnação ao cumprimento de sentença, pois terá havido preclusão ou efeito preclusivo da coisa julgada. A compensação que se pode alegar na impugnação ao cumprimento de sentença é apenas a superveniente, ou seja, a que diga respeito a crédito posterior, constituído após a fase de conhecimento.

Para alegar a compensação, à Fazenda Pública basta cumprir o que dispõe o art. 369 do Código Civil: "A compensação efetua-se entre dívidas líquidas, vencidas e de coisas fungíveis". Convém lembrar, ainda, que crédito prescrito não pode ser utilizado para fim de compensação, tendo em vista a regra do art. 190 do Código Civil, segundo a qual a exceção substancial prescreve concomitantemente com a pretensão a que esteja vinculada.

Impõe-se, ainda, observar ser possível que a Fazenda Pública apresente impugnação, alegando a existência de transação superveniente. A transação pode ser celebrada após a sentença ou, até mesmo, depois do trânsito em julgado. É lícito às partes celebrar transação sobre uma questão já resolvida judicialmente, a não ser que uma delas desconheça a existência do trânsito em julgado (CC, art. 850). Celebrada transação após a sentença, não deve ser proposto cumprimento da sentença, sob pena de ser ajuizada e acolhida a impugnação (CPC, art. 535, VI). Se a transação for celebrada quando já proferida sentença e ainda pendente apelação perante o tribunal, o procedimento recursal deverá ser extinto em razão da homologação do negócio jurídico pelo tribunal. Se a transação se der após o trânsito em julgado, quando os autos já retornaram ao juízo de primeira instância para o cumprimento da sentença, será deste a competência para homologar a transação no próprio procedimento executivo. Sendo homologada a transação, é a decisão que a homologou que passa a ser o título executivo (CPC, art. 515, II). Pode ter havido, porém, essa transação sem a respectiva homologação judicial. Nesse caso, se for executada a sentença, em sua versão original, a Fazenda Pública poderá ajuizar impugnação, reportando-se à transação e apresentando o seu respectivo instrumento.

---

[23] STJ, 2ª Turma, EDcl no REsp 910.692/DF, Rel. Min. Mauro Campbell Marques, *DJe* 12.11.2008.

8.5.8. Incompetência do juízo da execução, bem como suspeição ou impedimento do juiz

O cumprimento da sentença deve ser instaurado e processado perante o juízo que decidiu a causa em primeiro grau de jurisdição (CPC, art. 516, II) ou, se a causa é de competência originária de tribunal, deve a execução ser proposta no tribunal que proferiu o acórdão exequendo (CPC, art. 516, I).

Na impugnação, a Fazenda Pública pode alegar a incompetência do juízo *da execução,* não lhe sendo possível suscitar a incompetência do juízo quanto à fase de conhecimento, por se tratar de questão alcançada pela coisa julgada, a não ser que se trate de execução provisória. Neste último caso, poderá a incompetência ser alegada perante o tribunal, e não mais junto ao órgão *a quo*.

Ao juízo prolator da sentença, não cabe mais investigar sua competência. É que, proferida a sentença, o juiz não pode mais alterá-la (CPC, art. 494), nem mesmo para reconhecer sua incompetência absoluta. Proferida a sentença, não se afigura possível ao próprio juiz modificá-la ou anulá-la. Cabe à parte alegá-la no âmbito recursal. Operado o trânsito em julgado, haverá coisa julgada, não podendo mais a questão ser revista pelo próprio juízo, nem alegada no cumprimento da sentença ou na impugnação apresentada pelo executado.

Ainda que a sentença tenha sido proferida por juízo absolutamente incompetente, não se permite mais que tal incompetência possa ser discutida após o trânsito em julgado, salvo no âmbito da ação rescisória (CPC, art. 966, II), mas não no cumprimento da sentença ou na impugnação apresentada pelo executado. Logo, não é possível invocar tal vício na impugnação, sendo defeso ao juiz apreciar tal incompetência.

Nos termos do art. 535, V, do CPC, a incompetência do juízo da execução constitui matéria a ser alegada na impugnação. De igual modo, a incompetência do foro é matéria de impugnação. Enfim, tanto a incompetência absoluta como a relativa devem ser apresentadas em impugnação. Não há diferença quanto à forma de suscitação. Logo, deve qualquer incompetência, relativa ou absoluta, ser alegada na própria impugnação. Já a alegação de impedimento ou suspeição deve ser feita nos termos dos arts. 146 e 148 do CPC, em petição específica dirigida ao juiz do processo, fora do âmbito da impugnação. Arguido o impedimento ou a suspeição, o processo suspende-se (CPC, art. 313, III) até que o juiz acolha; se não o acolher, até que o relator decida manter ou não a suspensão (CPC, art. 146, § 2º).

Apresentada alegação de impedimento ou de suspeição, suspende-se o processo (CPC, art. 313, III). Nesse caso, suspendem-se, igualmente, os prazos (CPC, art. 221), inclusive aquele destinado ao oferecimento de impugnação.

8.6. EXECUÇÃO FUNDADA EM TÍTULO EXTRAJUDICIAL EM FACE DA FAZENDA PÚBLICA

8.6.1. Generalidades

Conforme já se acentuou, a execução contra a Fazenda Pública pode fundar-se em título judicial ou em título extrajudicial. Quando o título for judicial, há cumprimento de sentença contra a Fazenda Pública (CPC, arts. 534 e 535). Sendo extrajudicial, propõe-se a execução disciplinada no art. 910 do CPC. Tanto numa como noutra, é necessário observar o regime de precatórios ou de requisição de pequeno valor, previsto no art. 100 da Constituição Federal.

Já houve muita discussão sobre o cabimento de execução fundada em título extrajudicial contra a Fazenda Pública. Tal celeuma está superada. Não há mais dúvida quanto ao cabimento. Aliás, assim expressa o Enunciado 279 da Súmula do STJ: "É cabível execução por título extrajudicial contra a Fazenda Pública".

Na execução fundada em título extrajudicial, a Fazenda Pública não é citada para pagar ou expor-se à penhora, mas para, em 30 dias, opor embargos (CPC, art. 910). Não opostos os embargos ou transitada em julgado a decisão que os inadmitir ou rejeitar, deverá ser expedido precatório ou RPV, seguindo-se com a observância das normas contidas no art. 100 da Constituição Federal.

Em caso de litisconsórcio ativo, será considerado o valor devido a cada exequente, expedindo-se *cada* requisição de pagamento para *cada* um dos litisconsortes. Pode ocorrer, porém, de serem expedidas, simultaneamente, requisições de pequeno valor e requisições mediante precatório. Se houver uma grande quantidade de litisconsortes que comprometa a execução ou dificulte a defesa da Fazenda Pública nos embargos a serem apresentados, o juiz pode limitar a presença dos litisconsortes, aplicando-se o disposto nos §§ 1º e 2º do art. 113 do CPC[24].

Determinada a expedição do precatório pelo juiz, deverá o cartório judicial providenciar sua autuação com cópia das principais peças dos autos originários, entre elas a certidão de trânsito em julgado (requisito relevante diante do § 5º do art. 100 da CF) e a referência à natureza do crédito, se ali-

---

[24] Enunciado 386 do Fórum Permanente de Processualistas Civis: "A limitação do litisconsórcio facultativo multitudinário acarreta o desmembramento do processo". Enunciado 387 do Fórum Permanente de Processualistas Civis: "A limitação do litisconsórcio multitudinário não é causa de extinção do processo".

mentício ou não. Estando instruído e assinado pelo juiz, o precatório deverá ser encaminhado ao presidente do respectivo tribunal, sendo ali registrado, autuado e distribuído. O presidente do tribunal deverá inscrever o precatório e comunicar ao órgão competente para efetuar a ordem de despesa, a fim de que a Administração Pública passe a adotar as medidas necessárias e suficientes à abertura do crédito que liquidará a dívida mediante depósito bancário feito à disposição da presidência do tribunal.

Até 2021, o precatório havia de ser inscrito até o dia 1º de julho para que fosse o correspondente montante inserido no próprio orçamento que ainda seria aprovado, fazendo-se o pagamento até o final do exercício seguinte, quando o crédito terá o seu valor corrigido monetariamente. A partir de 2022, por força da mudança levada a efeito no § 5º do art. 100 da CF pela Emenda Constitucional 114/2021, o precatório há de ser inscrito até o dia 2 de abril, a fim de que seja o respectivo valor inserido no orçamento e pago até o final do exercício seguinte.

8.6.2. A defesa da Fazenda Pública na execução fundada em título extrajudicial: os embargos à execução

A Fazenda Pública, na execução fundada em título extrajudicial, defende-se por meio de embargos à execução. Proposta a execução, ela é citada para opor embargos no prazo de 30 dias. A contagem de tal prazo, nos termos do art. 219 do CPC, considera apenas os dias úteis.

Não há limitação cognitiva nos embargos à execução. De acordo com o § 2º do art. 910 do CPC, "nos embargos, a Fazenda Pública poderá alegar qualquer matéria que lhe seria lícito deduzir como defesa no processo de conhecimento". Enquanto na impugnação ao cumprimento da sentença a Fazenda Pública, somente pode alegar as matérias relacionadas no art. 535 do CPC, não há limite relativamente ao conteúdo dos embargos à execução.

Sendo a execução fundada em título extrajudicial, não há limitação cognitiva. A Fazenda Pública pode alegar toda e qualquer matéria. É nos embargos que a Fazenda Pública pode, inclusive, alegar incompetência absoluta ou relativa do juízo da execução, nos termos do art. 917, inciso V. A arguição de impedimento e de suspeição deve observar o disposto nos arts. 146 e 148.

O Superior Tribunal de Justiça, ao julgar o Recurso Especial 1.387.248/SC, submetido ao regime dos recursos repetitivos, confirmou ser indispensável apontar o valor que o executado entende correto, quando alegar excesso de execução. Em tal julgamento, a Fazenda Nacional, atuando como *amicus curiae*, defendeu que a regra não se aplica à Fazenda Pública, suscitando a questão a ser examinada pelo STJ.

Ao enfrentar a questão, o STJ concluiu que a *exceptio declinatoria quanti* não se aplica à Fazenda Pública. Tal entendimento do STJ, manifestado sob a égide do CPC/1973, não prevalece mais diante do CPC/2015. É que o § 3º do seu art. 910 determina a aplicação do disposto nos seus arts. 534 e 535. E, no § 2º do seu art. 535, está expresso que, "quando se alegar que o exequente, em excesso de execução, pleiteia quantia superior à resultante do título, cumprirá à executada declarar de imediato o valor que entende correto, sob pena de não conhecimento da arguição".

Ainda que assim não fosse, o STJ, na verdade, acolheu alegação da Fazenda Nacional segundo a qual "os credores de títulos executivos judiciais em desfavor da Fazenda Nacional promovem o cumprimento do julgado, indicando o valor que entendem devido, com base em documentos imprescindíveis à feitura dos cálculos que sequer constam dos autos".

O que se percebe é que o STJ generalizou uma situação particular. Quando a Fazenda Pública embargar alegando excesso de execução, deve, sim, indicar o valor que entende correto. A regra é geral, não havendo qualquer particularidade que a afaste da execução contra a Fazenda Pública. Afastá-la é desconsiderar os deveres de cooperação que devem ser cumpridos no processo, além de permitir dilações indevidas na execução contra a Fazenda Pública, o que não se revela adequado. A regra tem aplicação nos casos em que o valor da execução foi liquidado em fase própria ou, unilateralmente, pelo credor, se isso for possível por simples cálculos aritméticos.

Em regra, a Fazenda Pública deve submeter-se ao ônus da declinação do valor. Nos casos, entretanto, em que se exige a dilação probatória para a verificação dos valores, a Fazenda Pública pode ter certeza de que o valor é desproporcionado, mas não pode afirmar de pronto quanto deve, exatamente porque é necessária a produção de provas em audiência, como as provas pericial e testemunhal. *Nesses* casos (e não em *todos* os casos), não incide a exigência de a Fazenda Pública demonstrar o valor devido ou em que consistiria o excesso. Não há, *nessas* situações (e não em *todas* as situações), o ônus de demonstrar o valor que deveria ser executado. É que, rigorosamente, tais casos não constituem hipóteses de excesso de execução, revelando-se como situações de iliquidez da obrigação, afastando-se, portanto, o ônus da alegação, por parte do executado, do valor correto. Ao executado caberá apontar a iliquidez da obrigação, indicando a necessidade de uma liquidação por artigos ou por arbitramento.

Opostos embargos pela Fazenda Pública, a execução suspende-se. Os embargos da Fazenda contêm efeito suspensivo automático. Nos termos do § 1º do art. 919 do CPC, "o juiz poderá, a requerimento do embargante, atribuir efeito suspensivo aos embargos quando verificados os requisitos para a concessão da tutela provisória e desde que a execução já esteja garantida por penhora, depósito ou caução suficientes". Tal dispositivo não se aplica à execução proposta contra a Fazenda Pública pelos seguintes motivos: *(a)* o efeito suspensivo depende de penhora, depósito ou caução. A Fazenda Pública não se sujeita a penhora, depósito nem caução, não precisando garantir o juízo; *(b)* a expedição de precatório ou RPV depende do prévio trânsito em julgado (CF, art. 100, §§ 3º e 5º), de sorte que somente pode ser determinado o pagamento se não houver mais qualquer discussão quanto ao valor executado. Por esse motivo, os embargos opostos pela Fazenda Pública devem ser recebidos no efeito suspensivo. Não é por outra razão, aliás, que o § 1º do art. 910 do CPC estabelece que somente será expedido, ou o precatório ou a RPV, se não forem opostos os embargos ou se já houver trânsito em julgado da decisão que os rejeitar. Enquanto não houver trânsito em julgado da decisão, não se expede precatório nem RPV. O dispositivo alinha-se ao § 5º do art. 100 da Constituição Federal, que exige trânsito em julgado. Logo, os embargos têm efeito suspensivo.

Quando os embargos forem parciais, a execução, nos termos do § 3º do art. 919 do CPC, prosseguirá quanto à parte não embargada. Tal regra aplica-se aos embargos opostos pela Fazenda Pública. Nesse caso, a execução deve prosseguir relativamente ao valor equivalente à parte incontroversa, expedindo-se, quanto a essa parte, o precatório. Em tal situação, não está havendo o fracionamento vedado no § 8º do art. 100 da Constituição Federal, pois não se trata de intenção do exequente de repartir o valor para receber uma parte por RPV e outra por precatório.

Os embargos assumem forma de ação de conhecimento, devendo ser deduzida por petição inicial que atenda aos seus requisitos, entre os quais desponta o valor da causa. O valor da causa nos embargos à execução não deve coincidir, necessariamente, com o valor da execução ou do crédito cobrado; deve corresponder ao proveito econômico a ser auferido. Se os embargos se voltam contra a totalidade do crédito, uma vez acolhidos, o proveito econômico consiste em deixar de pagar tudo o que está sendo cobrado. Nesse caso, o valor da causa será o mesmo da execução. Caso seja alegado, nos embargos, excesso de execução, o valor da causa deve corresponder à diferença entre o que está sendo exigido e o que foi reconhecido pelo embargante[25].

---

[25] Nesse sentido: STJ, 4ª Turma, REsp 1.001.725/SP, Rel. Min. Aldir Passarinho Junior, *DJ* 05.05.2008. No mesmo sentido: STJ, 1ª Turma, REsp 584.983/PE, Rel. Min. Luiz Fux, *DJ* 31.05.2004. p. 218.

Os embargos opostos pela Fazenda Pública podem ser rejeitados liminarmente nas hipóteses previstas no art. 918 do CPC, bem como naquela prevista no § 3º do art. 917 do CPC. Em outras palavras, serão rejeitados liminarmente os embargos quando intempestivos, nos casos de inépcia e de improcedência liminar, quando manifestamente infundados ou protelatórios, ou quando for alegado excesso de execução, sem que seja apontado o valor correto ou demonstrado em que consiste o excesso (não desincumbimento do ônus de opor a *exceptio declinatoria quanti*) – CPC, art. 917, § 4º, I.

O ato do juiz que rejeita liminarmente os embargos, indeferindo, desde logo, a petição inicial, é uma sentença. Logo, é cabível a apelação prevista no art. 331 do CPC, sendo conferido ao juiz o poder de retratar-se.

Recebidos os embargos pela Fazenda Pública, a execução fica suspensa, devendo o juiz determinar a intimação do embargado para se manifestar no prazo de 15 dias (CPC, art. 920, I). Em seguida, o juiz julgará imediatamente o pedido ou designará audiência (CPC, art. 920, II). Encerrada a instrução, ele proferirá sentença (CPC, art. 920, III).

Inadmitidos ou rejeitados os embargos opostos pela Fazenda Pública, a sentença não está sujeita a remessa necessária[26]. Segundo entendimento do STJ, "a sentença que rejeita ou julga improcedentes os embargos à execução opostos pela Fazenda Pública não está sujeita ao reexame necessário"[27].

Segundo o art. 1.012, § 1º, III, do CPC, a apelação interposta contra a sentença que extinga sem resolução do mérito ou rejeite os embargos não tem efeito suspensivo. Só que a expedição de precatório ou de RPV depende do prévio trânsito em julgado (CF, art. 100, §§ 3º e 5º), de modo que somente pode ser determinado o pagamento se não houver qualquer discussão quanto ao valor executado. Por causa disso, a apelação contra sentença que extingue sem resolução do mérito ou julga improcedentes os embargos à execução contra a Fazenda Pública, mercê das referidas exigências constitucionais, há de ser recebida no duplo efeito. Vale dizer que o art. 1.012, § 1º, III, do CPC não se aplica a execuções por quantia certa contra a Fazenda Pública.

---

[26] Nesse sentido, o Enunciado 158 da II Jornada de Direito Processual Civil, do Conselho da Justiça Federal: "A sentença de rejeição dos embargos à execução opostos pela Fazenda Pública não está sujeita à remessa necessária".

[27] STJ, 2ª Turma, REsp 1.107.662/SP, Rel. Min. Mauro Campbell Marques, *DJe* 02.12.2010; STJ, 1ª Turma, AgRg no REsp 1.253.018/BA, Rel. Min. Arnaldo Esteves Lima, *DJe* 16.04.2013.

BIBLIOGRAFIA

ARENHART, Sérgio Cruz. *A tutela inibitória da vida privada*. São Paulo: RT, 2000.

ASSIS, Araken de. *Comentários ao Código de Processo Civil*. São Paulo: RT, 2000. v. 9.

ASSIS, Araken de. *Manual da execução*. 18. ed. São Paulo: RT, 2016.

AVELINO, Murilo Teixeira. *Fazenda Pública em juízo*. Salvador: JusPodivm, 2022.

ÁVILA, Ana Paula Oliveira. *O princípio da impessoalidade da Administração Pública:* para uma Administração imparcial. Rio de Janeiro: Renovar, 2004.

ÁVILA, Humberto. *Teoria dos princípios:* da definição à aplicação dos princípios jurídicos. 9. ed. São Paulo: Malheiros, 2009.

BARREIRA, Wagner. Precatório. *Enciclopédia Saraiva do Direito*. São Paulo: Saraiva, 1977. v. 60.

BARREIROS, Lorena Miranda Santos. *Convenções processuais e Poder Público*. Salvador: JusPodivm, 2016.

BUENO, Cassio Scarpinella. *Comentários ao Código de Processo Civil*. São Paulo: Saraiva, 2018. v. X.

BUENO, Cassio Scarpinella. Execução por quantia certa contra a Fazenda Pública – uma proposta atual de sistematização. In: SHIMURA, Sérgio; WAMBIER, Teresa Arruda Alvim (coords.). *Processo de execução*. São Paulo: RT, 2001.

BUENO, Cassio Scarpinella. *Manual do Poder Público em juízo*. São Paulo: Saraiva, 2022.

CÂMARA, Alexandre Freitas. *Lições de Direito Processual Civil*. 7. ed. Rio de Janeiro: Lumen Juris, 2003. v. 2.

CARVALHO, Vladmir Souza. Iniciação ao estudo do precatório. *Revista de informação legislativa*. Brasília, n. 76, out.-dez. 1982.

CUNHA, Lásaro Cândido da. *Precatório:* execução contra a Fazenda Pública. Belo Horizonte: Del Rey, 1999.

CUNHA, Leonardo Carneiro da. *A Fazenda Pública em juízo*. 20. ed. Rio de Janeiro: Forense, 2023.

DELGADO, José Augusto. Execução de quantia certa contra a Fazenda Pública – Inexigibilidade de precatório requisitório quando se tratar de crédito de natureza alimentícia – Art. 100 da Constituição Federal. *Revista de processo*. São Paulo: RT, n. 57, jan.-mar. 1999.

DIDIER JR., Fredie; FERNANDEZ, Leandro. *O Conselho Nacional de Justiça e o direito processual*: administração judiciária, boas práticas e competência normativa. Salvador: JusPodivm, 2021.

FACCI, Lucio Picanço. *Meios adequados de resolução de conflitos administrativos*: a experiência da Câmara de Conciliação e Arbitragem da Administração Federal. Rio de Janeiro: Lumen Juris, 2019.

FACCI, Lúcio Picanço. *Meios adequados de resolução de conflitos administrativos*: a experiência da Câmara de Conciliação e Arbitragem da Administração Federal. 2. ed. Rio de Janeiro: Lumen Juris, 2021.

FEDERIGHI, Wanderley José. *A execução contra a Fazenda Pública*. São Paulo: Saraiva, 1996.

FERRAZ JÚNIOR, Tércio Sampaio. Comentários ao art. 173. *Constituição Federal comentada*. Rio de Janeiro: Forense, 2018.

FIGUEIRA JÚNIOR, Joel Dias. *Comentários à novíssima reforma do CPC*: Lei 10.444, de 7 de maio de 2002. Rio de Janeiro: Forense, 2002.

FIGUEIREDO, Lucia Valle. *Curso de Direito Administrativo*. 3. ed. São Paulo: Malheiros, 1998.

FRANCO, Fernão Borba. A execução de sentença "mandamental" e de obrigação de fazer: possibilidade de prisão como meio coercitivo. In: BUENO, Cassio Scarpinella; ALVIM, Eduardo Arruda; WAMBIER, Teresa Arruda Alvim (coords.). *Aspectos polêmicos e atuais do mandado de segurança*. São Paulo: RT, 2002.

FRANCO, Fernão Borba. *Execução em face da Fazenda Pública*. São Paulo: Juarez de Oliveira, 2002.

FURTADO, Paulo. *Execução*. 2. ed. São Paulo: Saraiva, 1991.

GARCEZ, Martinho. *Das execuções de sentença*: na Justiça Federal, na Justiça do Distrito Federal e na Justiça dos Estados. Rio de Janeiro: Jacintho Ribeiro dos Santos Editor, 1928. v. 1.

GORDILLO, Agustín. *Tratado de derecho administrativo*. 3. ed. Buenos Aires: Macchi, 1995. t. 2.

GRAMSTRUP, Erik Frederico. Conselho Nacional de Justiça e controle externo: roteiro geral. *Reforma do Judiciário*: primeiras reflexões sobre a Emenda Constitucional n. 45/2004. São Paulo: RT, 2005.

GRECO FILHO, Vicente. Prisão por desobediência. *Revista do Instituto dos Advogados do Paraná* 20:195-196, Curitiba, 1992.

GUERRA, Marcelo Lima. Execução contra o Poder Público. *Revista de Processo*, São Paulo: RT, v. 100, out.-dez. 2000, p. 74-76.

GUERRA, Marcelo Lima. *Execução indireta*. São Paulo: RT, 1998.

LIMA, Raimundo Márcio Ribeiro. *Administração Pública dialógica*. Curitiba: Juruá, 2013.

MEIRELLES, Hely Lopes. *Mandado de segurança, ação popular, ação civil pública, mandado de injunção, "habeas data", ação direta de inconstitucionalidade, ação declaratória de constitucionalidade e arguição de descumprimento de preceito fundamental.* 23. ed. atual. por Arnoldo Wald e Gilmar Ferreira Mendes. São Paulo: Malheiros, 2001.

MELLO, Celso Antônio Bandeira de. *Curso de Direito Administrativo*. 13. ed. São Paulo: Malheiros, 1999.

MIRANDA, Francisco Cavalcanti Pontes de. *Comentários à Constituição de 1967*. São Paulo: RT, 1967. t. III.

MIRANDA, Francisco Cavalcanti Pontes de. *Comentários ao Código de Processo Civil*. 2. ed. Rio de Janeiro: Forense, 1974. t. XI.

MOREIRA, José Carlos Barbosa. A Emenda Constitucional nº 45 e o processo. *Temas de direito processual (nona série)*. São Paulo: Saraiva, 2007.

MOREIRA NETO, Diogo de Figueiredo. *Sociedade, Estado e Administração Pública*. Rio de Janeiro: Topbooks, 1995.

NEIVA, Geisa Rosignoli. *Conciliação e mediação pela Administração Pública*: parâmetros para sua efetivação. Rio de Janeiro: Lumen Juris, 2019.

NUNES, Dierle; TEIXEIRA, Ludmila. *Acesso à justiça democrático*. Brasília: Gazeta Jurídica, 2013.

PEIXOTO, Ravi. *Manual dos precatórios*. Londrina: Thoth, 2023.

PEIXOTO, Ravi; AVELINO, Murilo. *Consensualidade e Poder Público*. Salvador: Jus-Podvim, 2022.

SILVA, Almiro do Couto e. Os indivíduos e o Estado na realização de tarefas públicas. *Conceitos fundamentais do direito no Estado Constitucional*. São Paulo: Malheiros, 2015.

SILVA, Américo Luís Martins da. *Do precatório-requisitório na execução contra a Fazenda Pública*. Rio de Janeiro: Lumen Juris, 1996.

SILVA, Beclaute Oliveira. Coisa julgada baseada em lei inconstitucional: análise sob o prisma da teoria das cargas de eficácia da sentença em Pontes de Miranda. In: COSTA, Eduardo José da Fonseca; MOURÃO, Luiz Eduardo Ribeiro; NOGUEIRA, Pedro Henrique Pedrosa (coords.). *Teoria quinária da ação*: estudos em homenagem a Pontes de Miranda nos 30 anos do seu falecimento. Salvador: JusPodivm, 2010.

SILVA, Ricardo Perlingeiro Mendes da. *Execução contra a Fazenda Pública*. São Paulo: Malheiros, 1999.

SILVA, Ovídio A. Baptista da. *Curso de Processo Civil*. 3. ed. São Paulo: RT, 1998. v. 2.

STOCO, Rui. Os precatórios judiciais e a intervenção no Estado ou Municípios. *Revista dos Tribunais*, São Paulo: RT, v. 739, maio 1997.

TALAMINI, Eduardo. *Coisa julgada e a sua revisão*. São Paulo: RT, 2005.

TALAMINI, Eduardo. *Tutela relativa aos deveres de fazer e de não fazer*. São Paulo: RT, 2001.

TAVARES, André Ramos. *Reforma do Judiciário no Brasil pós-88*: (des)estruturando a Justiça. São Paulo: Saraiva, 2005.

TESHEINER, José Maria. *Pressupostos processuais e nulidades no processo civil*. São Paulo: Saraiva, 2000.

THEODORO JÚNIOR, Humberto. Aspectos processuais do precatório na execução contra a Fazenda Pública. *Revista Dialética de Direito Processual*, São Paulo: Dialética, v. 22, jan. 2005.

TONIN, Mauricio Morais. *Arbitragem, mediação e outros métodos de solução de conflitos envolvendo o Poder Público*. São Paulo: Almedina, 2019.

VIANA, Juvêncio Vasconcelos. *Execução contra a Fazenda Pública*. São Paulo: Dialética, 1998.

VIANA, Juvêncio Vasconcelos. Novas considerações acerca da execução contra a Fazenda Pública. *Revista Dialética de Direito Processual*, São Paulo: Dialética, v. 5, ago. 2003.

WAMBIER, Teresa Arruda Alvim. *Nulidades do processo e da sentença*. 4. ed. São Paulo: RT, 2004.

ZAVASCKI, Teori Albino. *Antecipação da tutela*. São Paulo: Saraiva, 1997.

ZAVASCKI, Teori Albino. Inexigibilidade de sentenças inconstitucionais. In: DIDIER JR., Fredie (org.). *Relativização da coisa julgada* – enfoque crítico. 2. ed. Salvador: JusPodivm, 2006.

ANEXO

Legislação pertinente à matéria dos precatórios, Súmulas do STF e do STJ, Temas de Repercussão Geral em Recurso Extraordinário, Teses fixadas pelo STJ em temas repetitivos, Enunciados e *Leading cases* comentados.

1. LEGISLAÇÃO PERTINENTE À MATÉRIA DOS PRECATÓRIOS

EMENDA CONSTITUCIONAL 94, DE 15 DE DEZEMBRO DE 2016

> Altera o art. 100 da Constituição Federal, para dispor sobre o regime de pagamento de débitos públicos decorrentes de condenações judiciais; e acrescenta dispositivos ao Ato das Disposições Constitucionais Transitórias, para instituir regime especial de pagamento para os casos em mora.

As Mesas da Câmara dos Deputados e do Senado Federal, nos termos do § 3º do art. 60 da Constituição Federal, promulgam a seguinte Emenda ao texto constitucional:

Art. 1º O art. 100 da Constituição Federal passa a vigorar com a seguinte redação:

"Art. 100. (...)

(...)

§ 2º Os débitos de natureza alimentícia cujos titulares, originários ou por sucessão hereditária, tenham 60 (sessenta) anos de idade, ou sejam portadores de doença grave, ou pessoas com deficiência, assim definidos na forma da lei, serão pagos com preferência sobre todos os demais débitos, até o valor equivalente ao triplo fixado em lei para os fins do disposto no § 3º deste artigo, admitido o fracionamento para essa finalidade, sendo que o restante será pago na ordem cronológica de apresentação do precatório.

(...)

§ 17. A União, os Estados, o Distrito Federal e os Municípios aferirão mensalmente, em base anual, o comprometimento de suas respectivas receitas correntes líquidas com o pagamento de precatórios e obrigações de pequeno valor.

§ 18. Entende-se como receita corrente líquida, para os fins de que trata o § 17, o somatório das receitas tributárias, patrimoniais, industriais, agropecuárias, de contribuições e de serviços, de transferências correntes e outras receitas correntes, incluindo as oriundas do § 1º do art. 20 da Constituição Federal, verificado no período compreendido pelo segundo mês imediatamente anterior ao de referência e os 11 (onze) meses precedentes, excluídas as duplicidades, e deduzidas:

I – na União, as parcelas entregues aos Estados, ao Distrito Federal e aos Municípios por determinação constitucional;

II – nos Estados, as parcelas entregues aos Municípios por determinação constitucional;

III – na União, nos Estados, no Distrito Federal e nos Municípios, a contribuição dos servidores para custeio de seu sistema de previdência e assistência social e as receitas provenientes da compensação financeira referida no § 9º do art. 201 da Constituição Federal.

§ 19. Caso o montante total de débitos decorrentes de condenações judiciais em precatórios e obrigações de pequeno valor, em período de 12 (doze) meses, ultrapasse a média do comprometimento percentual da receita corrente líquida nos 5 (cinco) anos imediatamente anteriores, a parcela que exceder esse percentual poderá ser financiada, excetuada dos limites de endividamento de que tratam os incisos VI e VII do art. 52 da Constituição Federal e de quaisquer outros limites de endividamento previstos, não se aplicando a esse financiamento a vedação de vinculação de receita prevista no inciso IV do art. 167 da Constituição Federal.

§ 20. Caso haja precatório com valor superior a 15% (quinze por cento) do montante dos precatórios apresentados nos termos do § 5º deste artigo, 15% (quinze por cento) do valor deste precatório serão pagos até o final do exercício seguinte e o restante em parcelas iguais nos cinco exercícios subsequentes, acrescidas de juros de mora e correção monetária, ou mediante acordos diretos, perante Juízos Auxiliares de Conciliação de Precatórios, com redução máxima de 40% (quarenta por cento) do valor do crédito atualizado, desde que em relação ao crédito não penda recurso ou defesa judicial e que sejam observados os requisitos definidos na regulamentação editada pelo ente federado." (NR)

Art. 2º O Ato das Disposições Constitucionais Transitórias passa a vigorar acrescido dos seguintes arts. 101 a 105:

"Art. 101. Os Estados, o Distrito Federal e os Municípios que, em 25 de março de 2015, estiverem em mora com o pagamento de seus precatórios quitarão até 31 de dezembro de 2020 seus débitos vencidos e os que vencerão dentro desse período, depositando, mensalmente, em conta especial do Tribunal de Justiça local, sob única e exclusiva administração desse, 1/12 (um doze avos) do valor calculado percentualmente sobre as respectivas receitas correntes líquidas, apuradas no segundo mês anterior ao mês de pagamento, em percentual suficiente para a quitação de seus débitos e, ainda que variável, nunca inferior, em cada exercício, à média do comprometimento percentual da receita corrente líquida no período de 2012 a 2014, em conformidade com plano de pagamento a ser anualmente apresentado ao Tribunal de Justiça local.

§ 1º Entende-se como receita corrente líquida, para os fins de que trata este artigo, o somatório das receitas tributárias, patrimoniais, industriais, agropecuárias, de contribuições e de serviços, de transferências correntes e outras receitas correntes, incluindo as oriundas do § 1º do art. 20 da Constituição Federal, verificado no período compreendido pelo segundo mês imediatamente anterior ao de referência e os 11 (onze) meses precedentes, excluídas as duplicidades, e deduzidas:

I – nos Estados, as parcelas entregues aos Municípios por determinação constitucional;

II – nos Estados, no Distrito Federal e nos Municípios, a contribuição dos servidores para custeio de seu sistema de previdência e assistência social e as receitas provenientes da compensação financeira referida no § 9º do art. 201 da Constituição Federal.

§ 2º O débito de precatórios poderá ser pago mediante a utilização de recursos orçamentários próprios e dos seguintes instrumentos:

I – até 75% (setenta e cinco por cento) do montante dos depósitos judiciais e dos depósitos administrativos em dinheiro referentes a processos judiciais ou administrativos, tributários ou não tributários, nos quais o Estado, o Distrito Federal ou os Municípios, ou suas autarquias, fundações e empresas estatais dependentes, sejam parte;

II - até 20% (vinte por cento) dos demais depósitos judiciais da localidade, sob jurisdição do respectivo Tribunal de Justiça, excetuados os destinados à quitação de créditos de natureza alimentícia, mediante instituição de fundo garantidor composto pela parcela restante dos depósitos judiciais, destinando-se:

a) no caso do Distrito Federal, 100% (cem por cento) desses recursos ao próprio Distrito Federal;

b) no caso dos Estados, 50% (cinquenta por cento) desses recursos ao próprio Estado e 50% (cinquenta por cento) a seus Municípios;

III - contratação de empréstimo, excetuado dos limites de endividamento de que tratam os incisos VI e VII do art. 52 da Constituição Federal e de quaisquer outros limites de endividamento previstos, não se aplicando a esse empréstimo a vedação de vinculação de receita prevista no inciso IV do art. 167 da Constituição Federal."

"Art. 102. Enquanto viger o regime especial previsto nesta Emenda Constitucional, pelo menos 50% (cinquenta por cento) dos recursos que, nos termos do art. 101 deste Ato das Disposições Constitucionais Transitórias, forem destinados ao pagamento dos precatórios em mora serão utilizados no pagamento segundo a ordem cronológica de apresentação, respeitadas as preferências dos créditos alimentares, e, nessas, as relativas à idade, ao estado de saúde e à deficiência, nos termos do § 2º do art. 100 da Constituição Federal, sobre todos os demais créditos de todos os anos.

Parágrafo único. A aplicação dos recursos remanescentes, por opção a ser exercida por Estados, Distrito Federal e Municípios, por ato do respectivo Poder Executivo, observada a ordem de preferência dos credores, poderá ser destinada ao pagamento mediante acordos diretos, perante Juízos Auxiliares de Conciliação de Precatórios, com redução máxima de 40% (quarenta por cento) do valor do crédito atualizado, desde que em relação ao crédito não penda recurso ou defesa judicial e que sejam observados os requisitos definidos na regulamentação editada pelo ente federado."

"Art. 103. Enquanto os Estados, o Distrito Federal e os Municípios estiverem efetuando o pagamento da parcela mensal devida como previsto no *caput* do art. 101 deste Ato das Disposições Constitucionais Transitórias, nem eles, nem as respectivas autarquias, fundações e empresas estatais dependentes poderão sofrer sequestro de valores, exceto no caso de não liberação tempestiva dos recursos."

"Art. 104. Se os recursos referidos no art. 101 deste Ato das Disposições Constitucionais Transitórias para o pagamento de precatórios não forem tempestivamente liberados, no todo ou em parte:

I – o Presidente do Tribunal de Justiça local determinará o sequestro, até o limite do valor não liberado, das contas do ente federado inadimplente;

II – o chefe do Poder Executivo do ente federado inadimplente responderá, na forma da legislação de responsabilidade fiscal e de improbidade administrativa;

III – a União reterá os recursos referentes aos repasses ao Fundo de Participação dos Estados e do Distrito Federal e ao Fundo de Participação dos Municípios e os depositará na conta especial referida no art. 101 deste Ato das Disposições Constitucionais Transitórias, para utilização como nele previsto;

IV – os Estados reterão os repasses previstos no parágrafo único do art. 158 da Constituição Federal e os depositarão na conta especial referida no art. 101 deste Ato das Disposições Constitucionais Transitórias, para utilização como nele previsto.

Parágrafo único. Enquanto perdurar a omissão, o ente federado não poderá contrair empréstimo externo ou interno, exceto para os fins previstos no § 2º do art. 101 deste Ato das Disposições Constitucionais Transitórias, e ficará impedido de receber transferências voluntárias."

"Art. 105. Enquanto viger o regime de pagamento de precatórios previsto no art. 101 deste Ato das Disposições Constitucionais Transitórias, é facultada aos credores de precatórios, próprios ou de terceiros, a compensação com débitos de natureza tributária ou de outra natureza que até 25 de março de 2015 tenham sido inscritos na dívida ativa dos Estados, do Distrito Federal ou dos Municípios, observados os requisitos definidos em lei própria do ente federado.

Parágrafo único. Não se aplica às compensações referidas no *caput* deste artigo qualquer tipo de vinculação, como as transferências a outros entes e as destinadas à educação, à saúde e a outras finalidades."

Art. 3º Esta Emenda Constitucional entra em vigor na data de sua publicação.

Brasília, em 15 de dezembro de 2016.

Mesa da Câmara dos Deputados	Mesa do Senado Federal
Deputado Rodrigo Maia Presidente	Senador Renan Calheiros Presidente
Deputado Waldir Maranhão 1º Vice-Presidente	Senador Jorge Viana 1º Vice-Presidente
Deputado Giacobo 2º Vice-Presidente	Senador Romero Jucá 2º Vice-Presidente
Deputado Beto Mansur 1º Secretário	Senador Vicentinho Alves 1º Secretário
Deputado Felipe Bornier 2º Secretário	Senador Zeze Perrella 2º Secretário
Deputada Mara Gabrilli 3ª Secretária	Senador Gladson Cameli 3º Secretário
Deputado Alex Canziani 4º Secretário	Senadora Ângela Portela 4ª Secretária

Este texto não substitui o publicado no *DOU* 16.12.2016.

*

EMENDA CONSTITUCIONAL 99, DE 14 DE DEZEMBRO DE 2017

Altera o art. 101 do Ato das Disposições Constitucionais Transitórias, para instituir novo regime especial de pagamento de precatórios, e os arts. 102, 103 e 105 do Ato das Disposições Constitucionais Transitórias.

As Mesas da Câmara dos Deputados e do Senado Federal, nos termos do § 3º do art. 60 da Constituição Federal, promulgam a seguinte Emenda ao texto constitucional:

Art. 1º O art. 101 do Ato das Disposições Constitucionais Transitórias passa a vigorar com as seguintes alterações:

"Art. 101. Os Estados, o Distrito Federal e os Municípios que, em 25 de março de 2015, se encontravam em mora no pagamento de seus precatórios quitarão, até 31 de dezembro de 2024, seus débitos vencidos e os que vencerão dentro desse período, atualizados pelo Índice Nacional de Preços ao Consumidor Amplo Especial (IPCA-E), ou por outro índice que venha a substituí-lo, depositando mensalmente em conta especial do Tribunal de Justiça local, sob única e exclusiva administração deste, 1/12 (um doze avos) do valor calculado percentualmente sobre suas receitas correntes líquidas apuradas no segundo mês anterior ao mês de pagamento, em percentual suficiente para a quitação de seus débitos e, ainda que variável, nunca inferior, em cada exercício, ao percentual praticado na data da entrada em vigor do regime especial a que se refere este artigo, em conformidade com plano de pagamento a ser anualmente apresentado ao Tribunal de Justiça local.

(...)

§ 2º O débito de precatórios será pago com recursos orçamentários próprios provenientes das fontes de receita corrente líquida referidas no § 1º deste artigo e, adicionalmente, poderão ser utilizados recursos dos seguintes instrumentos:

I – até 75% (setenta e cinco por cento) dos depósitos judiciais e dos depósitos administrativos em dinheiro referentes a processos judiciais ou administrativos, tributários ou não tributários, nos quais sejam parte os Estados, o Distrito Federal ou os Municípios, e as respectivas autarquias, fundações e empresas estatais dependentes, mediante a instituição de fundo garantidor em montante equivalente a 1/3 (um terço) dos recursos levantados, constituído pela parcela restante dos depósitos judiciais e remunerado pela taxa referencial do Sistema Especial de Liquidação e de Custódia (Selic) para títulos federais, nunca inferior aos índices e critérios aplicados aos depósitos levantados;

II – até 30% (trinta por cento) dos demais depósitos judiciais da localidade sob jurisdição do respectivo Tribunal de Justiça, mediante a instituição de fundo garantidor em montante equivalente aos recursos levantados, constituído pela parcela restante dos depósitos judiciais e remunerado pela taxa referencial do Sistema Especial de Liquidação e de Custódia (Selic) para títulos federais, nunca inferior aos índices e critérios aplicados aos depósitos levantados, destinando-se:

(...)

b) no caso dos Estados, 50% (cinquenta por cento) desses recursos ao próprio Estado e 50% (cinquenta por cento) aos respectivos Municípios, conforme a circunscrição judiciária onde estão depositados os recursos, e, se houver mais de um Município na mesma circunscrição judiciária, os recursos serão rateados entre os Municípios concorrentes, proporcionalmente às respectivas populações, utilizado como referência o último levantamento censitário ou a mais recente estimativa populacional da Fundação Instituto Brasileiro de Geografia e Estatística (IBGE);

III – empréstimos, excetuados para esse fim os limites de endividamento de que tratam os incisos VI e VII do *caput* do art. 52 da Constituição Federal e quaisquer outros limites de endividamento previstos em lei, não se aplicando a esses empréstimos a vedação de vinculação de receita prevista no inciso IV do *caput* do art. 167 da Constituição Federal;

IV – a totalidade dos depósitos em precatórios e requisições diretas de pagamento de obrigações de pequeno valor efetuados até 31 de dezembro de 2009 e ainda não levantados, com o cancelamento dos respectivos requisitórios e a baixa das obrigações, assegurada a revalidação dos requisitórios pelos juízos dos processos perante os Tribunais, a requerimento dos credores e após a oitiva da entidade devedora, mantidas a posição de ordem cronológica original e a remuneração de todo o período.

§ 3º Os recursos adicionais previstos nos incisos I, II e IV do § 2º deste artigo serão transferidos diretamente pela instituição financeira depositária para a conta especial referida no *caput* deste artigo, sob única e exclusiva administração do Tribunal de Justiça local, e essa transferência deverá ser realizada em até sessenta dias contados a partir da entrada em vigor deste parágrafo, sob pena de responsabilização pessoal do dirigente da instituição financeira por improbidade.

§ 4º No prazo de até seis meses contados da entrada em vigor do regime especial a que se refere este artigo, a União, diretamente, ou por intermédio das instituições financeiras oficiais sob seu controle, disponibilizará aos Estados, ao Distrito Federal e aos Municípios, bem como às respectivas autarquias, fundações e empresas estatais dependentes, linha de crédito especial para pagamento dos precatórios submetidos ao regime especial de pagamento de que trata este artigo, observadas as seguintes condições:

I – no financiamento dos saldos remanescentes de precatórios a pagar a que se refere este parágrafo serão adotados os índices e critérios de atualização que incidem sobre o pagamento de precatórios, nos termos do § 12 do art. 100 da Constituição Federal;

II – o financiamento dos saldos remanescentes de precatórios a pagar a que se refere este parágrafo será feito em parcelas mensais suficientes à satisfação da dívida assim constituída;

III – o valor de cada parcela a que se refere o inciso II deste parágrafo será calculado percentualmente sobre a receita corrente líquida, respectivamente, do Estado, do Distrito Federal e do Município, no segundo mês anterior ao pagamento, em percentual equivalente à média do comprometimento percentual mensal de 2012 até o final do período referido no *caput* deste artigo, considerados para esse fim somente os recursos próprios de cada ente da Federação aplicados no pagamento de precatórios;

IV – nos empréstimos a que se refere este parágrafo não se aplicam os limites de endividamento de que tratam os incisos VI e VII do *caput* do art. 52 da Constituição Federal e quaisquer outros limites de endividamento previstos em lei." (NR)

Art. 2º O art. 102 do Ato das Disposições Constitucionais Transitórias passa a vigorar acrescido do seguinte § 2º, numerando-se o atual parágrafo único como § 1º:

"Art. 102. (...)

§ 1º (...)

§ 2º Na vigência do regime especial previsto no art. 101 deste Ato das Disposições Constitucionais Transitórias, as preferências relativas à idade, ao estado de saúde e à deficiência serão atendidas até o valor equivalente ao quíntuplo fixado em lei para os fins do disposto no § 3º do art. 100 da Constituição Federal, admitido o fracionamento para essa finalidade, e o restante será pago em ordem cronológica de apresentação do precatório." (NR)

Art. 3º O art. 103 do Ato das Disposições Constitucionais Transitórias passa a vigorar acrescido do seguinte parágrafo único:

"Art. 103. (...)

Parágrafo único. Na vigência do regime especial previsto no art. 101 deste Ato das Disposições Constitucionais Transitórias, ficam vedadas desapropriações pelos Estados, pelo Distrito Federal e pelos Municípios, cujo estoques de precatórios ainda pendentes de pagamento, incluídos os precatórios a pagar de suas entidades da administração indireta, sejam superiores a 70% (setenta por cento) das respectivas receitas correntes líquidas, excetuadas as desapropriações para fins de necessidade pública nas áreas de saúde, educação, segurança pública, transporte público, saneamento básico e habitação de interesse social." (NR)

Art. 4º O art. 105 do Ato das Disposições Constitucionais Transitórias passa a vigorar acrescido dos seguintes § 2º e 3º, numerando-se o atual parágrafo único como § 1º:

"Art. 105. (...)

§ 1º (...)

§ 2º Os Estados, o Distrito Federal e os Municípios regulamentarão nas respectivas leis o disposto no *caput* deste artigo em até cento e vinte dias a partir de 1º de janeiro de 2018.

§ 3º Decorrido o prazo estabelecido no § 2º deste artigo sem a regulamentação nele prevista, ficam os credores de precatórios autorizados a exercer a faculdade a que se refere o *caput* deste artigo." (NR).

Art. 5º Esta Emenda Constitucional entra em vigor na data de sua publicação.

Mesa da Câmara dos Deputados	Mesa do Senado Federal
Deputado Rodrigo Maia Presidente	Senador Eunício Oliveira Presidente
Deputado Fábio Ramalho 1º Vice-Presidente	Senador Cássio Cunha Lima 1º Vice-Presidente
Deputado André Fufuca 2º Vice-Presidente	Senador João Alberto Souza 2º Vice-Presidente
Deputado Giacobo 1º Secretário	Senador José Pimentel 1º Secretário
Deputada Mariana Carvalho 2ª Secretária	Senador Gladson Cameli 2º Secretário
Deputado JHC 3º Secretário	Senador Davi Alcolumbre 3º Secretário-Suplente
Deputado Rômulo Gouveia 4º Secretário	Senador Zeze Perrella 4º Secretário

Este texto não substitui o publicado no *DOU* 15.12.2017.

EMENDA CONSTITUCIONAL 109, DE 15 DE MARÇO DE 2021

> Altera os arts. 29-A, 37, 49, 84, 163, 165, 167, 168 e 169 da Constituição Federal e os arts. 101 e 109 do Ato das Disposições Constitucionais Transitórias; acrescenta à Constituição Federal os arts. 164-A, 167- A, 167-B, 167-C, 167-D, 167-E, 167-F e 167-G; revoga dispositivos do Ato das Disposições Constitucionais Transitórias e institui regras transitórias sobre redução de benefícios tributários; desvincula parcialmente o superávit financeiro de fundos públicos; e suspende condicionalidades para realização de despesas com concessão de auxílio emergencial residual para enfrentar as consequências sociais e econômicas da pandemia da Covid-19.

As Mesas da Câmara dos Deputados e do Senado Federal, nos termos do § 3º do art. 60 da Constituição Federal, promulgam a seguinte Emenda ao texto constitucional:

Art. 1º A Constituição Federal passa a vigorar com as seguintes alterações:

"Art. 29-A. O total da despesa do Poder Legislativo Municipal, incluídos os subsídios dos Vereadores e os demais gastos com pessoal inativo e pensionistas, não poderá ultrapassar os seguintes percentuais, relativos ao somatório da receita tributária e das transferências previstas no § 5º do art. 153 e nos arts. 158 e 159 desta Constituição, efetivamente realizado no exercício anterior: (Vigência)

(...)" (NR)

"Art. 37. (...)

(...)

§ 16. Os órgãos e entidades da administração pública, individual ou conjuntamente, devem realizar avaliação das políticas públicas, inclusive com divulgação do objeto a ser avaliado e dos resultados alcançados, na forma da lei." (NR)

"Art. 49. (...)

(...)

XVIII – decretar o estado de calamidade pública de âmbito nacional previsto nos arts. 167-B, 167-C, 167-D, 167-E, 167-F e 167-G desta Constituição." (NR)

"Art. 84. (...)

(...)

XXVIII – propor ao Congresso Nacional a decretação do estado de calamidade pública de âmbito nacional previsto nos arts. 167-B, 167-C, 167-D, 167-E, 167-F e 167-G desta Constituição.

(...)" (NR)

"Art. 163. (...)

(...)

VIII – sustentabilidade da dívida, especificando:

a) indicadores de sua apuração;

b) níveis de compatibilidade dos resultados fiscais com a trajetória da dívida;

c) trajetória de convergência do montante da dívida com os limites definidos em legislação;

d) medidas de ajuste, suspensões e vedações;

e) planejamento de alienação de ativos com vistas à redução do montante da dívida.

Parágrafo único. A lei complementar de que trata o inciso VIII do *caput* deste artigo pode autorizar a aplicação das vedações previstas no art. 167-A desta Constituição." (NR)

"Art. 164-A. A União, os Estados, o Distrito Federal e os Municípios devem conduzir suas políticas fiscais de forma a manter a dívida pública em níveis sustentáveis, na forma da lei complementar referida no inciso VIII do *caput* do art. 163 desta Constituição.

Parágrafo único. A elaboração e a execução de planos e orçamentos devem refletir a compatibilidade dos indicadores fiscais com a sustentabilidade da dívida."

"Art. 165. (...)

(...)

§ 2º A lei de diretrizes orçamentárias compreenderá as metas e prioridades da administração pública federal, estabelecerá as diretrizes de política fiscal e respectivas metas, em consonância com trajetória sustentável da dívida pública, orientará a elaboração da lei orçamentária anual, disporá sobre as alterações na legislação tributária e estabelecerá a política de aplicação das agências financeiras oficiais de fomento.

(...)

§ 16. As leis de que trata este artigo devem observar, no que couber, os resultados do monitoramento e da avaliação das políticas públicas previstos no § 16 do art. 37 desta Constituição." (NR)

"Art. 167. (...)

(...)

XIV – a criação de fundo público, quando seus objetivos puderem ser alcançados mediante a vinculação de receitas orçamentárias específicas ou mediante a execução direta por programação orçamentária e financeira de órgão ou entidade da administração pública.

(...)

§ 4º É permitida a vinculação das receitas a que se referem os arts. 155, 156, 157, 158 e as alíneas "a", "b", "d" e "e" do inciso I e o inciso II do *caput* do art. 159 desta Constituição para pagamento de débitos com a União e para prestar-lhe garantia ou contragarantia.

(...)

§ 6º Para fins da apuração ao término do exercício financeiro do cumprimento do limite de que trata o inciso III do *caput* deste artigo, as receitas das operações de crédito efetuadas no contexto da gestão da dívida pública mobiliária federal somente serão consideradas no exercício financeiro em que for realizada a respectiva despesa." (NR)

"Art. 167-A. Apurado que, no período de 12 (doze) meses, a relação entre despesas correntes e receitas correntes supera 95% (noventa e cinco por cento), no âmbito dos Estados, do Distrito Federal e dos Municípios, é facultado aos Poderes Executivo, Legislativo e Judiciário, ao Ministério Público, ao Tribunal de Contas e à Defensoria Pública do ente, enquanto permanecer a situação, aplicar o mecanismo de ajuste fiscal de vedação da:

I – concessão, a qualquer título, de vantagem, aumento, reajuste ou adequação de remuneração de membros de Poder ou de órgão, de servidores e empregados públicos e de militares, exceto dos derivados de sentença judicial transitada em julgado ou de determinação legal anterior ao início da aplicação das medidas de que trata este artigo;

II – criação de cargo, emprego ou função que implique aumento de despesa;

III – alteração de estrutura de carreira que implique aumento de despesa;

IV – admissão ou contratação de pessoal, a qualquer título, ressalvadas:

a) as reposições de cargos de chefia e de direção que não acarretem aumento de despesa;

b) as reposições decorrentes de vacâncias de cargos efetivos ou vitalícios;

c) as contratações temporárias de que trata o inciso IX do *caput* do art. 37 desta Constituição; e

d) as reposições de temporários para prestação de serviço militar e de alunos de órgãos de formação de militares;

V – realização de concurso público, exceto para as reposições de vacâncias previstas no inciso IV deste *caput*;

VI – criação ou majoração de auxílios, vantagens, bônus, abonos, verbas de representação ou benefícios de qualquer natureza, inclusive os de cunho indenizatório, em favor de membros de Poder, do Ministério Público ou da Defensoria Pública e de servidores e empregados públicos e de militares, ou ainda de seus dependentes, exceto quando derivados de sentença judicial transitada em julgado ou de determinação legal anterior ao início da aplicação das medidas de que trata este artigo;

VII – criação de despesa obrigatória;

VIII – adoção de medida que implique reajuste de despesa obrigatória acima da variação da inflação, observada a preservação do poder aquisitivo referida no inciso IV do *caput* do art. 7º desta Constituição;

IX – criação ou expansão de programas e linhas de financiamento, bem como remissão, renegociação ou refinanciamento de dívidas que impliquem ampliação das despesas com subsídios e subvenções;

X – concessão ou ampliação de incentivo ou benefício de natureza tributária.

§ 1º Apurado que a despesa corrente supera 85% (oitenta e cinco por cento) da receita corrente, sem exceder o percentual mencionado no *caput* deste artigo, as medidas nele indicadas podem ser, no todo ou em parte, implementadas por atos do Chefe do Poder Executivo com vigência imediata, facultado aos demais Poderes e órgãos autônomos implementá-las em seus respectivos âmbitos.

§ 2º O ato de que trata o § 1º deste artigo deve ser submetido, em regime de urgência, à apreciação do Poder Legislativo.

§ 3º O ato perde a eficácia, reconhecida a validade dos atos praticados na sua vigência, quando:

I – rejeitado pelo Poder Legislativo;

II – transcorrido o prazo de 180 (cento e oitenta) dias sem que se ultime a sua apreciação; ou

III – apurado que não mais se verifica a hipótese prevista no § 1º deste artigo, mesmo após a sua aprovação pelo Poder Legislativo.

§ 4º A apuração referida neste artigo deve ser realizada bimestralmente.

§ 5º As disposições de que trata este artigo:

I – não constituem obrigação de pagamento futuro pelo ente da Federação ou direitos de outrem sobre o erário;

II – não revogam, dispensam ou suspendem o cumprimento de dispositivos constitucionais e legais que disponham sobre metas fiscais ou limites máximos de despesas.

§ 6º Ocorrendo a hipótese de que trata o *caput* deste artigo, até que todas as medidas nele previstas tenham sido adotadas por todos os Poderes e órgãos nele mencionados, de acordo com declaração do respectivo Tribunal de Contas, é vedada:

I – a concessão, por qualquer outro ente da Federação, de garantias ao ente envolvido;

II – a tomada de operação de crédito por parte do ente envolvido com outro ente da Federação, diretamente ou por intermédio de seus fundos, autarquias, fundações ou empresas estatais dependentes, ainda que sob a forma de novação, refinanciamento ou postergação de dívida contraída anteriormente, ressalvados os financiamentos destinados a projetos específicos celebrados na forma de operações típicas das agências financeiras oficiais de fomento."

"Art. 167-B. Durante a vigência de estado de calamidade pública de âmbito nacional, decretado pelo Congresso Nacional por iniciativa privativa do Presidente da República, a União deve adotar regime extraordinário fiscal, financeiro e de contratações para atender às necessidades dele decorrentes, somente naquilo em que a urgência for incompatível com o regime regular, nos termos definidos nos arts. 167-C, 167-D, 167-E, 167-F e 167-G desta Constituição."

"Art. 167-C. Com o propósito exclusivo de enfrentamento da calamidade pública e de seus efeitos sociais e econômicos, no seu período de duração, o Poder Executivo federal pode adotar processos simplificados de contratação de pessoal, em caráter temporário e emergencial, e de obras, serviços e compras que assegurem, quando possível, competição e igualdade de condições a todos os concorrentes, dispensada a observância do § 1º do art. 169 na contratação de que trata o inciso IX do *caput* do art. 37 desta Constituição, limitada a dispensa às situações de que trata o referido inciso, sem prejuízo do controle dos órgãos competentes."

"Art. 167-D. As proposições legislativas e os atos do Poder Executivo com propósito exclusivo de enfrentar a calamidade e suas consequências sociais e econômicas, com vigência e efeitos restritos à sua duração, desde que não impliquem despesa obrigatória de caráter continuado, ficam dispensados da observância das limitações legais quanto à criação, à expansão ou ao aperfeiçoamento de ação governamental que acarrete aumento de despesa e à concessão ou à ampliação de incentivo ou benefício de natureza tributária da qual decorra renúncia de receita.

Parágrafo único. Durante a vigência da calamidade pública de âmbito nacional de que trata o art. 167-B, não se aplica o disposto no § 3º do art. 195 desta Constituição."

"Art. 167-E. Fica dispensada, durante a integralidade do exercício financeiro em que vigore a calamidade pública de âmbito nacional, a observância do inciso III do *caput* do art. 167 desta Constituição."

"Art. 167-F. Durante a vigência da calamidade pública de âmbito nacional de que trata o art. 167-B desta Constituição:

I – são dispensados, durante a integralidade do exercício financeiro em que vigore a calamidade pública, os limites, as condições e demais restrições aplicáveis à União para a contratação de operações de crédito, bem como sua verificação;

II – o superávit financeiro apurado em 31 de dezembro do ano imediatamente anterior ao reconhecimento pode ser destinado à cobertura de despesas oriundas das medidas de combate à calamidade pública de âmbito nacional e ao pagamento da dívida pública.

§ 1º Lei complementar pode definir outras suspensões, dispensas e afastamentos aplicáveis durante a vigência do estado de calamidade pública de âmbito nacional.

§ 2º O disposto no inciso II do *caput* deste artigo não se aplica às fontes de recursos:

I – decorrentes de repartição de receitas a Estados, ao Distrito Federal e a Municípios;

II – decorrentes das vinculações estabelecidas pelos arts. 195, 198, 201, 212, 212-A e 239 desta Constituição;

III – destinadas ao registro de receitas oriundas da arrecadação de doações ou de empréstimos compulsórios, de transferências recebidas para o atendimento de finalidades determinadas ou das receitas de capital produto de operações de financiamento celebradas com finalidades contratualmente determinadas."

"Art. 167-G. Na hipótese de que trata o art. 167-B, aplicam-se à União, até o término da calamidade pública, as vedações previstas no art. 167-A desta Constituição.

§ 1º Na hipótese de medidas de combate à calamidade pública cuja vigência e efeitos não ultrapassem a sua duração, não se aplicam as vedações referidas nos incisos II, IV, VII, IX e X do *caput* do art. 167-A desta Constituição.

§ 2º Na hipótese de que trata o art. 167-B, não se aplica a alínea "c" do inciso I do *caput* do art. 159 desta Constituição, devendo a transferência a que se refere aquele dispositivo ser efetuada nos mesmos montantes transferidos no exercício anterior à decretação da calamidade.

§ 3º É facultada aos Estados, ao Distrito Federal e aos Municípios a aplicação das vedações referidas no *caput*, nos termos deste artigo, e, até que as tenham adotado na integralidade, estarão submetidos às restrições do § 6º do art. 167-A desta Constituição, enquanto perdurarem seus efeitos para a União."

"Art. 168. (...)

§ 1º É vedada a transferência a fundos de recursos financeiros oriundos de repasses duodecimais.

§ 2º O saldo financeiro decorrente dos recursos entregues na forma do *caput* deste artigo deve ser restituído ao caixa único do Tesouro do ente federativo, ou terá seu valor deduzido das primeiras parcelas duodecimais do exercício seguinte." (NR)

"Art. 169. A despesa com pessoal ativo e inativo e pensionistas da União, dos Estados, do Distrito Federal e dos Municípios não pode exceder os limites estabelecidos em lei complementar.

(...)" (NR)

Art. 2º O Ato das Disposições Constitucionais Transitórias passa a vigorar com as seguintes alterações:

"Art. 101. Os Estados, o Distrito Federal e os Municípios que, em 25 de março de 2015, se encontravam em mora no pagamento de seus precatórios quitarão, até 31 de dezembro de 2029, seus débitos vencidos e os que vencerão dentro desse período, atualizados pelo Índice Nacional de Preços ao Consumidor Amplo Especial (IPCA-E), ou por outro índice que venha a substituí-lo, depositando mensalmente em conta especial do Tribunal de Justiça local, sob única e exclusiva administração deste, 1/12 (um doze avos) do valor calculado percentualmente sobre suas receitas correntes líquidas apuradas no segundo mês anterior ao mês de pagamento, em percentual suficiente para a quitação de seus débitos e, ainda que variável, nunca inferior, em cada exercício, ao percentual praticado na data da entrada em vigor do regime especial a que se refere este artigo, em conformidade com plano de pagamento a ser anualmente apresentado ao Tribunal de Justiça local.

(...)

§ 4º (Revogado).

I – (revogado);

II – (revogado);

III – (revogado);

IV – (revogado)." (NR)

"Art. 109. Se verificado, na aprovação da lei orçamentária, que, no âmbito das despesas sujeitas aos limites do art. 107 deste Ato das Disposições Constitucionais Transitórias, a proporção da despesa obrigatória primária em relação à despesa primária total foi superior a 95% (noventa e cinco por cento), aplicam-se ao respectivo Poder ou órgão, até o final do exercício a que se refere a lei orçamentária, sem prejuízo de outras medidas, as seguintes vedações:

I – concessão, a qualquer título, de vantagem, aumento, reajuste ou adequação de remuneração de membros de Poder ou de órgão, de servidores e empregados públicos e de militares, exceto dos derivados de sentença judicial transitada em julgado ou de determinação legal anterior ao início da aplicação das medidas de que trata este artigo;

(...)

IV – admissão ou contratação de pessoal, a qualquer título, ressalvadas:

a) as reposições de cargos de chefia e de direção que não acarretem aumento de despesa;

b) as reposições decorrentes de vacâncias de cargos efetivos ou vitalícios;

c) as contratações temporárias de que trata o inciso IX do *caput* do art. 37 da Constituição Federal; e

d) as reposições de temporários para prestação de serviço militar e de alunos de órgãos de formação de militares;

(...)

VI – criação ou majoração de auxílios, vantagens, bônus, abonos, verbas de representação ou benefícios de qualquer natureza, inclusive os de cunho indenizatório, em favor de membros de Poder, do Ministério Público ou da Defensoria Pública, de servidores e empregados públicos e de militares, ou ainda de seus dependentes, exceto quando derivados de sentença judicial transitada em julgado ou de determinação legal anterior ao início da aplicação das medidas de que trata este artigo;

(...)

IX – aumento do valor de benefícios de cunho indenizatório destinados a qualquer membro de Poder, servidor ou empregado da administração pública e a seus dependentes, exceto quando derivado de sentença judicial transitada em julgado ou de determinação legal anterior ao início da aplicação das medidas de que trata este artigo.

§ 1º As vedações previstas nos incisos I, III e VI do *caput* deste artigo, quando acionadas as vedações para qualquer dos órgãos elencados nos incisos II, III e IV do *caput* do art. 107 deste Ato das Disposições Constitucionais Transitórias, aplicam-se ao conjunto dos órgãos referidos em cada inciso.

§ 2º Caso as vedações de que trata o *caput* deste artigo sejam acionadas para o Poder Executivo, ficam vedadas:

(...)

§ 3º Caso as vedações de que trata o *caput* deste artigo sejam acionadas, fica vedada a concessão da revisão geral prevista no inciso X do *caput* do art. 37 da Constituição Federal.

§ 4º As disposições deste artigo:

I – não constituem obrigação de pagamento futuro pela União ou direitos de outrem sobre o erário;

II – não revogam, dispensam ou suspendem o cumprimento de dispositivos constitucionais e legais que disponham sobre metas fiscais ou limites máximos de despesas; e

III – aplicam-se também a proposições legislativas.

§ 5º O disposto nos incisos II, IV, VII e VIII do *caput* e no § 2º deste artigo não se aplica a medidas de combate a calamidade pública nacional cuja vigência e efeitos não ultrapassem a sua duração." (NR)

Art. 3º Durante o exercício financeiro de 2021, a proposição legislativa com o propósito exclusivo de conceder auxílio emergencial residual para enfrentar as consequências sociais e econômicas da pandemia da Covid-19 fica dispensada da observância das limitações legais quanto à criação, à expansão ou ao aperfeiçoamento de ação governamental que acarrete aumento de despesa.

§ 1º As despesas decorrentes da concessão do auxílio referido no *caput* deste artigo realizadas no exercício financeiro de 2021 não são consideradas, até o limite de R$ 44.000.000.000,00 (quarenta e quatro bilhões de reais), para fins de:

I – apuração da meta de resultado primário estabelecida no *caput* do art. 2º da Lei nº 14.116, de 31 de dezembro de 2020;

II – limite para despesas primárias estabelecido no inciso I do *caput* do art. 107 do Ato das Disposições Constitucionais Transitórias.

§ 2º As operações de crédito realizadas para custear a concessão do auxílio referido no *caput* deste artigo ficam ressalvadas do limite estabelecido no inciso III do *caput* do art. 167 da Constituição Federal.

§ 3º A despesa de que trata este artigo deve ser atendida por meio de crédito extraordinário.

§ 4º A abertura do crédito extraordinário referido no § 3º deste artigo dar-se-á independentemente da observância dos requisitos exigidos no § 3º do art. 167 da Constituição Federal.

§ 5º O disposto neste artigo aplica-se apenas à União, vedada sua adoção pelos Estados, pelo Distrito Federal e pelos Municípios.

Art. 4º O Presidente da República deve encaminhar ao Congresso Nacional, em até 6 (seis) meses após a promulgação desta Emenda Constitucional, plano de redução gradual de incentivos e benefícios federais de natureza tributária, acompanhado das correspondentes proposições legislativas e das estimativas dos respectivos impactos orçamentários e financeiros.

§ 1º As proposições legislativas a que se refere o *caput* devem propiciar, em conjunto, redução do montante total dos incentivos e benefícios referidos no *caput* deste artigo:

I – para o exercício em que forem encaminhadas, de pelo menos 10% (dez por cento), em termos anualizados, em relação aos incentivos e benefícios vigentes por ocasião da promulgação desta Emenda Constitucional;

II – de modo que esse montante, no prazo de até 8 (oito) anos, não ultrapasse 2% (dois por cento) do produto interno bruto.

§ 2º O disposto no *caput* deste artigo, bem como o atingimento das metas estabelecidas no § 1º deste artigo, não se aplica aos incentivos e benefícios:

I – estabelecidos com fundamento na alínea "d" do inciso III do *caput* e no parágrafo único do art. 146 da Constituição Federal;

II – concedidos a entidades sem fins lucrativos com fundamento na alínea "c" do inciso VI do *caput* do art. 150 e no § 7º do art. 195 da Constituição Federal;

III – concedidos aos programas de que trata a alínea "c" do inciso I do *caput* do art. 159 da Constituição Federal;

~~IV – relativos ao regime especial estabelecido nos termos do art. 40 do Ato das Disposições Constitucionais Transitórias e às áreas de livre comércio e zonas francas estabelecidas na forma da lei;~~

IV – relativos ao regime especial estabelecido nos termos do art. 40 do Ato das Disposições Constitucionais Transitórias, às áreas de livre comércio e zonas francas e à política industrial para o setor de tecnologias da informação e comunicação e para o setor de semicondutores, na forma da lei; (Redação dada pela Emenda Constitucional nº 121, de 2022)

V – relacionados aos produtos que compõem a cesta básica; e

VI – concedidos aos programas estabelecidos em lei destinados à concessão de bolsas de estudo integrais e parciais para estudantes de cursos superiores em instituições privadas de ensino superior, com ou sem fins lucrativos.

§ 3º Para efeitos deste artigo, considera-se incentivo ou benefício de natureza tributária aquele assim definido na mais recente publicação do demonstrativo a que se refere o § 6º do art. 165 da Constituição Federal.

§ 4º Lei complementar tratará de:

I – critérios objetivos, metas de desempenho e procedimentos para a concessão e a alteração de incentivo ou benefício de natureza tributária, financeira ou creditícia para pessoas jurídicas do qual decorra diminuição de receita ou aumento de despesa;

II – regras para a avaliação periódica obrigatória dos impactos econômico-sociais dos incentivos ou benefícios de que trata o inciso I deste parágrafo, com divulgação irrestrita dos respectivos resultados;

III – redução gradual de incentivos fiscais federais de natureza tributária, sem prejuízo do plano emergencial de que trata o *caput* deste artigo.

Art. 5º O superávit financeiro das fontes de recursos dos fundos públicos do Poder Executivo, exceto os saldos decorrentes do esforço de arrecadação dos servidores civis e militares da União, apurado ao final de cada exercício, poderá ser destinado: (Redação dada pela Emenda Constitucional nº 127, de 2022)

§ 1º No período de que trata o inciso I do *caput* deste artigo, se o ente não tiver dívida pública a amortizar, o superávit financeiro das fontes de recursos dos fundos públicos do Poder Executivo será de livre aplicação. (Redação dada pela Emenda Constitucional nº 127, de 2022)

§ 2º Não se aplica o disposto no *caput* deste artigo:

I – aos fundos públicos de fomento e desenvolvimento regionais, operados por instituição financeira de caráter regional;

II – aos fundos ressalvados no inciso IV do art. 167 da Constituição Federal.

Art. 6º Ficam revogados:

I – o art. 91 do Ato das Disposições Constitucionais Transitórias; e

II – o § 4º do art. 101 do Ato das Disposições Constitucionais Transitórias.

Art. 7º Esta Emenda Constitucional entra em vigor na data de sua publicação, exceto quanto à alteração do art. 29-A da Constituição Federal, a qual entra em vigor a partir do início da primeira legislatura municipal após a data de publicação desta Emenda Constitucional.

Brasília, em 15 de março de 2021.

Mesa da Câmara dos Deputados	**Mesa do Senado Federal**
Deputado Arthur Lira Presidente	Senador Rodrigo Pacheco Presidente
Deputado Marcelo Ramos 1º Vice-Presidente	Senador Veneziano Vital Do Rêgo 1º Vice-Presidente
Deputado André De Paula 2º Vice-Presidente	Senador Romário 2º Vice-Presidente
Deputado Luciano Bivar 1º Secretário	Senador Irajá 1º Secretário
Deputada Marília Arraes 2ª Secretária	Senador Elmano Férrer 2º Secretário
Deputada Rose Modesto 3ª Secretária	Senador Rogério Carvalho 3º Secretário
Deputada Rosangela Gomes 4ª Secretária	Senador Weverton 4º Secretário

Este texto não substitui o publicado no *DOU* 16.03.2021.

*

EMENDA CONSTITUCIONAL 113, DE 8 DE DEZEMBRO DE 2021

> Altera a Constituição Federal e o Ato das Disposições Constitucionais Transitórias para estabelecer o novo regime de pagamentos de precatórios, modificar normas relativas ao Novo Regime Fiscal e autorizar o parcelamento de débitos previdenciários dos Municípios; e dá outras providências.

As Mesas da Câmara dos Deputados e do Senado Federal, nos termos do § 3º do art. 60 da Constituição Federal, promulgam a seguinte Emenda ao texto constitucional:

Art. 1º Os arts. 100 e 160 da Constituição Federal passam a vigorar com as seguintes alterações:

"Art. 100. (...)

(...)

§ 9º Sem que haja interrupção no pagamento do precatório e mediante comunicação da Fazenda Pública ao Tribunal, o valor correspondente aos eventuais débitos inscritos em dívida ativa contra o credor do requisitório e seus substituídos deverá ser depositado à conta do juízo responsável pela ação de cobrança, que decidirá pelo seu destino definitivo.

(...)

§ 11. É facultada ao credor, conforme estabelecido em lei do ente federativo devedor, com auto aplicabilidade para a União, a oferta de créditos líquidos e certos que originalmente lhe são próprios ou adquiridos de terceiros reconhecidos pelo ente federativo ou por decisão judicial transitada em julgado para:

I – quitação de débitos parcelados ou débitos inscritos em dívida ativa do ente federativo devedor, inclusive em transação resolutiva de litígio, e, subsidiariamente, débitos com a administração autárquica e fundacional do mesmo ente;

II – compra de imóveis públicos de propriedade do mesmo ente disponibilizados para venda;

III – pagamento de outorga de delegações de serviços públicos e demais espécies de concessão negocial promovidas pelo mesmo ente;

IV – aquisição, inclusive minoritária, de participação societária, disponibilizada para venda, do respectivo ente federativo; ou

V – compra de direitos, disponibilizados para cessão, do respectivo ente federativo, inclusive, no caso da União, da antecipação de valores a serem recebidos a título do excedente em óleo em contratos de partilha de petróleo.

(...)

§ 14. A cessão de precatórios, observado o disposto no § 9º deste artigo, somente produzirá efeitos após comunicação, por meio de petição protocolizada, ao Tribunal de origem e ao ente federativo devedor.

(...)

§ 21. Ficam a União e os demais entes federativos, nos montantes que lhes são próprios, desde que aceito por ambas as partes, autorizados a utilizar valores objeto de sentenças transitadas em julgado devidos a pessoa jurídica de direito público para amortizar dívidas, vencidas ou vincendas:

I – nos contratos de refinanciamento cujos créditos sejam detidos pelo ente federativo que figure como devedor na sentença de que trata o *caput* deste artigo;

II – nos contratos em que houve prestação de garantia a outro ente federativo;

III – nos parcelamentos de tributos ou de contribuições sociais; e

IV – nas obrigações decorrentes do descumprimento de prestação de contas ou de desvio de recursos.

§ 22. A amortização de que trata o § 21 deste artigo:

I – nas obrigações vencidas, será imputada primeiramente às parcelas mais antigas;

II – nas obrigações vincendas, reduzirá uniformemente o valor de cada parcela devida, mantida a duração original do respectivo contrato ou parcelamento." (NR)

"Art. 160. (...)

§ 1º (...)

§ 2º Os contratos, os acordos, os ajustes, os convênios, os parcelamentos ou as renegociações de débitos de qualquer espécie, inclusive tributários, firmados pela União com os entes federativos conterão cláusulas para autorizar a dedução dos valores devidos dos montantes a serem repassados relacionados às respectivas cotas nos Fundos de Participação ou aos precatórios federais." (NR)

Art. 2º O Ato das Disposições Constitucionais Transitórias passa a vigorar com as seguintes alterações:

"Art. 101. (...)

(...)

§ 5º Os empréstimos de que trata o inciso III do § 2º deste artigo poderão ser destinados, por meio de ato do Poder Executivo, exclusivamente ao pagamento de precatórios por acordo direto com os credores, na forma do disposto no inciso III do § 8º do art. 97 deste Ato das Disposições Constitucionais Transitórias." (NR) (V. ADI 7.047)

"Art. 107. (...)

§ 1º (...)

(...)

II – para os exercícios posteriores, ao valor do limite referente ao exercício imediatamente anterior, corrigido pela variação do Índice Nacional de Preços ao Consumidor Amplo (IPCA), publicado pela Fundação Instituto Brasileiro de Geografia e Estatística, ou de outro índice que vier a substituí-lo, apurado no exercício anterior a que se refere a lei orçamentária.

(...)

§ 12. Para fins da elaboração do projeto de lei orçamentária anual, o Poder Executivo considerará o valor realizado até junho do índice previsto no inciso II do § 1º deste artigo, relativo ao ano de encaminhamento do projeto, e o valor estimado até dezembro desse mesmo ano.

§ 13. A estimativa do índice a que se refere o § 12 deste artigo, juntamente com os demais parâmetros macroeconômicos, serão elaborados mensalmente pelo Poder Executivo e enviados à comissão mista de que trata o § 1º do art. 166 da Constituição Federal.

§ 14. O resultado da diferença aferida entre as projeções referidas nos §§ 12 e 13 deste artigo e a efetiva apuração do índice previsto no inciso II do § 1º deste artigo será calculado pelo Poder Executivo, para fins de definição da base de cálculo dos respectivos limites do exercício seguinte, a qual será comunicada aos demais Poderes por ocasião da elaboração do projeto de lei orçamentária." (NR)

"Art. 115. Fica excepcionalmente autorizado o parcelamento das contribuições previdenciárias e dos demais débitos dos Municípios, incluídas suas autarquias e fundações, com os respectivos regimes próprios de previdência social, com vencimento até 31 de outubro de 2021, inclusive os parcelados anteriormente, no prazo máximo de 240 (duzentos e quarenta) prestações mensais, mediante autorização em lei municipal específica, desde que comprovem ter alterado a legislação do regime próprio de previdência social para atendimento das seguintes condições, cumulativamente:

I – adoção de regras de elegibilidade, de cálculo e de reajustamento dos benefícios que contemplem, nos termos previstos nos incisos I e III do § 1º e nos §§ 3º a 5º, 7º e 8º do art. 40 da Constituição Federal, regras assemelhadas às aplicáveis aos servidores públicos do regime próprio de previdência social da União e que contribuam efetivamente para o atingimento e a manutenção do equilíbrio financeiro e atuarial;

II – adequação do rol de benefícios ao disposto nos §§ 2º e 3º do art. 9º da Emenda Constitucional nº 103, de 12 de novembro de 2019;

III – adequação da alíquota de contribuição devida pelos servidores, nos termos do § 4º do art. 9º da Emenda Constitucional nº 103, de 12 de novembro de 2019; e

IV – instituição do regime de previdência complementar e adequação do órgão ou entidade gestora do regime próprio de previdência social, nos termos do § 6º do art. 9º da Emenda Constitucional nº 103, de 12 de novembro de 2019.

Parágrafo único. Ato do Ministério do Trabalho e Previdência, no âmbito de suas competências, definirá os critérios para o parcelamento previsto neste artigo, inclusive quanto ao cumprimento do disposto nos incisos I, II, III e IV do *caput* deste artigo, bem como disponibilizará as informações aos Municípios sobre o montante das dívidas, as formas de parcelamento, os juros e os encargos incidentes, de modo a possibilitar o acompanhamento da evolução desses débitos."

"Art. 116. Fica excepcionalmente autorizado o parcelamento dos débitos decorrentes de contribuições previdenciárias dos Municípios, incluídas suas autarquias e fundações, com o Regime Geral de Previdência Social, com vencimento até 31 de outubro de 2021, ainda que em fase de execução fiscal ajuizada, inclusive os decorrentes do descumprimento de obrigações acessórias e os parcelados anteriormente, no prazo máximo de 240 (duzentos e quarenta) prestações mensais.

§ 1º Os Municípios que possuam regime próprio de previdência social deverão comprovar, para fins de formalização do parcelamento com o Regime Geral de Previdência Social, de que trata este artigo, terem atendido as condições estabelecidas nos incisos I, II, III e IV do *caput* do art. 115 deste Ato das Disposições Constitucionais Transitórias.

§ 2º Os débitos parcelados terão redução de 40% (quarenta por cento) das multas de mora, de ofício e isoladas, de 80% (oitenta por cento) dos juros de mora, de 40% (quarenta por cento) dos encargos legais e de 25% (vinte e cinco por cento) dos honorários advocatícios.

§ 3º O valor de cada parcela será acrescido de juros equivalentes à taxa referencial do Sistema Especial de Liquidação e de Custódia (Selic), acumulada mensalmente, calculados a partir do mês subsequente ao da consolidação até o mês anterior ao do pagamento.

§ 4º Não constituem débitos dos Municípios aqueles considerados prescritos ou atingidos pela decadência.

§ 5º A Secretaria Especial da Receita Federal do Brasil e a Procuradoria-Geral da Fazenda Nacional, no âmbito de suas competências, deverão fixar os critérios para o parcelamento previsto neste artigo, bem como disponibilizar as informações aos Municípios sobre o montante das dívidas, as formas de parcelamento, os juros e os encargos incidentes, de modo a possibilitar o acompanhamento da evolução desses débitos."

"Art. 117. A formalização dos parcelamentos de que tratam os arts. 115 e 116 deste Ato das Disposições Constitucionais Transitórias deverá ocorrer até 30 de junho de 2022 e ficará condicionada à autorização de vinculação do Fundo de Participação dos Municípios para fins de pagamento das prestações acordadas nos termos de parcelamento, observada a seguinte ordem de preferência:

I – a prestação de garantia ou de contra garantia à União ou os pagamentos de débitos em favor da União, na forma do § 4º do art. 167 da Constituição Federal;

II – as contribuições parceladas devidas ao Regime Geral de Previdência Social;

III – as contribuições parceladas devidas ao respectivo regime próprio de previdência social."

Art. 3º Nas discussões e nas condenações que envolvam a Fazenda Pública, independentemente de sua natureza e para fins de atualização monetária, de remuneração do capital e de compensação da mora, inclusive do precatório, haverá a incidência, uma única vez, até o efetivo pagamento, do índice da taxa referencial do Sistema Especial de Liquidação e de Custódia (Selic), acumulado mensalmente.

Art. 4º Os limites resultantes da aplicação do disposto no inciso II do § 1º do art. 107 do Ato das Disposições Constitucionais Transitórias serão aplicáveis a partir do exercício de 2021, observado o disposto neste artigo.

§ 1º No exercício de 2021, o eventual aumento dos limites de que trata o *caput* deste artigo fica restrito ao montante de até R$ 15.000.000.000,00 (quinze bilhões de reais), a ser destinado exclusivamente ao atendimento de despesas de vacinação contra a covid-19 ou relacionadas a ações emergenciais e temporárias de caráter socioeconômico.

§ 2º As operações de crédito realizadas para custear o aumento de limite referido no § 1º deste artigo ficam ressalvadas do estabelecido no inciso III do *caput* do art. 167 da Constituição Federal.

§ 3º As despesas de que trata o § 1º deste artigo deverão ser atendidas por meio de créditos extraordinários e ter como fonte de recurso o produto de operações de crédito.

§ 4º A abertura dos créditos extraordinários referidos no § 3º deste artigo dar-se-á independentemente da observância dos requisitos exigidos no § 3º do art. 167 da Constituição Federal.

§ 5º O aumento do limite previsto no § 1º deste artigo será destinado, ainda, ao atendimento de despesas de programa de transferência de renda. (Incluído pela Emenda Constitucional nº 114, de 2021)

§ 6º O aumento do limite decorrente da aplicação do disposto no inciso II do § 1º do art. 107 do Ato das Disposições Constitucionais Transitórias deverá, no exercício de 2022, ser destinado somente ao atendimento das despesas de ampliação de programas sociais de combate à pobreza e à extrema pobreza, nos termos do parágrafo único do art. 6º e do inciso VI do *caput* do art. 203 da Constituição Federal, à saúde, à previdência e à assistência social. (Incluído pela Emenda Constitucional nº 114, de 2021)

Art. 5º As alterações relativas ao regime de pagamento dos precatórios aplicam-se a todos os requisitórios já expedidos, inclusive no orçamento fiscal e da seguridade social do exercício de 2022.

Art. 6º Revoga-se o art. 108 do Ato das Disposições Constitucionais Transitórias.

Art. 7º Esta Emenda Constitucional entra em vigor na data de sua publicação.

Brasília, em 8 de dezembro de 2021.

Mesa da Câmara dos Deputados	Mesa do Senado Federal
Deputado Arthur Lira Presidente	Senador Rodrigo Pacheco Presidente
Deputado Marcelo Ramos 1º Vice-Presidente	Senador Veneziano Vital do Rêgo 1º Vice-Presidente
Deputado André de Paula 2º Vice-Presidente	Senador Romário 2º Vice-Presidente
Deputado Luciano Bivar 1º Secretário	Senador Irajá 1º Secretário
Deputada Marília Arraes 2ª Secretária	Senador Elmano Férrer 2º Secretário
Deputada Rose Modesto 3ª Secretária	Senador Rogério Carvalho 3º Secretário
Deputada Rosangela Gomes 4ª Secretária	Senador Weverton 4º Secretário

Este texto não substitui o publicado no *DOU* 09.12.2021.

*

EMENDA CONSTITUCIONAL 114, DE 16 DE DEZEMBRO DE 2021

> Altera a Constituição Federal e o Ato das Disposições Constitucionais Transitórias para estabelecer o novo regime de pagamentos de precatórios, modificar normas relativas ao Novo Regime Fiscal e autorizar o parcelamento de débitos previdenciários dos Municípios; e dá outras providências.

As Mesas da Câmara dos Deputados e do Senado Federal, nos termos do § 3º do art. 60 da Constituição Federal, promulgam a seguinte Emenda ao texto constitucional:

Art. 1º Os arts. 6º, 100 e 203 da Constituição Federal passam a vigorar com as seguintes alterações:

"Art. 6º (...)

Parágrafo único. Todo brasileiro em situação de vulnerabilidade social terá direito a uma renda básica familiar, garantida pelo poder público em programa permanente de transferência de renda, cujas normas e requisitos de acesso serão determinados em lei, observada a legislação fiscal e orçamentária." (NR)

"Art. 100. (...)

§ 5º É obrigatória a inclusão no orçamento das entidades de direito público de verba necessária ao pagamento de seus débitos oriundos de sentenças transitadas em julgado constantes de precatórios judiciários apresentados até 2 de abril, fazendo-se o pagamento até o final do exercício seguinte, quando terão seus valores atualizados monetariamente. (Vigência)

(...)" (NR)

"Art. 203. (...)

(...)

VI – a redução da vulnerabilidade socioeconômica de famílias em situação de pobreza ou de extrema pobreza." (NR)

Art. 2º O Ato das Disposições Constitucionais Transitórias passa a vigorar acrescido dos seguintes arts. 107-A e 118:

"Art. 107-A. Até o fim de 2026, fica estabelecido, para cada exercício financeiro, limite para alocação na proposta orçamentária das despesas com pagamentos em virtude de sentença judiciária de que trata o art. 100 da Constituição Federal, equivalente ao valor da despesa paga no exercício de 2016, incluídos os restos a pagar pagos, corrigido na forma do § 1º do art. 107 deste Ato das Disposições Constitucionais Transitórias, devendo o espaço fiscal decorrente da diferença entre o valor dos precatórios expedidos e o respectivo limite ser destinado ao programa previsto no parágrafo único do art. 6º e à seguridade social, nos termos do art. 194, ambos da Constituição Federal, a ser calculado da seguinte forma:

I – no exercício de 2022, o espaço fiscal decorrente da diferença entre o valor dos precatórios expedidos e o limite estabelecido no *caput* deste artigo deverá ser destinado ao programa previsto no parágrafo único do art. 6º e à seguridade social, nos termos do art. 194, ambos da Constituição Federal;

II – no exercício de 2023, pela diferença entre o total de precatórios expedidos entre 2 de julho de 2021 e 2 de abril de 2022 e o limite de que trata o *caput* deste artigo válido para o exercício de 2023; e

III – nos exercícios de 2024 a 2026, pela diferença entre o total de precatórios expedidos entre 3 de abril de dois anos anteriores e 2 de abril do ano anterior ao exercício e o limite de que trata o *caput* deste artigo válido para o mesmo exercício.

§ 1º O limite para o pagamento de precatórios corresponderá, em cada exercício, ao limite previsto no *caput* deste artigo, reduzido da projeção para a despesa com o pagamento de requisições de pequeno valor para o mesmo exercício, que terão prioridade no pagamento.

§ 2º Os precatórios que não forem pagos em razão do previsto neste artigo terão prioridade para pagamento em exercícios seguintes, observada a ordem cronológica e o disposto no § 8º deste artigo.

§ 3º É facultado ao credor de precatório que não tenha sido pago em razão do disposto neste artigo, além das hipóteses previstas no § 11 do art. 100 da Constituição Federal e sem prejuízo dos procedimentos previstos nos §§ 9º e 21 do referido artigo, optar pelo recebimento, mediante acordos diretos perante Juízos Auxiliares de Conciliação de Pagamento de Condenações Judiciais contra a Fazenda Pública Federal, em parcela única, até o final do exercício seguinte, com renúncia de 40% (quarenta por cento) do valor desse crédito.

§ 4º O Conselho Nacional de Justiça regulamentará a atuação dos Presidentes dos Tribunais competentes para o cumprimento deste artigo.

§ 5º Não se incluem no limite estabelecido neste artigo as despesas para fins de cumprimento do disposto nos §§ 11, 20 e 21 do art. 100 da Constituição Federal e no § 3º deste artigo, bem como a atualização monetária dos precatórios inscritos no exercício.

§ 6º Não se incluem nos limites estabelecidos no art. 107 deste Ato das Disposições Constitucionais Transitórias o previsto nos §§ 11, 20 e 21 do art. 100 da Constituição Federal e no § 3º deste artigo.

§ 7º Na situação prevista no § 3º deste artigo, para os precatórios não incluídos na proposta orçamentária de 2022, os valores necessários à sua quitação serão providenciados pela abertura de créditos adicionais durante o exercício de 2022.

§ 8º Os pagamentos em virtude de sentença judiciária de que trata o art. 100 da Constituição Federal serão realizados na seguinte ordem:

I – obrigações definidas em lei como de pequeno valor, previstas no § 3º do art. 100 da Constituição Federal;

II – precatórios de natureza alimentícia cujos titulares, originários ou por sucessão hereditária, tenham no mínimo 60 (sessenta) anos de idade, ou sejam portadores de doença grave ou pessoas com deficiência, assim definidos na forma da lei, até o valor equivalente ao triplo do montante fixado em lei como obrigação de pequeno valor;

III – demais precatórios de natureza alimentícia até o valor equivalente ao triplo do montante fixado em lei como obrigação de pequeno valor;

IV – demais precatórios de natureza alimentícia além do valor previsto no inciso III deste parágrafo;

V – demais precatórios."

"Art. 118. Os limites, as condições, as normas de acesso e os demais requisitos para o atendimento do disposto no parágrafo único do art. 6º e no inciso VI do *caput* do art. 203 da Constituição Federal serão determinados, na forma da lei e respectivo regulamento, até 31 de dezembro de 2022, dispensada, exclusivamente no exercício de 2022, a observância das limitações legais quanto à criação, à expansão ou ao aperfeiçoamento de ação governamental que acarrete aumento de despesa no referido exercício."

Art. 3º O art. 4º da Emenda Constitucional nº 113, de 8 de dezembro de 2021, passa a vigorar acrescido dos seguintes § 5º e 6º:

"Art. 4º (...)

(...)

§ 5º O aumento do limite previsto no § 1º deste artigo será destinado, ainda, ao atendimento de despesas de programa de transferência de renda.

§ 6º O aumento do limite decorrente da aplicação do disposto no inciso II do § 1º do art. 107 do Ato das Disposições Constitucionais Transitórias deverá, no exercício de 2022, ser destinado somente ao atendimento das despesas de ampliação de programas sociais de combate à pobreza e à extrema pobreza, nos termos do parágrafo único do art. 6º e do inciso VI do *caput* do art. 203 da Constituição Federal, à saúde, à previdência e à assistência social." (NR)

Art. 4º Os precatórios decorrentes de demandas relativas à complementação da União aos Estados e aos Municípios por conta do Fundo de Manutenção e Desenvolvimento do Ensino Fundamental e de Valorização do Magistério (Fundef) serão pagos em 3 (três) parcelas anuais e sucessivas, da seguinte forma:

I – 40% (quarenta por cento) no primeiro ano;

II – 30% (trinta por cento) no segundo ano;

III – 30% (trinta por cento) no terceiro ano.

Parágrafo único. Não se incluem nos limites estabelecidos nos arts. 107 e 107-A do Ato das Disposições Constitucionais Transitórias, a partir de 2022, as despesas para os fins de que trata este artigo.

Art. 5º As receitas que os Estados e os Municípios receberem a título de pagamentos da União por força de ações judiciais que tenham por objeto a complementação de parcela desta no Fundo de Manutenção e Desenvolvimento do Ensino Fundamental e de Valorização do Magistério (Fundef) deverão ser aplicadas na manutenção e desenvolvimento do ensino fundamental público e na valorização de seu magistério, conforme destinação originária do Fundo.

Parágrafo único. Da aplicação de que trata o *caput* deste artigo, no mínimo 60% (sessenta por cento) deverão ser repassados aos profissionais do magistério, inclusive aposentados e pensionistas, na forma de abono, vedada a incorporação na remuneração, na aposentadoria ou na pensão.

Art. 6º No prazo de 1 (um) ano a contar da promulgação desta Emenda Constitucional, o Congresso Nacional promoverá, por meio de comissão mista, exame analítico dos atos, dos fatos e das políticas públicas com maior potencial gerador de precatórios e de sentenças judiciais contrárias à Fazenda Pública da União. (V. ADI 7.064)

§ 1º A comissão atuará em cooperação com o Conselho Nacional de Justiça e com o auxílio do Tribunal de Contas da União e poderá requisitar informações e documentos de órgãos e entidades da administração pública direta e indireta de qualquer dos Poderes da União, dos Estados, do Distrito Federal e dos Municípios, buscando identificar medidas legislativas a serem adotadas com vistas a trazer maior segurança jurídica no âmbito federal.

§ 2º O exame de que trata o *caput* deste artigo analisará os mecanismos de aferição de risco fiscal e de prognóstico de efetivo pagamento de valores decorrentes de decisão judicial, segregando esses pagamentos por tipo de risco e priorizando os temas que possuam maior impacto financeiro.

§ 3º Apurados os resultados, o Congresso Nacional encaminhará suas conclusões aos presidentes do Supremo Tribunal Federal e do Superior Tribunal de Justiça, para a adoção de medidas de sua competência.

Art. 7º Os entes da Federação que tiverem descumprido a medida prevista no art. 4º da Lei Complementar nº 156, de 28 de dezembro de 2016, e que optarem por não firmar termo aditivo na forma prevista no art. 4º-A da referida Lei Complementar poderão restituir à União os valores diferidos por força do prazo adicional proporcionalmente à quantidade de prestações remanescentes dos respectivos contratos, aplicados os encargos contratuais de adimplência e desde que adotem, durante o prazo de restituição dos valores para a União, as medidas previstas no art. 167-A da Constituição Federal.

Art. 8º Esta Emenda Constitucional entra em vigor:

I – a partir de 2022, para a alteração do § 5º do art. 100 da Constituição Federal, constante do art. 1º desta Emenda Constitucional;

II – na data de sua publicação, para os demais dispositivos.

Brasília, em 16 de dezembro de 2021.

Mesa da Câmara dos Deputados	Mesa do Senado Federal
Deputado Arthur Lira Presidente	Senador Rodrigo Pacheco Presidente
Deputado Marcelo Ramos 1º Vice-Presidente	Senador Veneziano Vital do Rêgo 1º Vice-Presidente
Deputado André de Paula 2º Vice-Presidente	Senador Romário 2º Vice-Presidente
Deputado Luciano Bivar 1º Secretário	Senador Irajá 1º Secretário
Deputada Marília Arraes 2ª Secretária	Senador Elmano Férrer 2º Secretário
Deputada Rose Modesto 3ª Secretária	Senador Rogério Carvalho 3º Secretário
Deputada Rosangela Gomes 4ª Secretária	Senador Weverton 4º Secretário

Este texto não substitui o publicado no *DOU* 17.12.2021.

EMENDA CONSTITUCIONAL 126, DE 21 DE DEZEMBRO DE 2022

> Altera a Constituição Federal, para dispor sobre as emendas individuais ao projeto de lei orçamentária, e o Ato das Disposições Constitucionais Transitórias para excluir despesas dos limites previstos no art. 107; define regras para a transição da Presidência da República aplicáveis à Lei Orçamentária de 2023; e dá outras providências.

As Mesas da Câmara dos Deputados e do Senado Federal, nos termos do § 3º do art. 60 da Constituição Federal, promulgam a seguinte Emenda ao texto constitucional:

Art. 1º A Constituição Federal passa a vigorar com as seguintes alterações:

"Art. 155. (...)

§ 1º (...)

V – não incidirá sobre as doações destinadas, no âmbito do Poder Executivo da União, a projetos socioambientais ou destinados a mitigar os efeitos das mudanças climáticas e às instituições federais de ensino. (...)" (NR)

"Art. 166. (...)

(...)

§ 9º As emendas individuais ao projeto de lei orçamentária serão aprovadas no limite de 2% (dois por cento) da receita corrente líquida do exercício anterior ao do encaminhamento do projeto, observado que a metade desse percentual será destinada a ações e serviços públicos de saúde.

§ 9º-A Do limite a que se refere o § 9º deste artigo, 1,55% (um inteiro e cinquenta e cinco centésimos por cento) caberá às emendas de Deputados e 0,45% (quarenta e cinco centésimos por cento) às de Senadores.

(...)

§ 11. É obrigatória a execução orçamentária e financeira das programações oriundas de emendas individuais, em montante correspondente ao limite a que se refere o § 9º deste artigo, conforme os critérios para a execução equitativa da programação definidos na lei complementar prevista no § 9º do art. 165 desta Constituição, observado o disposto no § 9º-A deste artigo.

(...)

§ 17. Os restos a pagar provenientes das programações orçamentárias previstas nos §§ 11 e 12 deste artigo poderão ser considerados para fins de cumprimento da execução financeira até o limite de 1% (um por cento) da receita corrente líquida do exercício anterior ao do encaminhamento do projeto de lei orçamentária, para as programações das emendas individuais, e até o limite de 0,5% (cinco décimos por cento), para as programações das emendas de iniciativa de bancada de parlamentares de Estado ou do Distrito Federal.

(...)

§ 19. Considera-se equitativa a execução das programações de caráter obrigatório que observe critérios objetivos e imparciais e que atenda de forma igualitária e impessoal às emendas apresentadas, independentemente da autoria, observado o disposto no § 9º-A deste artigo. (...)" (NR)

Art. 2º O Ato das Disposições Constitucionais Transitórias passa a vigorar com as seguintes alterações:

"Art. 76. São desvinculados de órgão, fundo ou despesa, até 31 de dezembro de 2024, 30% (trinta por cento) da arrecadação da União relativa às contribuições sociais, sem prejuízo do pagamento das despesas do Regime Geral de Previdência Social, às contribuições de intervenção no domínio econômico e às taxas, já instituídas ou que vierem a ser criadas até a referida data. (...)" (NR)

"Art. 107. (...)

§ 6º-A Não se incluem no limite estabelecido no inciso I do *caput* deste artigo, a partir do exercício financeiro de 2023:

I – despesas com projetos socioambientais ou relativos às mudanças climáticas custeadas com recursos de doações, bem como despesas com projetos custeados com recursos decorrentes de acordos judiciais ou extrajudiciais firmados em função de desastres ambientais;

II – despesas das instituições federais de ensino e das Instituições Científicas, Tecnológicas e de Inovação (ICTs) custeadas com receitas próprias, de doações ou de convênios, contratos ou outras fontes, celebrados com os demais entes da Federação ou entidades privadas;

III – despesas custeadas com recursos oriundos de transferências dos demais entes da Federação para a União destinados à execução direta de obras e serviços de engenharia.

§ 6º-B Não se incluem no limite estabelecido no inciso I do *caput* deste artigo as despesas com investimentos em montante que corresponda ao excesso de arrecadação de receitas correntes do exercício anterior ao que se refere a lei orçamentária, limitadas a 6,5% (seis inteiros e cinco décimos por cento) do excesso de arrecadação de receitas correntes do exercício de 2021.

§ 6º-C As despesas previstas no § 6º-B deste artigo não serão consideradas para fins de verificação do cumprimento da meta de resultado primário estabelecida no *caput* do art. 2º da Lei nº 14.436, de 9 de agosto de 2022. (...)" (NR)

"Art. 107-A. Até o fim de 2026, fica estabelecido, para cada exercício financeiro, limite para alocação na proposta orçamentária das despesas com pagamentos em virtude de sentença judiciária de que trata o art. 100 da Constituição Federal, equivalente ao valor da despesa paga no exercício de 2016, incluídos os restos a pagar pagos, corrigido, para o exercício de 2017, em 7,2% (sete inteiros e dois décimos por cento) e, para os exercícios posteriores, pela variação do Índice Nacional de Preços ao Consumidor Amplo (IPCA), publicado pela Fundação Instituto Brasileiro de Geografia e Estatística, ou de outro índice que vier a substituí-lo, apurado no exercício anterior a que se refere a lei orçamentária, devendo o espaço fiscal decorrente da diferença entre o valor dos precatórios expedidos e o respectivo limite ser destinado ao programa previsto no parágrafo único do art. 6º e à seguridade social, nos termos do art. 194, ambos da Constituição Federal, a ser calculado da seguinte forma: (...)" (NR)

"Art. 111. A partir do exercício financeiro de 2018, até o exercício financeiro de 2022, a aprovação e a execução previstas nos §§ 9º e 11 do art. 166 da Constituição Federal corresponderão ao montante de execução obrigatória para o exercício de 2017, corrigido na forma estabelecida no inciso II do § 1º do art. 107 deste Ato das Disposições Constitucionais Transitórias." (NR)

"Art. 111-A. A partir do exercício financeiro de 2024, até o último exercício de vigência do Novo Regime Fiscal, a aprovação e a execução previstas nos §§ 9º e 11 do art. 166 da Constituição Federal corresponderão ao montante de execução obrigatória para o exercício de 2023, corrigido na forma estabelecida no inciso II do § 1º do art. 107 deste Ato das Disposições Constitucionais Transitórias.

"Art. 121. As contas referentes aos patrimônios acumulados de que trata o § 2º do art. 239 da Constituição Federal cujos recursos não tenham sido reclamados por prazo superior a 20 (vinte) anos serão encerradas após o prazo de 60 (sessenta) dias da publicação de aviso no *Diário Oficial da União*, ressalvada reivindicação por eventual interessado legítimo dentro do referido prazo.

Parágrafo único. Os valores referidos no *caput* deste artigo serão tidos por abandonados, nos termos do inciso III do *caput* do art. 1.275 da Lei nº 10.406, de 10 de janeiro de 2002 (Código Civil), e serão apropriados pelo Tesouro Nacional como receita primária para realização de despesas de investimento de que trata o § 6º-B do art. 107, que não serão computadas nos limites previstos no art. 107, ambos deste Ato das Disposições Constitucionais Transitórias, podendo o interessado reclamar ressarcimento à União no prazo de até 5 (cinco) anos do encerramento das contas."

"Art. 122. As transferências financeiras realizadas pelo Fundo Nacional de Saúde e pelo Fundo Nacional de Assistência Social diretamente aos fundos de saúde e assistência social estaduais, municipais e distritais, para enfrentamento da pandemia da Covid-19, poderão ser executadas pelos entes federativos até 31 de dezembro de 2023."

Art. 3º O limite estabelecido no inciso I do *caput* do art. 107 do Ato das Disposições Constitucionais Transitórias fica acrescido em R$ 145.000.000.000,00 (cento e quarenta e cinco bilhões de reais) para o exercício financeiro de 2023.

Parágrafo único. As despesas decorrentes do aumento de limite previsto no *caput* deste artigo não serão consideradas para fins de verificação do cumprimento da meta de resultado primário estabelecida no *caput* do art. 2º da Lei nº 14.436, de 9 de agosto de 2022, e ficam ressalvadas, no exercício financeiro de 2023, do disposto no inciso III do *caput* do art. 167 da Constituição Federal.

Art. 4º Os atos editados em 2023 relativos ao programa de que trata o art. 2º da Lei nº 14.284, de 29 de dezembro de 2021, ou ao programa que vier a substituí-lo, e ao programa auxílio Gás dos Brasileiros, de que trata a Lei nº 14.237, de 19 de novembro de 2021, ficam dispensados da observância das limitações legais quanto à criação, à expansão ou ao aperfeiçoamento de ação governamental, inclusive quanto à necessidade de compensação.

Parágrafo único. O disposto no *caput* deste artigo não se aplica a atos cujos efeitos financeiros tenham início a partir do exercício de 2024.

Art. 5º Para o exercício financeiro de 2023, a ampliação de dotações orçamentárias sujeitas ao limite previsto no inciso I do *caput* do art. 107 do Ato das Disposições Constitucionais Transitórias prevista nesta Emenda Constitucional poderá ser destinada ao atendimento de solicitações das comissões permanentes do Congresso Nacional ou de suas Casas.

§ 1º Fica o relator-geral do Projeto de Lei Orçamentária de 2023 autorizado a apresentar emendas para a ampliação de dotações orçamentárias referida no *caput* deste artigo.

§ 2º As emendas referidas no § 1º deste artigo:

I – não se sujeitam aos limites aplicáveis às emendas ao projeto de lei orçamentária;

II – devem ser classificadas de acordo com as alíneas *a* ou *b* do inciso II do § 4º do art. 7º da Lei nº 14.436, de 9 de agosto de 2022.

§ 3º O disposto no *caput* deste artigo não impede os cancelamentos necessários à abertura de créditos adicionais.

§ 4º As ações diretamente destinadas a políticas públicas para mulheres deverão constar entre as diretrizes sobre como a margem aberta será empregada.

Art. 6º O Presidente da República deverá encaminhar ao Congresso Nacional, até 31 de agosto de 2023, projeto de lei complementar com o objetivo de instituir regime fiscal sustentável para garantir a estabilidade macroeconômica do País e criar as condições adequadas ao crescimento socioeconômico, inclusive quanto à regra estabelecida no inciso III do *caput* do art. 167 da Constituição Federal. (*Vide* Lei Complementar nº 200, de 2023)

Art. 7º O disposto nesta Emenda Constitucional não altera a base de cálculo estabelecida no § 1º do art. 107 do Ato das Disposições Constitucionais Transitórias.

Art. 8º Fica o relator-geral do Projeto de Lei Orçamentária de 2023 autorizado a apresentar emendas para ações direcionadas à execução de políticas públicas até o valor de R$ 9.850.000.000,00 (nove bilhões oitocentos e cinquenta milhões de reais), classificadas de acordo com a alínea *b* do inciso II do § 4º do art. 7º da Lei nº 14.436, de 9 de agosto de 2022.

Art. 9º Ficam revogados os arts. 106, 107, 109, 110, 111, 111-A, 112 e 114 do Ato das Disposições Constitucionais Transitórias após a sanção da lei complementar prevista no art. 6º desta Emenda Constitucional.

Art. 10. Esta Emenda Constitucional entra em vigor na data de sua publicação.

Brasília, em 21 de dezembro de 2022.

Mesa da Câmara dos Deputados	**Mesa do Senado Federal**
Deputado Arthur Lira	Senador Rodrigo Pacheco
Presidente	Presidente
Deputado Lincoln Portela	Senador Veneziano Vital do Rêgo
1º Vice-Presidente	1º Vice-Presidente
Deputado André De Paula	Senador Romário
2º Vice-Presidente	2º Vice-Presidente
Deputado Luciano Bivar	Senador Irajá
1º Secretário	1º Secretário
Deputado Odair Cunha	Senador Elmano Férrer
2º Secretário	2º Secretário
Deputada Geovania De Sá	Senador Rogério Carvalho
3ª Secretária	3º Secretário
Deputada Rosangela Gomes	Senador Weverton
4ª Secretária	4º Secretário

Este texto não substitui o publicado no *DOU* 22.12.2022.

RESOLUÇÃO 303, DE 18 DE DEZEMBRO DE 2019

Dispõe sobre a gestão dos precatórios e respectivos procedimentos operacionais no âmbito do Poder Judiciário.

O PRESIDENTE DO CONSELHO NACIONAL DE JUSTIÇA, no uso de suas atribuições constitucionais e regimentais,

CONSIDERANDO que compete ao Conselho Nacional de Justiça o controle da atuação administrativa e financeira do Poder Judiciário, bem como zelar pela observância do art. 37 da Carta Constitucional (CF, art. 103-B, § 4º, *caput* e inciso II);

CONSIDERANDO que a eficiência operacional e a promoção da efetividade do cumprimento das decisões são objetivos estratégicos a serem perseguidos pelo Poder Judiciário, a teor da Estratégia Nacional do Poder Judiciário.

CONSIDERANDO o princípio constitucional da razoável duração do processo judicial e administrativo;

CONSIDERANDO as decisões proferidas pelo Supremo Tribunal Federal nas ADI's nº 4357/DF e 4425/DF relativamente às normas da Emenda Constitucional nº 62/2009, mormente a delegação de competência, pelo Supremo Tribunal Federal, ao Conselho Nacional de Justiça, conforme julgamento da Questão de Ordem nos citados autos, para que sejam monitorados e supervisionados os pagamentos dos precatórios sujeitos pelos entes públicos;

CONSIDERANDO as inovações introduzidas pelas Emendas Constitucionais nº 94/2016, e nº 99/2017, e a consequente necessidade de padronizar a operacionalização de suas normas, em observância ao princípio constitucional da eficiência;

CONSIDERANDO a especificidade, provisoriedade e complexidade do regime especial de pagamento de precatórios estabelecido pelo art. 101 do Ato das Disposições Constitucionais Transitórias – ADCT, na redação dada pela EC nº 99, de 2017;

CONSIDERANDO a necessidade de um efetivo controle da gestão dos precatórios e de tornar mais efetivas as condenações suportadas pela Fazenda Pública, consoante o regramento constitucional;

CONSIDERANDO a decisão plenária tomada no julgamento do Ato Normativo 0003654-34.2014.2.00.0000, na 302ª Sessão Ordinária, realizada em 17 de dezembro de 2019;

RESOLVE:

TÍTULO I
DAS REQUISIÇÕES JUDICIAIS DE PAGAMENTO

Art. 1º A expedição, gestão e o pagamento das requisições judiciais previstas no art. 100 da Constituição Federal são disciplinados no âmbito do Poder Judiciário pela presente Resolução. (redação dada pela Resolução n. 482, de 19.12.2022)

Parágrafo único. Os Tribunais de Justiça dos Estados e do Distrito Federal, o Conselho da Justiça Federal e o Conselho Superior da Justiça do Trabalho, no âmbito das respectivas competências, expedirão atos normativos complementares.

CAPÍTULO I
DAS DISPOSIÇÕES PRELIMINARES

Art. 2º Para os fins desta Resolução:

I – considera-se juiz da execução o magistrado competente para cumprimento de decisão que reconheça a exigibilidade de obrigação de pagar quantia certa pela Fazenda Pública; (redação dada pela Resolução n. 482, de 19.12.2022)

II – crédito preferencial é o de natureza alimentícia previsto no art. 100, § 1º, da Constituição Federal; (redação dada pela Resolução n. 482, de 19.12.2022)

III – crédito superpreferencial é a parcela que integra o crédito de natureza alimentícia, passível de fracionamento e adiantamento nos termos do art. 100, § 2º, da Constituição Federal e art. 102, § 2º, do Ato das Disposições Constitucionais Transitórias – ADCT; (redação dada pela Resolução n. 482, de 19.12.2022)

IV – considera-se entidade devedora a pessoa condenada definitivamente e responsável pelo pagamento do precatório ou requisição de obrigação definida como de pequeno valor, assim considerada: (redação dada pela Resolução n. 438, de 28.10.2021)

a) a pessoa jurídica de direito público; (incluído pela Resolução n. 438, de 28.10.2021)

b) a empresa pública e a sociedade de economia mista que desempenhe atividade de Estado cujo orçamento dependa do repasse de recursos públicos, em regime não concorrencial e sem intuito primário de lucro. (incluído pela Resolução n. 438, de 28.10.2021)

V – ente devedor é a pessoa jurídica de direito público da administração direta subordinada ao regime especial de pagamento de precatórios disciplinado nos art. 101 e seguintes do ADCT; (redação dada pela Resolução n. 482, de 19.12.2022)

VI – data-base é a data correspondente ao termo final utilizado na elaboração da conta de liquidação; (redação dada pela Resolução n. 482, de 19.12.2022)

VII – momento de apresentação do precatório é o recebimento do ofício precatório perante o tribunal ao qual se vincula o juízo da execução; (redação dada pela Resolução n. 482, de 19.12.2022)

VIII – dívida consolidada de precatórios é a formada por todos os precatórios de responsabilidade de uma entidade ou ente devedor, independentemente do regime de pagamento.

IX – considera-se beneficiário originário, nos casos de sucessão e/ou cessão, o *de cujus* e/ou o cedente; (incluído pela Resolução n. 482, de 19.12.2022)

X – beneficiário principal é o titular da requisição com vínculo processual com a Fazenda Pública. (incluído pela Resolução n. 482, de 19.12.2022)

Art. 3º São atribuições do presidente do tribunal, dentre outras previstas nesta Resolução: (redação dada pela Resolução n. 482, de 19.12.2022)

I – aferir a regularidade formal do precatório;

II – organizar e observar a ordem de pagamento dos créditos, nos termos da Constituição Federal;

III – registrar a cessão e a penhora sobre o crédito do precatório, quando comunicado sobre sua ocorrência; (redação dada pela Resolução n. 482, de 19.12.2022)

IV – decidir a impugnação aos cálculos do precatório; (redação dada pela Resolução n. 482, de 19.12.2022)

V – processar e pagar o precatório, observando a legislação pertinente e as regras estabelecidas nesta Resolução; e

VI – velar pela efetividade, moralidade, impessoalidade, publicidade e transparência dos pagamentos.

VII – decidir sobre o pedido de sequestro, nos termos desta Resolução. (incluído pela Resolução n. 482, de 19.12.2022)

CAPÍTULO II
DAS ESPÉCIES E DISCIPLINA

Art. 4º O pagamento de débito judicial superior àquele definido em lei como de pequeno valor será realizado mediante expedição de precatório.

§ 1º O débito judicial considerado de pequeno valor observará os termos do art. 100, §§ 3º e 4º, da Constituição Federal.

§ 2º O disposto no presente artigo não se aplica aos valores devidos pelos Conselhos de Fiscalização e pelas empresas públicas e sociedades de economia mista que executam atividades em regime de concorrência ou que distribuam lucro entre seus acionistas. (redação dada pela Resolução n. 438, de 28.10.2021)

§ 3º É vedada a expedição de precatório complementar ou suplementar de valor pago, bem como o fracionamento, repartição ou quebra do valor da execução para fins de enquadramento de parcela do total ao que dispõe o § 3º do art. 100 da Constituição Federal. (redação dada pela Resolução n. 438, de 28.10.2021)

§ 4º Será requisitada mediante precatório a parcela do valor da execução quando o total devido ao beneficiário superar o montante definido como obrigação de pequeno valor, sobretudo em caso de: (incluído pela Resolução n. 438, de 28.10.2021)

I – pagamento de parcela incontroversa do crédito; e (incluído pela Resolução n. 438, de 28.10.2021)

II – reconhecimento de diferenças originadas de revisão de precatório. (incluído pela Resolução n. 438, de 28.10.2021)

§ 5º Submetem-se às formas de pagamento previstas neste Capítulo os valores devidos pela Fazenda Pública entre a data da impetração do mandado de segurança e a efetiva implementação da ordem concessiva. (incluído pela Resolução n. 438, de 28.10.2021)

TÍTULO II
DO PRECATÓRIO
CAPÍTULO I
DA EXPEDIÇÃO, RECEBIMENTO, VALIDAÇÃO E PROCESSAMENTO
Seção I
Das Disposições Gerais

Art. 5º O ofício precatório será expedido pelo juízo da execução ao tribunal, de forma padronizada e contendo elementos que permitam aferir o momento de sua apresentação, recebendo numeração única própria, conforme disciplina a Resolução do CNJ nº 65/2008.

Parágrafo único. Os tribunais deverão adotar sistema eletrônico para os fins do disposto no *caput* deste artigo.

Art. 6º No ofício precatório constarão os seguintes dados e informações:

I – numeração única do processo judicial, número originário anterior, se houver, e data do respectivo ajuizamento;

II – número do processo de execução ou cumprimento de sentença, no padrão estabelecido pelo Conselho Nacional de Justiça, caso divirja do número da ação originária; (redação dada pela Resolução n. 482, de 19.12.2022)

III – nome(s) do(s) beneficiário(s) do crédito, do seu procurador, se houver, com o respectivo número no Cadastro de Pessoas Físicas – CPF, no Cadastro Nacional de Pessoas Jurídicas – CNPJ ou no Registro Nacional de Estrangeiro – RNE, conforme o caso; (redação dada pela Resolução n. 482, de 19.12.2022)

IV – indicação da natureza comum ou alimentícia do crédito; (redação dada pela Resolução n. 482, de 19.12.2022)

V – valor total devido a cada beneficiário e o montante global da requisição, constando o principal corrigido, o índice de juros ou da taxa SELIC, quando utilizada, e o correspondente valor; (redação dada pela Resolução n. 482, de 19.12.2022)

VI – a data-base utilizada na definição do valor do crédito; (redação dada pela Resolução n. 482, de 19.12.2022)

VII – data do trânsito em julgado da sentença ou do acórdão lavrado na fase de conhecimento do processo judicial; (redação dada pela Resolução n. 482, de 19.12.2022)

VIII – data do trânsito em julgado dos embargos à execução ou da decisão que resolveu a impugnação ao cálculo no cumprimento de sentença, ou do decurso do prazo para sua apresentação; (redação dada pela Resolução n. 482, de 19.12.2022)

IX – data do trânsito em julgado da decisão que reconheceu parcela incontroversa, se for o caso; (redação dada pela Resolução n. 482, de 19.12.2022)

X – a indicação da data de nascimento do beneficiário, em se tratando de crédito de natureza alimentícia e, se for o caso, indicação de que houve deferimento da superpreferência perante o juízo da execução; (redação dada pela Resolução n. 482, de 19.12.2022)

XI – a natureza da obrigação (assunto) a que se refere à requisição, de acordo com a Tabela Única de Assuntos – TUA do CNJ; (redação dada pela Resolução n. 482, de 19.12.2022)

XII – número de meses – NM a que se refere a conta de liquidação e o valor das deduções da base de cálculo, caso o valor tenha sido submetido à tributação na forma de rendimentos recebidos acumuladamente RRA, conforme o art. 12-A da Lei n. 7.713/1988; (redação dada pela Resolução n. 482, de 19.12.2022)

XIII – o órgão a que estiver vinculado o empregado ou servidor público, civil ou militar, da administração direta, quando se tratar de ação de natureza salarial, com a indicação da condição de ativo, inativo ou pensionista, caso conste dos autos; (redação dada pela Resolução n. 482, de 19.12.2022)

XIV – quando couber, o valor: (incluído pela Resolução n. 482, de 19.12.2022)

a) das contribuições previdenciárias, bem como do órgão previdenciário com o respectivo CNPJ; (incluído pela Resolução n. 482, de 19.12.2022)

b) da contribuição para o Fundo de Garantia por Tempo de Serviço – FGTS; (incluído pela Resolução n. 482, de 19.12.2022)

c) de outras contribuições devidas, segundo legislação do ente federado. (incluído pela Resolução n. 482, de 19.12.2022)

XV – identificação do Juízo de origem da requisição de pagamento; (incluído pela Resolução n. 482, de 19.12.2022)

XVI – identificação do Juízo onde tramitou a fase de conhecimento, caso divirja daquele de origem da requisição de pagamento; (incluído pela Resolução n. 482, de 19.12.2022)

XVII – no caso de sucessão e/ou cessão, o nome do beneficiário originário, com o respectivo número de inscrição no CPF ou CNPJ, conforme o caso. (incluído pela Resolução n. 482, de 19.12.2022)

§ 1º É vedada a inclusão de sucessor, cessionário ou terceiro nos campos destinados a identificação do beneficiário principal, devendo tais dados serem incluídos em campo próprio. (incluído pela Resolução n. 482, de 19.12.2022)

§ 2º Faculta-se aos tribunais indicar em ato próprio as peças processuais que acompanharão o ofício precatório, caso não haja opção pela conferência direta das informações nos autos eletrônicos do processo judicial originário. (incluído pela Resolução n. 482, de 19.12.2022)

§ 3º Os ofícios requisitórios deverão ser expedidos somente quando verificadas as situações regular do CPF ou ativa do CNPJ, junto à Receita Federal ou ao Sistema Nacional de Informações de Registro Civil – SIRC, conforme regulamentação dos órgãos competentes; (incluído pela Resolução n. 482, de 19.12.2022)

§ 4º Norma própria dos tribunais poderá prever que os dados bancários dos credores constem do ofício precatório para fins de pagamento. (incluído pela Resolução n. 482, de 19.12.2022)

Art. 7º Os ofícios precatórios serão expedidos individualmente, por beneficiário. (redação dada pela Resolução n. 482, de 19.12.2022)

§ 1º Somente se admitirá a indicação de mais de um beneficiário por precatório nas hipóteses de destaque de honorários advocatícios contratuais e cessão parcial de crédito. (redação dada pela Resolução n. 482, de 19.12.2022)

§ 2º Ocorrendo a penhora antes da apresentação do ofício precatório, o juízo da execução destacará os valores correspondentes, na forma dos arts. 39 e 40 desta Resolução. (redação dada pela Resolução n. 482, de 19.12.2022)

§ 3º Havendo pluralidade de exequentes, a definição da modalidade de requisição considerará o valor devido a cada litisconsorte, e a elaboração e apresentação do precatório deverão observar: (redação dada pela Resolução n. 482, de 19.12.2022)

I – a preferência conferida ao crédito do beneficiário principal, decorrente do reconhecimento da condição de doente grave, idoso ou de pessoa com deficiência, nesta ordem; e (redação dada pela Resolução n. 482, de 19.12.2022)

II – não se tratando da hipótese do inciso anterior, a ordem crescente do valor a requisitar e, em caso de empate, a idade do beneficiário. (redação dada pela Resolução n. 482, de 19.12.2022)

§ 4º A existência de óbice à elaboração e à apresentação do precatório em favor de determinado credor não impede a expedição dos ofícios precatórios dos demais. (redação dada pela Resolução n. 482, de 19.12.2022)

§ 5º Sendo o exequente titular de créditos de naturezas distintas, será expedida uma requisição para cada tipo, observando-se o disposto nos §§ 1º, 2º e 3º deste artigo. (redação dada pela Resolução n. 482, de 19.12.2022)

§ 6º É vedada a apresentação pelo juízo da execução ao tribunal de requisição de pagamento sem a prévia intimação das partes quanto ao seu inteiro teor. (redação dada pela Resolução n. 482, de 19.12.2022)

§ 7º No caso de devolução do ofício ao juízo da execução por fornecimento incompleto ou equivocado de dados ou documentos, e ainda por ausência da intimação prevista no parágrafo anterior, a data de apresentação será aquela do recebimento do ofício com as informações e documentação completas. (redação dada pela Resolução n. 482, de 19.12.2022)

§ 8º O preenchimento do ofício com erros de digitação ou material que possam ser identificados pela mera verificação das informações existentes no processo originário é passível de retificação perante o tribunal, e não se constitui motivo para a devolução do ofício precatório. (incluído pela Resolução n. 482, de 19.12.2022)

Art. 8º O advogado fará jus à expedição de ofício precatório autônomo em relação aos honorários sucumbenciais.

§ 1º Tratando-se de ação coletiva, os honorários de sucumbência serão considerados globalmente para efeito de definição da modalidade de requisição.

§ 2º Cumprido o art. 22, § 4º, da Lei nº 8.906, de 4 de julho de 1994, a informação quanto ao valor dos honorários contratuais integrará o precatório, realizando-se o pagamento da verba citada mediante dedução da quantia a ser paga ao beneficiário principal da requisição.

§ 3º Não constando do precatório informação sobre o valor dos honorários contratuais, esses poderão ser pagos, após a juntada do respectivo instrumento, até a liberação do crédito ao beneficiário originário, facultada ao presidente do tribunal a delegação da decisão ao juízo da execução.

§ 4º Os honorários contratuais destacados serão pagos quando da liberação do crédito ao titular da requisição, inclusive proporcionalmente nas hipóteses de quitação parcial e parcela superpreferencial do precatório. (incluído pela Resolução n. 482, de 19.12.2022)

Seção II
Da Parcela Superpreferencial

Art. 9º Os débitos de natureza alimentícia cujos titulares, originários ou por sucessão hereditária, sejam idosos, portadores de doença grave ou pessoas com deficiência, assim definidos na forma da lei, serão pagos com preferência sobre todos os demais, até a monta equivalente ao triplo fixado em lei como obrigação de pequeno valor, admitido o fracionamento do valor da execução para essa finalidade.

§ 1º A solicitação será apresentada ao juízo da execução devidamente instruída com a prova da idade, da moléstia grave ou da deficiência do beneficiário.

§ 2º Sobre o pleito será ouvida a parte requerida ou executada, no prazo de cinco dias.

~~§ 3º Deferido o pedido, o juízo da execução expedirá a requisição judicial de pagamento, distinta de precatório, necessária à integral liquidação da parcela superpreferencial, limitada ao valor apontado no *caput* deste artigo.~~

§ 3º Para os precatórios já expedidos, o pedido de superpreferência relativo à moléstia grave ou deficiência do requerente deve ser dirigido ao presidente do tribunal de origem do precatório, que decidirá, na forma do seu regimento interno, assegurando-se o contraditório, permitida a delegação, pelo tribunal, ao juízo do cumprimento de sentença. (redação dada pela Resolução n. 482, de 19.12.2022)

§ 4º O pagamento superpreferencial será efetuado por credor e não importará em ordem de pagamento imediato, mas apenas em ordem de preferência. (redação dada pela Resolução n. 482, de 19.12.2022)

§ 5º Os precatórios liquidados parcialmente em razão do pagamento de parcela superpreferencial, manterão a posição original na ordem cronológica de pagamento. (redação dada pela Resolução n. 482, de 19.12.2022)

§ 6º É defeso novo pagamento da parcela superpreferencial, ainda que por fundamento diverso, mesmo que surgido posteriormente.

~~§ 7º Adquirindo o credor a condição de beneficiário depois de expedido o ofício precatório, ou no caso de expedição sem o prévio pagamento na origem, o benefício da superpreferência será requerido ao juízo da execução, que observará o disposto nesta Seção e comunicará ao presidente do tribunal sobre a apresentação do pedido e seu eventual deferimento, solicitando a dedução do valor fracionado~~

§ 7º O reconhecimento da superpreferência somente poderá ocorrer por um motivo, por cumprimento de sentença. (redação dada pela Resolução n. 482, de 19.12.2022)

§ 8º Celebrado convênio entre a entidade devedora e o tribunal para a quitação de precatórios na forma do art. 18, inciso II, desta Resolução, o pagamento a que se refere esta Seção será realizado pelo presidente do tribunal, que observará as seguintes regras:

a) caso o credor do precatório faça jus ao benefício em razão da idade, o pagamento será realizado de ofício, conforme informações e documentos anexados ao precatório; e

b) nos demais casos, o pagamento demanda pedido ao presidente do tribunal, que poderá delegar ao juízo da execução a análise da condição de beneficiário portador de doença grave ou com deficiência.

Art. 10. (revogado pela Resolução n. 482, de 19.12.2022)

Art. 11. Para os fins do disposto nesta Seção, considera-se:

I – idoso, o exequente ou beneficiário que conte com sessenta anos de idade ou mais, antes ou após a expedição do ofício precatório;

II – portador de doença grave, o beneficiário acometido de moléstia indicada no inciso XIV do art. 6º da Lei nº 7.713, de 22 de dezembro de 1988, com a redação dada pela Lei nº 11.052, de 29 de dezembro de 2004, ou portador de doença considerada grave a partir de conclusão da medicina especializada, mesmo que a doença tenha sido contraída após o início do processo; e

III – pessoa com deficiência, o beneficiário assim definido pela Lei nº 13.146, de 6 de julho de 2015.

Seção III
Da Organização e Observância da Lista de Ordem Cronológica

Art. 12. O precatório, de acordo com o momento de sua apresentação, tomará lugar na ordem cronológica de pagamentos, instituída, por exercício, pela entidade devedora.

§ 1º Para efeito do disposto no *caput* do art. 100 da Constituição Federal, considera-se como momento de apresentação do precatório o do recebimento do ofício perante o tribunal ao qual se vincula o juízo da execução.

§ 2º O tribunal deverá divulgar em seu portal eletrônico a lista de ordem formada estritamente pelo critério cronológico, nela identificada:

I – a natureza dos créditos, inclusive com registro da condição de superpreferência;

II – o número e o valor do precatório; e

III – a posição do precatório na ordem.

§ 3º Na lista de que trata o § 2º deste artigo, é vedada a divulgação de dados da identificação do beneficiário.

§ 4º O tribunal também deverá divulgar em seu portal eletrônico a lista dos pagamentos realizados no exercício corrente. (redação dada pela Resolução n. 482, de 19.12.2022)

§ 5º Quando entre dois precatórios de idêntica natureza não for possível estabelecer a precedência cronológica por data, hora, minuto e segundo da apresentação, o precatório de menor valor precederá o de maior valor.

§ 6º Coincidindo todos os aspectos citados no parágrafo anterior, preferirá o precatório cujo credor tiver maior idade. (redação dada pela Resolução n. 482, de 19.12.2022)

Art. 13. A decisão que retificar a natureza do crédito será cumprida sem cancelamento do precatório, mantendo-se inalterada a data da apresentação.

Art. 14. Haverá uma lista de ordem cronológica para cada entidade devedora, assim consideradas as entidades da administração direta e indireta do ente federado.

CAPÍTULO II
DA EXPEDIÇÃO DO OFÍCIO REQUISITÓRIO

Art. 15. Para efeito do disposto no § 5º do art. 100 da Constituição Federal, considera-se momento de requisição do precatório, para aqueles apresentados ao tribunal entre 3 de abril do ano anterior e 2 de abril do ano de elaboração da proposta orçamentária, a data de 2 de abril. (redação dada pela Resolução n. 448, de 25.3.2022)

§ 1º O tribunal deverá comunicar à entidade devedora até 31 de maio de cada ano, exceto em caso de regulamentação diversa por lei específica, por ofício eletrônico, ou meio equivalente, os precatórios apresentados até 2 de abril, com seu valor atualizado na forma desta Resolução, visando à inclusão na proposta orçamentária do exercício subsequente. (redação dada pela Resolução n. 482, de 19.12.2022)

§ 2º No expediente de que trata o parágrafo anterior deverão constar as mesmas informações contidas no art. 6º desta Resolução. (redação dada pela Resolução n. 482, de 19.12.2022)

§ 3º As datas para comunicação dos montantes de precatórios expedidos em face da Fazenda Pública Federal e a relação dos precatórios que devem ser inseridos no Orçamento da União são aquelas constantes da Lei de Diretrizes Orçamentárias. (incluído pela Resolução n. 448, de 25.3.2022)

Art. 16. O Tribunal providenciará a abertura de contas bancárias para o recebimento dos valores requisitados.

§ 1º O tribunal poderá contratar banco oficial ou, não aceitando a preferência proposta pelo legislador, banco privado, hipótese em que serão observadas a realidade do caso concreto, as normas do procedimento licitatório e os regramentos legais e princípios constitucionais aplicáveis.

§ 2º Pelo depósito dos valores requisitados, o tribunal poderá fazer *jus* a repasse de percentual, definido no instrumento contratual, sobre os ganhos auferidos com as aplicações financeiras realizadas com os valores depositados.

CAPÍTULO III
DO APORTE DE RECURSOS
Seção I
Do Aporte Voluntário

Art. 17. É obrigatória a inclusão no orçamento das entidades de direito público de verba necessária ao pagamento de seus débitos oriundos de sentenças transitadas em julgado constantes de precatórios judiciários apresentados até 2 de abril, fazendo-se o pagamento até o final do exercício seguinte, quando terão seus valores atualizados monetariamente. (redação dada pela Resolução n. 448, de 25.3.2022)

§ 1º Disponibilizado o valor requisitado atualizado, o tribunal providenciará os pagamentos, observada a ordem cronológica. (redação dada pela Resolução n. 448, de 25.3.2022)

§ 2º Não sendo disponibilizados os recursos necessários ao pagamento integral da dívida requisitada no regime geral, o presidente do tribunal, após atualização, mandará certificar a inadimplência nos precatórios, cientificando o credor e a entidade devedora quanto às medidas previstas no art. 100, §§ 5º e 6º, da Constituição Federal. (redação dada pela Resolução n. 482, de 19.12.2022)

Art. 18. Faculta-se ao tribunal formalizar convênio com a entidade devedora objetivando:

I – permitir à entidade devedora tomar ciência do valor atualizado dos créditos requisitados, visando a regular disponibilização dos recursos necessários ao pagamento, dentre outras providências afins; e (redação dada pela Resolução n. 482, de 19.12.2022)

II – autorizar, junto a repasses e transferências constitucionais, a retenção do valor necessário ao regular e integral pagamento do montante requisitado, até o fim do exercício financeiro em que inscrito o precatório.

Seção II
Do Sequestro

Art. 19. Em caso de burla à ordem cronológica de apresentação do precatório, ou de não alocação orçamentária do valor requisitado, faculta-se ao credor prejudicado requerer o sequestro do valor necessário à integral satisfação do débito.

§ 1º Idêntica faculdade se confere ao credor: (redação dada pela Resolução n. 482, de 19.12.2022)

I – pelo valor parcialmente inadimplido, quando a disponibilização de recursos pela entidade devedora não atender o disposto no art. 100, § 5º, da Constituição Federal; e (redação dada pela Resolução n. 482, de 19.12.2022)

II – do valor correspondente a qualquer das frações próprias ao parcelamento previsto no art. 100, § 20, da Constituição Federal, se vencido o exercício em que deveriam ter sido disponibilizadas. (redação dada pela Resolução n. 482, de 19.12.2022)

§ 2º A não alocação orçamentária do valor requisitado prevista no *caput*, observará, quando for o caso, o disposto no art. 107-A do Ato das Disposições Constitucionais Transitórias. (redação dada pela Resolução n. 482, de 19.12.2022)

Art. 20. O sequestro é medida administrativa de caráter excepcional e base constitucional, reservado às situações delineadas no § 6º do art. 100 da Constituição Federal.

§ 1º Compete exclusivamente ao presidente do tribunal processar e decidir sobre o sequestro de precatórios, mediante requerimento do beneficiário. (redação dada pela Resolução n. 482, de 19.12.2022)

§ 2º O pedido será protocolizado perante a presidência do tribunal, que determinará a intimação do gestor da entidade devedora para que, em 10 dias, comprove o pagamento realizado, promova-o ou preste informações.

§ 3º Decorrido o prazo, os autos seguirão com vista ao representante do Ministério Público para manifestação em cinco dias.

§ 4º Com o pronunciamento ministerial, ou esgotado o prazo para sua manifestação, a presidência do tribunal decretará, sendo o caso, o sequestro da quantia necessária à liquidação integral do valor atualizado devido, valendo-se, para isso, da ferramenta eletrônica SISBAJUD. (redação dada pela Resolução n. 482, de 19.12.2022)

§ 5º A medida executória de sequestro em precatórios alcança o valor atualizado da requisição inadimplida ou preterida, bem como os valores atualizados dos precatórios não quitados precedentes na ordem cronológica.

§ 6º Observado o parágrafo anterior, efetuar-se-ão os pagamentos devidos com os valores sequestrados. (redação dada pela Resolução n. 482, de 19.12.2022)

§ 7º A execução da decisão de sequestro não se suspende pela eventual interposição de recurso, nem se limita às dotações orçamentárias originalmente destinadas ao pagamento de débitos judiciais.

§ 8º Não sendo assegurado o tempestivo e regular pagamento por outra via, o valor sequestrado para a quitação do precatório não poderá ser devolvido ao ente devedor.

CAPÍTULO IV
DO PAGAMENTO
Seção I
Da Correção Monetária e dos Juros

(redação dada pela Resolução n. 482, de 19.12.2022)

Art. 21. A partir de dezembro de 2021, e para fins de atualização monetária, remuneração do capital e de compensação da mora, os precatórios, independentemente de sua natureza, serão corrigidos pelo índice da taxa referencial do Sistema Especial de Liquidação e de Custódia (Selic), acumulado mensalmente. (redação dada pela Resolução n. 448, de 25.3.2022)

Art. 21-A Os precatórios não tributários requisitados anteriormente a dezembro de 2021 serão atualizados a partir de sua data-base mediante os seguintes indexadores: (incluído pela Resolução n. 448, de 25.3.2022)

I – ORTN – de 1964 a fevereiro de 1986;

II – OTN – de março de 1986 a janeiro de 1989;

III – IPC / IBGE de 42,72% – em janeiro de 1989;

IV – IPC / IBGE de 10,14% – em fevereiro de 1989;

V – BTN – de março de 1989 a março de 1990;

VI – IPC/IBGE – de março de 1990 a fevereiro de 1991;

VII – INPC – de março de 1991 a novembro de 1991;

VIII – IPCA-E/IBGE – em dezembro de 1991;

IX – UFIR – de janeiro de 1992 a dezembro de 2000;

X – IPCA-E / IBGE – de janeiro de 2001 a 9 de dezembro de 2009;

XI – Taxa Referencial (TR) – 10 de dezembro de 2009 a 25 de março de 2015;

XII – IPCA-E/ IBGE – de 26.03.2015 a 30 de novembro de 2021;

XIII – Taxa Referencial do Sistema Especial de Liquidação e de Custódia (Selic) – de dezembro de 2021 em diante.

§ 1º Antes do momento definido no *caput* deste artigo observar-se-ão os índices de atualização previstos no título executivo ou na conta de liquidação. (incluído pela Resolução n. 448, de 25.3.2022)

§ 2º Para os precatórios expedidos no âmbito da administração pública federal, aplicar-se-á o IPCA-E como índice de atualização no período de vigência dos arts. 27 das Leis nº 12.919/2013 e 13.080/2015. (incluído pela Resolução n. 448, de 25.3.2022)

§ 3º Na atualização dos precatórios estaduais e municipais emitidos pela Justiça do Trabalho devem ser observadas as disposições do art. 39, *caput*, da Lei nº 8.177/1991, no período de março de 1991 a junho de 2009, IPCA-E de julho a 9 de dezembro de 2009, Taxa Referencial (TR) de 10 de dezembro de 2009 a 25 de março de 2015, IPCA-E de 26.03.2015 a 30 de novembro de 2021 e taxa referencial do Sistema Especial de Liquidação e de Custódia (Selic) de dezembro de 2021 em diante. (incluído pela Resolução n. 448, de 25.3.2022)

§ 4º Até novembro de 2021, aos precatórios de natureza tributária serão aplicados os mesmos critérios de atualização e remuneração da mora pelos quais a Fazenda Pública remunera seu crédito tributário seguindo, a partir do mês seguinte, a regra de atualização do artigo 21 dessa Resolução. (incluído pela Resolução n. 448, de 25.3.2022)

§ 5º A atualização dos precatórios não tributários deve observar o período a que alude o § 5º do artigo 100 da Constituição Federal, em cujo lapso temporal o valor se sujeitará exclusivamente à correção monetária pelo índice previsto no inciso XII deste artigo. (incluído pela Resolução n. 448, de 25.3.2022)

§ 6º Não havendo o adimplemento no prazo a que alude o § 5º do artigo 100 da Constituição Federal, a atualização dos precatórios tributários e não tributários será pela taxa Selic. (incluído pela Resolução n. 448, de 25.3.2022)

§ 7º A utilização da TR no período previsto no inciso XI deste artigo é admitida somente para os precatórios pagos ou expedidos até 25 de março de 2015. (redação dada pela Resolução n. 482, de 19.12.2022)

Art. 22. Na atualização da conta do precatório não tributário os juros de mora devem incidir somente até o mês de novembro de 2021, observado o disposto no § 5º do artigo anterior. (redação dada pela Resolução n. 482, de 19.12.2022)

§ 1º A partir de dezembro de 2021, a compensação da mora dar-se-á da forma discriminada no artigo 21 dessa Resolução, ocasião em que a taxa referencial do Sistema Especial de Liquidação e de Custódia (Selic) incidirá sobre o valor consolidado, correspondente ao crédito principal atualizado monetariamente na forma do artigo 21-A dessa Resolução até novembro de 2021 e aos juros de mora, observado o disposto nos §§ 5º e 6º do art. 21-A desta Resolução. (incluído pela Resolução n. 448, de 25.3.2022)

§ 2º Em nenhuma hipótese a atualização monetária e o cálculo dos juros, previstos nos arts. 21 e 21-A, poderão retroagir a período anterior da data-base da expedição do precatório. (incluído pela Resolução n. 448, de 25.3.2022)

Art. 23. As diferenças decorrentes da utilização de outros índices de correção monetária e juros que não os indicados neste capítulo, constantes ou não do título executivo, deverão ser objeto de decisão do juízo da execução e, sendo o caso, objeto de precatório complementar. (redação dada pela Resolução n. 448, de 25.3.2022)

Art. 24. Aplicam-se os arts. 21, 21-A e 22 desta Resolução para atualização monetária das requisições de pequeno valor até a data do pagamento. (redação dada pela Resolução n. 448, de 25.3.2022)

Parágrafo único. Vencido o prazo para pagamento da requisição, a atualização é devida na forma do art. 20 desta Resolução. (redação dada pela Resolução n. 482, de 19.12.2022)

Art. 25. Os juros compensatórios em ação de desapropriação não incidem após a expedição do precatório.

§ 1º Os juros compensatórios incidirão até a data da promulgação da Emenda Constitucional nº 62, de 9 de dezembro de 2009, caso o precatório tenha sido antes desse momento expedido e sua incidência decorra de decisão transitada em julgado.

§ 2º Em ações expropriatórias, a incidência de juros moratórios sobre os compensatórios não constitui anatocismo vedado em lei.

Seção II
Das Revisões de Cálculo
(redação dada pela Resolução n. 482, de 19.12.2022)

Art. 26. O pedido de revisão de cálculos fundamentado no art. 1º-E da Lei n. 9.494/1997, será apresentado ao presidente do tribunal quando o questionamento se referir a critérios de atualização monetária e juros aplicados após a apresentação do ofício precatório. (redação dada pela Resolução n. 482, de 19.12.2022)

§ 1º O procedimento de que trata o *caput* deste artigo pode abranger a apreciação das inexatidões materiais presentes nas contas do precatório, incluídos os cálculos produzidos pelo juízo da execução, não alcançando, sob qualquer aspecto, a análise dos critérios de cálculo.

§ 2º Tratando-se de questionamento relativo a critério de cálculo judicial, assim considerado aquele constante das escolhas do julgador, competirá a revisão da conta ao juízo da execução.

§ 3º Não se admitirá pedido de revisão de cálculos que importe em inclusão de novos exequentes ou alteração do objeto da execução. (incluído pela Resolução n. 482, de 19.12.2022)

Art. 27. Em qualquer das situações tratadas no artigo anterior, constituem-se requisitos cumulativos para a apresentação e processamento do pedido de revisão ou impugnação do cálculo: (redação dada pela Resolução n. 482, de 19.12.2022)

a) o requerente apontar e especificar claramente quais são as incorreções existentes no cálculo, discriminando o montante que entende correto e devido;

b) a demonstração de que o defeito no cálculo se refere à incorreção material ou a fato superveniente ao título executivo, segundo o Código de Processo Civil; e

c) a demonstração de que não ocorreu a preclusão relativamente aos critérios de cálculo aplicados na elaboração da conta de liquidação na fase de conhecimento, liquidação, execução ou cumprimento de sentença. (redação dada pela Resolução n. 482, de 19.12.2022)

§ 1º Ao procedimento de revisão de cálculo, aplica-se o contraditório e a ampla defesa, autorizado o pagamento de parcela incontroversa.

§ 2º Havendo pedido de revisão de parte do crédito, o precatório será atualizado pelo seu valor integral conforme a metodologia de que se valeu o impugnante, devendo a parcela incontroversa ser paga segundo a cronologia. (redação dada pela Resolução n. 482, de 19.12.2022)

§ 3º Decidida a revisão de cálculo, incidirão correção monetária e juros de mora sobre os valores ainda não liberados e reconhecidos como devidos desde a data em que deveriam ter sido pagos, excluído, no caso dos juros, o período da graça constitucional. (redação dada pela Resolução n. 482, de 19.12.2022)

Art. 28. Erro ou inexatidão material abrange a incorreção detectada na elaboração da conta decorrente da inobservância de critério de cálculo adotado na decisão exequenda, assim também considerada aquela exarada na fase de cumprimento de sentença ou execução.

Art. 29. Decidido definitivamente o pedido de revisão do cálculo, a diferença apurada a maior será objeto de nova requisição ao tribunal. (redação dada pela Resolução n. 482, de 19.12.2022)

Parágrafo único. Decorrendo a diferença, contudo, do reconhecimento de erro material ou inexatidão aritmética, admite-se o pagamento complementar nos autos do precatório original. (redação dada pela Resolução n. 482, de 19.12.2022)

Art. 30. O precatório em que se promover a redução de seu valor original será retificado sem cancelamento.

§ 1º Decorrendo a redução de decisão proferida pelo juízo da execução, este a informará ao presidente do tribunal.

§ 2º Tratando-se de precatório sujeito ao regime especial de pagamentos, a retificação de valor deverá ser informada ao Presidente do Tribunal de Justiça. (redação dada pela Resolução n. 482, de 19.12.2022)

Seção III

Do Efetivo Pagamento ao Beneficiário, da Extinção, da sua Suspensão

(redação dada pela Resolução n. 482, de 19.12.2022)

Art. 31. Realizado o aporte de recursos na forma do capítulo anterior, o presidente do tribunal disponibilizará o valor necessário ao pagamento do precatório em conta bancária individualizada junto à instituição financeira.

§ 1º Verificada a regularidade da situação cadastral do beneficiário junto à Receita Federal ou ao Sistema Nacional de Informações de Registro Civil

(SIRC), o pagamento será realizado a esse ou a seu procurador com poderes especiais para receber e dar quitação, cientificadas as partes e o juízo da execução: (redação dada pela Resolução n. 438, de 28.10.2021)

I – mediante saque junto à conta bancária indicada no *caput* deste artigo, observando-se, no que couber, o rito de levantamento dos depósitos bancários; ou

II – por meio de alvará, mandado ou guia de pagamento;

III – por meio de transferência bancária eletrônica para a conta pessoal do destinatário. (incluído pela Resolução n. 438, de 28.10.2021)

§ 2º Nos casos de cessão, destaque de honorários contratuais ou outra hipótese de existência de mais de um beneficiário, a disponibilização de valores será realizada individualmente. (redação dada pela Resolução n. 482, de 19.12.2022)

§ 3º O tribunal poderá, respeitada a cronologia, realizar pagamento parcial do precatório em caso de valor disponibilizado a menor.

§ 4º Na hipótese do § 3º deste artigo, havendo mais de um beneficiário, observar-se-á a ordem crescente de valor e, no caso de empate, a maior idade, vedado o pagamento proporcional ou parcial de créditos.

Art. 32. Ocorrendo fato que impeça o regular e imediato pagamento, este será suspenso, total ou parcialmente, até que dirimida a controvérsia administrativa, sem retirada do precatório da ordem cronológica.

§ 1º A suspensão implicará provisionamento do valor respectivo, salvo em caso de dispensa excepcional por decisão fundamentada do Conselho Nacional de Justiça ou do presidente do tribunal.

§ 2º Provisionado ou não o valor do precatório nos termos deste artigo, é permitido o pagamento dos precatórios que se seguirem na ordem cronológica, enquanto perdurar a suspensão.

§ 3º O deferimento de parcelamento administrativo de crédito, medida efetivada entre entes públicos, suspende a exigibilidade do respectivo precatório para todos os fins.

§ 4º Faculta-se aos tribunais estabelecer critérios para a localização do beneficiário como cautela prévia ao pagamento do precatório, autorizada, em qualquer caso, se houver, a liberação do valor correspondente à penhora, à cessão e aos honorários sucumbenciais e contratuais.

§ 5º Nos autos de cumprimento de sentença, competirá ao juízo da execução decidir a respeito da sucessão processual nos casos de falecimento, divórcio, dissolução de união estável ou empresarial, dentre outras hipóteses legalmente previstas, caso em que comunicará ao presidente do tribunal os novos beneficiários do crédito requisitado, inclusive os relativos aos novos honorários contratuais, se houver. (redação dada pela Resolução n. 482, de 19.12.2022)

Art. 33. Quitado integralmente o precatório dar-se-á sua extinção. (redação dada pela Resolução n. 482, de 19.12.2022)

§ 1º Efetuado o cancelamento, e havendo requerimento do credor para a emissão de nova requisição de pagamento, além dos requisitos obrigatórios, deverá ser observado o seguinte:

I – para fins de definição da ordem cronológica, o juízo da execução informará o número da requisição cancelada;

II – será considerado o valor efetivamente transferido pela instituição financeira para a Conta Única do Tesouro Nacional;

III – será considerada a data-base da requisição de pagamento e a data da transferência a que alude o inciso II deste parágrafo, conforme indicado pela instituição financeira;

IV – a requisição será atualizada pelo indexador previsto na Lei de Diretrizes Orçamentárias, desde a data-base até o efetivo depósito; e

V – não haverá incidência de juros nas requisições, quando o cancelamento decorrer exclusivamente da inércia da parte beneficiária.

§ 2º Desde que comunicada à instituição financeira, consideram-se excluídos do cancelamento de que trata este artigo os depósitos sobre os quais exista ordem judicial suspendendo ou sustando a liberação dos respectivos valores a qualquer título.

§ 3º Aplica-se no que couber o disposto neste artigo aos demais tribunais.

Seção IV
Do Pagamento em Parcelas ou por Acordo Direto

Art. 34. Havendo precatórios com valor individual superior a 15% do montante dos precatórios apresentados nos termos do § 5º do art. 100 da Constituição Federal, assim considerados todos aqueles cujo pagamento foi efetivamente requisitado pelos tribunais à entidade devedora, 15% do valor destes precatórios serão pagos até o final do exercício seguinte, conforme o § 2º do mesmo artigo. (redação dada pela Resolução n. 438, de 28.10.2021)

§ 1º Para os fins do previsto no *caput* deste artigo, deverá haver manifestação expressa do devedor de que pagará o valor atualizado correspondente aos 15%, juntamente com os demais precatórios requisitados, até o final do exercício seguinte ao da requisição.

§ 2º A manifestação de que trata o § 1º deste artigo deverá também apontar a forma do pagamento do valor remanescente do precatório:

I – informando opção pelo parcelamento, o saldo remanescente do precatório será pago em até 5 (cinco) exercícios imediatamente subsequentes, em parcelas iguais e atualizadas na forma desta Resolução, que observarão o disposto nos §§ 5º e 6º do art. 100 da Constituição Federal, inclusive em relação à previsão de sequestro, sendo desnecessárias novas requisições. (redação dada pela Resolução n. 482, de 19.12.2022)

II – optando pelo acordo direto, o pagamento correspondente ocorrerá com observância da ordem cronológica, após sua homologação pelo Juízo Auxiliar de Conciliação de Precatórios do Tribunal e à vista da comprovação:

a) da vigência da norma regulamentadora do ente federado e do cumprimento dos requisitos nela previstos;

b) da inexistência de recurso ou impugnação judicial contra o crédito; e

c) do respeito ao deságio máximo de 40% do valor remanescente e atualizado do precatório.

§ 3º Não informando o ente devedor a opção pelo acordo direto, o tribunal procederá em conformidade com o disposto no inciso I do § 2º deste artigo.

Seção V
Da Incidência e Retenção de Tributos

Art. 35. A instituição financeira responsável pelo pagamento ao beneficiário do precatório providenciará, observando os parâmetros indicados na guia, alvará, mandado ou ordem bancária, quando for o caso: (redação dada pela Resolução n. 482, de 19.12.2022)

I – retenção das contribuições sociais, previdenciárias e assistenciais devidas pelos credores incidentes sobre o pagamento, e respectivo recolhimento dos valores retidos, na forma da legislação aplicável;

II – depósito da parcela do Fundo de Garantia por Tempo de Serviço – FGTS em conta vinculada à disposição do beneficiário, sendo o caso; e

III – retenção do imposto de renda na fonte devido pelos beneficiários, e seu respectivo recolhimento, conforme previsto em lei.

§ 1º Os valores retidos serão recolhidos com menção aos códigos respectivos e nos prazos previstos na legislação dos tributos e contribuições a que se referem e, na sua ausência, no prazo de até trinta dias da ocorrência do fato gerador.

§ 2º A instituição financeira fornecerá ao tribunal banco de dados, individualizando, por beneficiário, os recolhimentos realizados durante o mês, até o décimo dia útil do mês seguinte ao do recolhimento.

§ 3º O tribunal deverá repassar às respectivas entidades devedoras as informações recebidas da instituição financeira até o último dia útil do mês de recebimento, para fins de recolhimento das contribuições previdenciárias e assistenciais de responsabilidade patronal devidas em função do pagamento.

§ 4º A instituição financeira fornecerá ao beneficiário informações relativas ao imposto de renda.

§ 5º Não incide imposto de renda sobre juros de mora: (redação dada pela Resolução n. 482, de 19.12.2022)

I – devidos pelo atraso no pagamento de remuneração por exercício de emprego, cargo ou função; (redação dada pela Resolução n. 482, de 19.12.2022)

II – cuja verba principal seja isenta ou fora do campo de incidência daquele imposto. (redação dada pela Resolução n. 482, de 19.12.2022)

Art. 36. Na cessão de crédito e na compensação, a retenção de tributos observará o disposto na legislação em vigor na data do pagamento.

Parágrafo único. As contribuições previdenciárias e o recolhimento do FGTS não sofrem alterações em razão da cessão de crédito, penhora ou destaque de honorários contratuais.

TÍTULO III
DA PENHORA, DA CESSÃO E DA UTILIZAÇÃO DE CRÉDITOS EM PRECATÓRIOS
(redação dada pela Resolução n. 482, de 19.12.2022)

CAPÍTULO I
DA PENHORA DE VALORES DO PRECATÓRIO

Art. 37. Em caso de concurso de penhoras incidentes sobre créditos de precatórios, caberá ao juízo da execução estabelecer a ordem de preferência, independentemente de ter sido apresentada a requisição de pagamento ao tribunal. (redação dada pela Resolução n. 482, de 19.12.2022)

Art. 38. Tendo sido apresentado o ofício precatório ao tribunal, o juízo da execução comunicará a averbação da penhora do crédito para que sejam adotadas as providências relativas ao respectivo registro junto ao precatório. (redação dada pela Resolução n. 482, de 19.12.2022)

Art. 38-A. Ocorrendo a penhora antes da apresentação do ofício precatório o juízo da execução deverá destacar os valores correspondentes para posterior disponibilização ao juízo solicitante, por ocasião do pagamento. (incluído pela Resolução n. 482, de 19.12.2022)

Art. 39. Averbada a penhora, adotar-se-ão o procedimento e as regras relativas à cessão de créditos. (redação dada pela Resolução n. 482, de 19.12.2022)

Art. 40. A penhora somente incidirá sobre o valor disponível do precatório, considerado este como o valor líquido ainda não disponibilizado ao beneficiário, após incidência de imposto de renda, contribuição social, contribuição para o FGTS, honorários advocatícios contratuais, cessão registrada, compensação parcial e penhora anterior, se houver.

Art. 41. Quando do pagamento, os valores penhorados serão colocados à disposição do juízo da execução para repasse ao juízo interessado na penhora, não optando o tribunal pelo repasse direto.

Art. 41-A. Sem que haja interrupção no pagamento do precatório e mediante comunicação da Fazenda Pública ao Tribunal, o valor correspondente aos eventuais débitos inscritos em dívida ativa contra o credor do requisitório e seus substituídos deverá ser depositado à conta do juízo responsável pela ação de cobrança ajuizada, que decidirá pelo seu destino definitivo. (incluído pela Resolução n. 482, de 19.12.2022)

Art. 41-B. Ocorrendo a disponibilização dos valores à conta do juízo penhorante ou responsável pela ação de cobrança ajuizada, caberá a esse a decisão pelo seu destino definitivo. (incluído pela Resolução n. 482, de 19.12.2022)

CAPÍTULO II
DA CESSÃO DE CRÉDITO

Art. 42. O beneficiário poderá ceder, total ou parcialmente, seus créditos a terceiros, independentemente da concordância da entidade devedora, não se aplicando ao cessionário o disposto nos §§ 2º e 3º do art. 100 da Constituição Federal, cabendo ao presidente do tribunal providenciar o registro junto ao precatório.

§ 1º A cessão não altera a natureza do precatório, podendo o cessionário gozar da preferência de que trata o § 1º do art. 100 da Constituição Federal, quando a origem do débito assim permitir, mantida a posição na ordem cronológica originária, em qualquer caso.

§ 2º A cessão de créditos em precatórios somente alcança o valor disponível, entendido este como o valor líquido após incidência de contribuição social, contribuição para o FGTS, honorários advocatícios, penhora registrada, parcela superpreferencial já paga, compensação parcial e cessão anterior, se houver.

§ 3º O disposto neste artigo se aplica à cessão de honorários advocatícios em favor da sociedade de advogados.

§ 4º Em caso de cessão, o imposto de renda: (redação dada pela Resolução n. 482, de 19.12.2022)

I – se incidente sobre a parcela cedida, será de responsabilidade do cedente, nos termos da legislação que lhe for aplicável; (redação dada pela Resolução n. 482, de 19.12.2022)

II – se incidente sobre o valor recebido pelo cedente, quando da celebração da cessão, deve ser recolhido pelo próprio contribuinte, na forma da legislação tributária.

§ 5º O presidente do tribunal poderá editar regulamento para exigir a forma pública do respectivo instrumento como condição de validade para o registro de que tratam os artigos seguintes desta Resolução, resguardada a validade das cessões por instrumento particular informadas nos autos ou registradas até a data da publicação do aludido normativo. (redação dada pela Resolução n. 482, de 19.12.2022)

Art. 43. Pactuada cessão sobre o valor total do precatório após deferimento do pedido de pagamento da parcela superpreferencial pelo presidente do tribunal, ficará sem efeito a concessão do benefício, caso não tenha ocorrido o pagamento correspondente.

Parágrafo único. Não se aplica o disposto no *caput* se a parcela cedida não alcançar o valor a ser pago a título de superpreferência.

Art. 44. Antes da apresentação da requisição ao tribunal, a cessão total ou parcial somente será registrada se o interessado comunicar ao juízo da execução sua ocorrência por petição instruída com os documentos comprobatórios do negócio jurídico, e depois de intimadas as partes por meio de seus procuradores.

§ 1º Deferido pelo juízo da execução o registro da cessão, será cientificada a entidade devedora, antes da elaboração do ofício precatório.

§ 2º Havendo cessão total do crédito antes da elaboração do ofício precatório, este será titularizado pelo cessionário, que assume o lugar do cedente, observados os requisitos do art. 6º desta Resolução. (redação dada pela Resolução n. 482, de 19.12.2022)

§ 3º Havendo cessão parcial do crédito antes da apresentação ao tribunal, o ofício precatório, que deverá ser único, indicará os beneficiários, cedente e cessionário, apontando o valor devido a cada um, adotando-se a mesma data-base.

Art. 45. Após a apresentação da requisição, a cessão total ou parcial somente será registrada se o interessado comunicar ao presidente do tribunal sua ocorrência por petição instruída com os documentos comprobatórios do negócio jurídico, e depois de intimadas as partes por meio de seus procuradores.

§ 1º O registro será lançado no precatório após o deferimento pelo presidente do tribunal, que cientificará a entidade devedora e o juízo da execução.

§ 2º Os efeitos da cessão ficam condicionados ao registro a que alude o parágrafo anterior, assim como à comunicação, por meio de petição protocolizada ao ente federativo devedor. (redação dada pela Resolução n. 482, de 19.12.2022)

§ 3º Na cessão parcial, o cessionário assume a condição de cobeneficiário do precatório, expedindo-se tantas ordens de pagamento quantos forem os beneficiários. (redação dada pela Resolução n. 482, de 19.12.2022)

§ 4º O presidente do tribunal poderá delegar o processamento e a análise do pedido de registro de cessão. (incluído pela Resolução n. 482, de 19.12.2022)

CAPÍTULO III
DA UTILIZAÇÃO DE CRÉDITOS EM PRECATÓRIOS
(incluído pela Resolução n. 482, de 19.12.2022)

Art. 45-A. É facultada ao credor do precatório, na forma estabelecida pela lei do ente federativo devedor, a utilização de créditos em precatórios originalmente próprios ou adquiridos de terceiros para: (incluído pela Resolução n. 482, de 19.12.2022)

I – quitação de débitos parcelados ou débitos inscritos em dívida ativa do ente federativo devedor, inclusive em transação resolutiva de litígio, e, subsidiariamente, débitos com a administração autárquica e fundacional do mesmo ente; (incluído pela Resolução n. 482, de 19.12.2022)

II – compra de imóveis públicos de propriedade do mesmo ente disponibilizados para venda; (incluído pela Resolução n. 482, de 19.12.2022)

III – pagamento de outorga de delegações de serviços públicos e demais espécies de concessão negocial promovidas pelo mesmo ente; (incluído pela Resolução n. 482, de 19.12.2022)

IV – aquisição, inclusive minoritária, de participação societária, disponibilizada para venda, do respectivo ente federativo; ou (incluído pela Resolução n. 482, de 19.12.2022)

V – compra de direitos, disponibilizados para cessão, do respectivo ente federativo, inclusive, no caso da União, da antecipação de valores a serem recebidos a título do excedente em óleo em contratos de partilha de petróleo. (incluído pela Resolução n. 482, de 19.12.2022)

Parágrafo único. A utilização dos créditos em precatórios emitidos em face da Fazenda Pública Federal, na forma prevista no *caput*, é autoaplicável, não havendo necessidade de prévia regulamentação em lei. (incluído pela Resolução n. 482, de 19.12.2022)

Art. 46. A utilização de créditos em precatórios nas hipóteses previstas no artigo anterior não constitui pagamento para fins de ordem cronológica e independe do regime de pagamento a que submetido o precatório, devendo ser realizada no âmbito do Poder Executivo e limitada ao Valor Líquido Disponível. (redação dada pela Resolução n. 482, de 19.12.2022)

Art. 46-A. A pedido do beneficiário, o tribunal expedirá Certidão do Valor Líquido Disponível para fins de Utilização do Crédito em Precatório – CVLD, de forma padronizada, contendo todos os dados necessários para a completa identificação do crédito, do precatório e de seu beneficiário, providenciando o bloqueio total do precatório no prazo de validade da CVLD, sem retirá-lo da ordem cronológica, efetuando-se o provisionamento dos valores requisitados, se atingido o momento de seu pagamento. (incluído pela Resolução n. 482, de 19.12.2022)

§ 1º Considera-se Valor Líquido Disponível aquele ainda não liberado ao beneficiário, obtido após reserva para pagamento dos tributos incidentes e demais valores já registrados junto ao precatório, como a cessão parcial de crédito, penhora, depósitos de FGTS e honorários advocatícios contratuais. (incluído pela Resolução n. 482, de 19.12.2022)

§ 2º Os valores relativos à anterior utilização de crédito em precatório, devem ser previamente descontados na apuração do Valor Líquido Disponível. (incluído pela Resolução n. 482, de 19.12.2022)

§ 3º A CVLD terá validade mínima de 60 (sessenta) dias e validade máxima de 90 (noventa) dias, não podendo ser efetivados, durante este prazo, registros de cessão, de penhora ou de ato que altere o valor certificado. (incluído pela Resolução n. 482, de 19.12.2022)

§ 4º Antes da expedição da CVLD deverão estar registradas as utilizações anteriores do crédito, as penhoras, as cessões e outros créditos já apresentados e pendentes de registro. (incluído pela Resolução n. 482, de 19.12.2022)

§ 5º Comunicada pela Fazenda Pública devedora a utilização total ou parcial do crédito, o tribunal deve registrar junto ao precatório o valor efetivamente utilizado pelo Poder Executivo, bem como a respectiva data, encerrando-se a validade da CVLD utilizada total ou parcialmente. (incluído pela Resolução n. 482, de 19.12.2022)

§ 6º O crédito constante da CVLD poderá quitar, no máximo, o valor indicado na certidão. Os valores decorrentes da atualização monetária incidentes entre a data base da CVLD e a data da efetiva utilização do crédito devem ser acrescentados ao precatório, pelo tribunal, quando do pagamento dos valores remanescentes. (incluído pela Resolução n. 482, de 19.12.2022)

§ 7º O imposto de renda incidente sobre o valor do crédito utilizado continua sob responsabilidade do beneficiário do precatório, nos termos da legislação que lhe for aplicável. (incluído pela Resolução n. 482, de 19.12.2022)

§ 8º Para a efetiva utilização de crédito em precatório adquirido de terceiros é necessário o prévio registro da cessão, na forma prevista nesta Resolução, expedindo-se a CVLD em nome do cessionário. (incluído pela Resolução n. 482, de 19.12.2022)

§ 9º A utilização do crédito em precatório, como previsto neste capítulo, acarreta a baixa do valor utilizado, com redução do valor original do precatório, podendo resultar na sua extinção se utilizada a integralidade do crédito. (incluído pela Resolução n. 482, de 19.12.2022)

§ 10. A compensação operar-se-á no momento em que admitida a sua utilização conforme regulamentação do Poder Executivo, ficando, nos termos do art. 36 da Lei n. 12.431/2011, sob condição resolutória de ulterior disponibilização financeira do recurso pelo tribunal respectivo, que poderá ocorrer, no limite, até o momento originalmente previsto para pagamento do precatório. (incluído pela Resolução n. 482, de 19.12.2022)

§ 11. Utilizado todo o Valor Líquido Disponível e remanescendo valores relativos às retenções legais na fonte, penhora, cessão, honorários contratuais ou contribuições para o FGTS, o presidente do tribunal, quando disponibilizados os recursos pela entidade federativa devedora, providenciará, observada a ordem cronológica, os recolhimentos legais e os pagamentos devidos. (incluído pela Resolução n. 482, de 19.12.2022)

§ 12. Realizada a quitação integral do precatório será providenciada a sua baixa. (incluído pela Resolução n. 482, de 19.12.2022)

§ 13. Os procedimentos para oferta e análise do pedido, bem como a efetivação do encontro de contas, serão regulamentados pelo Poder Executivo, observado o disposto nesta Resolução. (incluído pela Resolução n. 482, de 19.12.2022)

TÍTULO IV
DO PAGAMENTO DAS OBRIGAÇÕES DEFINIDAS EM LEIS COMO DE PEQUENO VALOR
CAPÍTULO ÚNICO

Art. 47. O pagamento das requisições de que tratam o art. 17, da Lei n. 10.259/2011, o art. 13, inciso I, da Lei n. 12.153/2009, e o art. 535, § 3º, inciso II, do Código de Processo Civil será realizado nos termos do presente Título. (redação dada pela Resolução n. 482, de 19.12.2022)

§ 1º Considerar-se-á obrigação de pequeno valor aquela definida em lei da entidade federativa devedora, sendo o mínimo igual ao valor do maior benefício do regime geral de previdência social. (redação dada pela Resolução n. 482, de 19.12.2022)

§ 2º Inexistindo lei, ou em caso de não observância do disposto no § 4 o do art. 100 da Constituição Federal, considerar-se-á como obrigação de pequeno valor:

I – 60 (sessenta) salários-mínimos, se devedora a fazenda federal; (redação dada pela Resolução n. 482, de 19.12.2022)

II – 40 (quarenta) salários-mínimos, se devedora a fazenda estadual ou distrital; e

III – 30 (trinta) salários-mínimos, se devedora a fazenda municipal.

§ 3º Os valores definidos nos termos dos §§ 1º e 2º deste artigo observarão a data do trânsito em julgado da fase de conhecimento. (redação dada pela Resolução n. 438, de 28.10.2021)

Art. 48. O beneficiário poderá renunciar a parcela do crédito, de forma expressa, com a finalidade de enquadramento no limite da requisição de pequeno valor. (redação dada pela Resolução n. 482, de 19.12.2022)

Parágrafo único. O pedido será encaminhado ao juízo da execução, mesmo que expedido o ofício precatório.

Art. 49. A ordem de pagamento será determinada pelo juiz do cumprimento de sentença, dirigida à autoridade na pessoa de quem o ente público foi citado para o processo, com prazo de 2 (dois) meses para providenciar a disponibilização dos recursos necessários. (redação dada pela Resolução n. 482, de 19.12.2022)

§ 1º Da requisição constarão os dados indicados no art. 6º desta Resolução, no que couber. (redação dada pela Resolução n. 482, de 19.12.2022)

§ 2º Compete ao juízo da execução decidir eventuais incidentes, realizar o pagamento e, desatendida a ordem, determinar imediatamente o sequestro do numerário suficiente ao cumprimento da decisão, dispensada a audiência da Fazenda Pública, sem prejuízo da adoção de medidas previstas no art. 139, inciso IV, do Código de Processo Civil.

§ 3º O sequestro alcançará o valor atualizado do crédito requisitado, sobre o qual incidirão também juros de mora.

§ 4º A requisição poderá ser apresentada ao tribunal, havendo descentralização de recursos orçamentários pela Fazenda Pública para tal fim, na forma de convênio ou de lei própria.

Art. 50. No que couber, aplica-se à requisição de pequeno valor as disposições desta Resolução sobre: (redação dada pela Resolução n. 482, de 19.12.2022)

I – atualização monetária;

II – juros de mora;

III – cessão, penhora e honorários contratuais; (redação dada pela Resolução n. 482, de 19.12.2022)

IV – revisão de cálculos;

V – retenção e repasse de tributos; e

VI – pagamento ao credor.

TÍTULO V
DAS DISPOSIÇÕES TRANSITÓRIAS E FINAIS
CAPÍTULO I
DO REGIME ESPECIAL DE PAGAMENTO DE PRECATÓRIOS
Seção I
Das Disposições Gerais

Art. 51. Os Estados, o Distrito Federal e os Municípios que, em 25 de março de 2015, estavam em mora na quitação de precatórios vencidos, relativos às suas administrações direta e indireta, farão os pagamentos conforme as normas deste Título, observadas as regras do regime especial presentes nos arts. 101 a 105 do ADCT.

§ 1º O débito de que trata este Capítulo corresponde à soma de todos os precatórios que foram ou vierem a ser requisitados até 2 de abril do penúltimo ano de vigência do regime especial. (redação dada pela Resolução n. 482, de 19.12.2022).

§ 2º A dívida de precatórios sujeita ao regime especial não se confunde com o valor não liberado pelo ente devedor para sua amortização.

Art. 52. No que couber, serão aplicadas as regras do regime ordinário ao pagamento dos precatórios submetidos ao regime especial, sobretudo as referentes à cessão, à penhora de crédito, utilização de créditos em precatórios, à atualização monetária, ao pagamento ao beneficiário, inclusive de honorários contratuais, à revisão e impugnação de cálculos e à retenção de tributos na fonte e seu recolhimento. (redação dada pela Resolução n. 482, de 19.12.2022)

Art. 53. A lista de ordem cronológica, cuja elaboração compete ao Tribunal de Justiça, conterá todos os precatórios devidos pela administração direta e pelas entidades da administração indireta do ente devedor, abrangendo as requisições originárias da jurisdição estadual, trabalhista, federal e militar.

§ 1º O Tribunal Regional do Trabalho, o Tribunal Regional Federal e o Tribunal de Justiça Militar encaminharão ao Tribunal de Justiça, até o dia 25 de maio, relação contendo a identificação do ente federativo sujeito ao regime especial, e os valores efetivamente requisitados. (redação dada pela Resolução n. 482, de 19.12.2022)

§ 2º Prestadas as informações do parágrafo anterior, o Tribunal de Justiça publicará a lista de ordem cronológica dos pagamentos, encaminhando-a aos demais tribunais. (redação dada pela Resolução n. 482, de 19.12.2022)

§ 3º Faculta-se ao Tribunal de Justiça, de comum acordo com o Tribunal Regional do Trabalho, Tribunal Regional Federal e Tribunal de Justiça Militar, optar pela manutenção das listas de pagamento junto a cada tribunal de origem dos precatórios, devendo: (redação dada pela Resolução n. 482, de 19.12.2022)

I – a lista separada observar, no que couber, o disposto no *caput* deste artigo; e

II – o pagamento dos precatórios a cargo de cada tribunal ficar condicionado à observância da lista separada, bem como ao repasse mensal de recursos a ser realizado pelo Tribunal de Justiça, considerando a proporcionalidade do montante do débito presente em cada tribunal.

§ 4º Em qualquer caso, e para exclusivo fim de acompanhamento do pagamento dos precatórios de cada entidade, faculta-se aos tribunais manter listas de ordem cronológica elaboradas por entidade devedora.

Art. 54. Para a gestão do regime de que trata este Capítulo, o Tribunal de Justiça encaminhará, até 20 de dezembro, ao Tribunal Regional do Trabalho, ao Tribunal Regional Federal e ao Tribunal de Justiça Militar a relação dos entes devedores submetidos ao regime especial, acompanhada dos valores por eles devidos no exercício seguinte, e o plano anual de pagamento homologado.

Seção II
Das Contas Especiais
(redação dada pela Resolução n. 482, de 19.12.2022)

Art. 55. Compete ao Presidente do Tribunal de Justiça a administração das contas de que trata o art. 101 do ADCT.

§ 1º Para cada ente devedor serão abertas duas contas, dispensada a abertura da segunda, caso o ente não tenha formalizado e regulamentado, em norma própria, opção de pagamento por acordo direto.

§ 2º A primeira conta deve ser utilizada para pagamento de precatórios da ordem cronológica, inclusive os relativos à parcela superpreferencial. (redação dada pela Resolução n. 482, de 19.12.2022)

§ 3º A segunda conta será utilizada para pagamento dos acordos diretos. (redação dada pela Resolução n. 482, de 19.12.2022)

§ 4º Havendo convênio para separação de listas de que trata o art. 53, § 3º, desta Resolução, o Tribunal de Justiça poderá abrir apenas uma conta, sobre o saldo da qual: (incluído pela Resolução n. 482, de 19.12.2022)

I – deverá ser realizado mensalmente o rateio e a transferência dos valores devidos ao pagamento de precatórios pelo Tribunal Regional do Trabalho, Tribunal Regional Federal e Tribunal de Justiça Militar; e (incluído pela Resolução n. 482, de 19.12.2022)

II – serão transferidos para a(s) conta(s) de que tratam os parágrafos anteriores os recursos que, após rateio, couberem para o pagamento dos precatórios processados pela justiça estadual. (incluído pela Resolução n. 482, de 19.12.2022)

§ 5º Os tribunais poderão firmar convênios para operar as contas especiais, mediante repasse de percentual a ser definido no respectivo instrumento quanto aos ganhos auferidos com as aplicações financeiras realizadas com os valores depositados, observadas as seguintes regras: (incluído pela Resolução n. 482, de 19.12.2022)

I – para os fins do *caput* deste artigo, faculta-se aos tribunais a contratação de bancos oficiais ou, não aceitando o critério preferencial proposto pelo legislador, de bancos privados, hipótese em que serão observadas a realidade do caso concreto, as normas inerentes ao procedimento licitatório e os regramentos legais e princípios constitucionais aplicáveis; (incluído pela Resolução n. 482, de 19.12.2022)

II – inexistindo convênio para separação de listas, os ganhos auferidos nos termos deste artigo deverão sofrer rateio conforme a proporcionalidade do montante do débito presente em cada tribunal. (incluído pela Resolução n. 482, de 19.12.2022)

Art. 56. Restando saldo na segunda conta ao fim do exercício financeiro, e inexistindo beneficiários habilitados a pagamento por acordo direto, o tribunal transferirá os recursos correspondentes para a conta da ordem cronológica. (redação dada pela Resolução n. 482, de 19.12.2022)

Seção III
(incluído pela Resolução n. 482, de 19.12.2022)

Do Comitê Gestor

(incluído pela Resolução n. 482, de 19.12.2022)

Art. 57. O Presidente do Tribunal de Justiça contará com o auxílio de um Comitê Gestor, composto pelos magistrados designados pela Presidência dos tribunais para a gestão dos precatórios no âmbito de cada Corte. (redação dada pela Resolução n. 482, de 19.12.2022)

§ 1º Compete ao Comitê Gestor:

I – promover a integração entre os tribunais membros, garantindo a transparência de informações e demais dados afetos ao cumprimento do regime especial;

II – acompanhar o fluxo de amortizações e aportes promovidos pelo ente devedor, bem como dos pagamentos de precatórios realizados pelos tribunais, mediante acesso ao processo administrativo de acompanhamento de cumprimento do regime especial de cada ente devedor;

III – emitir parecer acerca de impugnação relativa ao posicionamento do precatório e à cronologia dos pagamentos, em caso de não opção pela separação de listas de pagamento;

IV – acompanhar e fiscalizar a execução do plano anual de pagamento; e

V – auxiliar na gestão das contas especiais, propondo medidas para a regularização de repasses financeiros.

§ 2º O Comitê Gestor será presidido pelo magistrado vinculado ao Tribunal de Justiça e deliberará por maioria de votos. (redação dada pela Resolução n. 482, de 19.12.2022)

Seção IV
(redação dada pela Resolução n. 482, de 19.12.2022)

Amortização da Dívida de Precatórios

Art. 58. O débito de precatórios sujeito ao regime especial será quitado mediante as seguintes formas de amortização:

I – depósito mensal obrigatório da parcela de que trata o art. 101 do ADCT;

II – transferência de recursos para as contas especiais decorrentes do uso facultativo de:

a) valores de depósitos judiciais e depósitos administrativos em dinheiro, referentes a processos judiciais ou administrativos, tributários ou não tributários, nos quais sejam partes os Estados, o Distrito Federal ou os Municípios, e as respectivas autarquias, fundações e empresas estatais dependentes;

b) demais depósitos judiciais da localidade sob jurisdição do respectivo Tribunal de Justiça;

c) empréstimos; e

d) valores de depósitos em precatórios e requisições judiciais para pagamento de obrigação de pequeno valor efetuados até 31 de dezembro de 2009, e ainda não levantados pelo beneficiário.

Subseção I
Da Amortização Mensal

Art. 59. O depósito de que trata o art. 101 do ADCT corresponderá a 1/12 (um doze avos) do valor calculado percentualmente sobre a Receita Corrente Líquida – RCL do ente devedor, apurada no segundo mês anterior ao do depósito, considerado o total da dívida de precatórios.

§ 1º O percentual de que trata o *caput* deste artigo deverá ser suficiente à quitação do débito de precatórios apresentados regularmente até 2 de abril do penúltimo ano de vigência do regime especial, recalculado anualmente. (redação dada pela Resolução n. 482, de 19.12.2022)

§ 2º Quando variável o percentual de que trata o parágrafo anterior, será devido, a título de percentual mínimo, aquele praticado pelo ente devedor na data da entrada em vigor do regime especial previsto no art. 101 do Ato das Disposições Constitucionais Transitórias – ADCT. (redação dada pela Resolução n. 482, de 19.12.2022)

§ 3º A revisão anual do percentual de que trata o § 1º considerará: (redação dada pela Resolução n. 482, de 19.12.2022)

I – o saldo devedor projetado em 31 de dezembro do ano corrente, composto inclusive de eventuais diferenças apuradas em relação ao percentual da RCL devido em conformidade com o disposto no art. 101 do ADCT; (redação dada pela Resolução n. 482, de 19.12.2022)

II – a dedução dos valores das amortizações mensais a serem feitas até o final do exercício corrente, bem como do valor das amortizações efetivamente realizadas junto à dívida consolidada de precatórios; e (redação dada pela Resolução n. 482, de 19.12.2022)

III – a divisão do resultado pelo número de meses faltantes para o prazo fixado no art. 101 do ADCT, incluídos no cálculo da dívida os precatórios que ingressaram no exercício orçamentário do ano seguinte. (redação dada pela Resolução n. 482, de 19.12.2022)

§ 4º Às entidades superendividadas, ou seja, aquelas que possuem comprometimento mensal superior a 5% (cinco por cento) da RCL, é facultada a observância de repasse mensal de recursos, incluídos neste os orçamentários e os adicionais, não inferior a 5% (cinco por cento) da RCL. (redação dada pela Resolução n. 482, de 19.12.2022)

Subseção II
Da Amortização pelo Uso Facultativo e Adicional de Recursos Não Orçamentários

Art. 60. O uso dos depósitos para a amortização da dívida de precatórios será realizado na forma do § 2º, incisos I e II, do art. 101 do ADCT.

Art. 61. Havendo disponibilidade financeira na conta especial, decorrente de empréstimo, o Tribunal de Justiça promoverá o imediato recálculo do valor da parcela relativa à amortização mensal, respeitado o pagamento do percentual mínimo. (redação dada pela Resolução n. 482, de 19.12.2022)

Parágrafo único. Na hipótese de toda a dívida de precatórios ser quitada em razão do empréstimo, o Tribunal de Justiça declarará cumprido o regime especial em relação ao ente devedor, comunicando o fato aos demais tribunais integrantes do Comitê Gestor. (redação dada pela Resolução n. 482, de 19.12.2022)

Art. 62. Os recursos ainda não levantados e oriundos do depósito de precatórios e requisições de pagamento de obrigações de pequeno valor, efetuados até 31 de dezembro de 2009, serão transferidos para as contas especiais, após requerimento do ente devedor.

§ 1º O presidente do tribunal comunicará ao juízo da execução sobre o pedido de cancelamento de precatório ou requisição de pequeno valor, solicitando a notificação do respectivo beneficiário para que providencie o levantamento dos valores em até 30 (trinta) dias. (redação dada pela Resolução n. 482, de 19.12.2022)

§ 2º A manutenção ou o cancelamento de ambas as modalidades de requisição será decidido pelo juízo da execução, que deverá cientificar o presidente do tribunal em até 10 (dez) dias. (redação dada pela Resolução n. 482, de 19.12.2022)

§ 3º Consideram-se excluídos do cancelamento de que trata este artigo os depósitos sobre os quais exista ordem judicial suspendendo ou sustando a liberação dos respectivos valores, cabendo ao magistrado comunicar à instituição financeira depositária. (redação dada pela Resolução n. 482, de 19.12.2022)

Art. 63. O cancelamento e a baixa das obrigações nos termos do artigo anterior asseguram a revalidação das requisições pelos juízos da execução, a requerimento do credor, após a oitiva da entidade devedora e garantida a atualização na forma desta Resolução, caso em que: (redação dada pela Resolução n. 482, de 19.12.2022)

a) o precatório reassumirá a posição de ordem cronológica original;

b) será expedida nova requisição de pequeno valor, ainda que o montante devido ultrapasse o teto definido para essa modalidade para o ente devedor; e (redação dada pela Resolução n. 448, de 25.3.2022)

c) além dos requisitos próprios, o requisitório revalidado conterá, independentemente da modalidade a ser expedida, o número da requisição anterior e a expressa menção à revalidação.

Parágrafo único. Nos casos de que trata este artigo, não incidem juros de mora no período da graça constitucional e durante o prazo de pagamento da requisição de pequeno valor. (redação dada pela Resolução n. 448, de 25.3.2022)

Subseção III
Do Plano Anual de Pagamento

Art. 64. A amortização da dívida de precatórios ocorrerá mediante o cumprimento do disposto nas subseções anteriores, conforme proposto em plano de pagamento apresentado anualmente pelo ente devedor ao Tribunal de Justiça, obedecidas as seguintes regras:

I – O Tribunal de Justiça deverá comunicar, até o dia 20 de agosto, aos entes devedores o percentual da RCL que será observado a partir de 1º de janeiro do ano subsequente; e

II – Os entes devedores poderão, até 20 de setembro do ano corrente, apresentar plano de pagamento para o exercício seguinte prevendo a forma pela qual as amortizações mensais ocorrerão, sendo permitida a variação de valores nos meses do exercício, desde que a proposta assegure a disponibilização do importe total devido no período.

§ 1º O Tribunal de Justiça publicará os planos de pagamento homologados até 10 de dezembro.

§ 2º Não sendo apresentado o plano de que trata este artigo, as amortizações ocorrerão exclusivamente por meio de recursos orçamentários, conforme plano de pagamento estabelecido de ofício pelo Tribunal de Justiça.

§ 3º As tratativas para acesso aos recursos adicionais não suspendem a exigibilidade do repasse mensal dos recursos orçamentários de que tratam o art. 101 do ADCT e o art. 59 desta Resolução.

Art. 65. O plano anual de pagamento poderá prever, além do uso de recursos orçamentários, a utilização dos recursos oriundos das fontes adicionais apontadas nos artigos 60 a 63 desta Resolução.

§ 1º Faculta-se aos entes devedores, na elaboração do plano anual de que trata este artigo, contabilizarem os recursos adicionais no pagamento dos valores devidos a título de repasses mensais.

§ 2º Frustrado o ingresso dos recursos provenientes de fontes adicionais, o Tribunal de Justiça considerará inadimplido o valor a eles correspondente, aplicando imediatamente ao ente inadimplente as sanções previstas no art. 104 do ADCT e art. 67 desta Resolução.

Seção V
(redação dada pela Resolução n. 482, de 19.12.2022)

Da Não Liberação Tempestiva de Recursos

Art. 66. Se os recursos referidos no art. 101 do ADCT para o pagamento de precatórios não forem tempestivamente liberados, no todo ou em parte, o Presidente do Tribunal de Justiça, de ofício:

I – informará ao Ministério Público e ao Tribunal de Contas a conduta do chefe do Poder Executivo do ente federativo inadimplente, que responderá na forma das Leis de Responsabilidade Fiscal e de Improbidade Administrativa; (redação dada pela Resolução n. 482, de 19.12.2022)

II – oficiará à União para que esta retenha os recursos referentes aos repasses do Fundo de Participação dos Estados e do Distrito Federal e ao do Fundo de Participação dos Municípios, conforme o caso, depositando-os na conta especial referida no art. 101 do ADCT;

III – oficiará ao Estado para que retenha os repasses previstos no parágrafo único do art. 158 da Constituição Federal, depositando-os na conta especial referida no art. 101 do ADCT; e

IV – determinará o sequestro, até o limite do valor não liberado, das contas do ente federado inadimplente.

§ 1º A aplicação das sanções previstas nos incisos II a IV deste artigo poderá ser realizada cumulativamente, até o limite do valor inadimplido.

§ 2º Enquanto perdurar a omissão, o ente federativo não poderá contrair empréstimo externo ou interno, exceto para os fins previstos no inciso III do § 2º do art. 101 do ADCT, ficando ainda impedido de receber transferências voluntárias. (redação dada pela Resolução n. 482, de 19.12.2022)

§ 3º Para os fins previstos no inciso II e no parágrafo anterior, o presidente do tribunal providenciará a inclusão do ente devedor em cadastro de entes federados inadimplentes com precatórios, a ser disponibilizado e mantido pelo CNJ.

§ 4º As sanções previstas neste artigo somente alcançam os valores das fontes adicionais, previstas no plano anual de pagamento, quando integrarem o valor devido a título de repasse mensal. (redação dada pela Resolução n. 482, de 19.12.2022)

Subseção I
Da Retenção de Repasses Constitucionais

Artigo 67. Verificada a inadimplência, o Presidente do Tribunal de Justiça comunicará à União, bem como ao Estado, para que seja providenciada a retenção do valor dos repasses previstos nos artigos 157 e 158, parágrafo único, da Constituição Federal, fornecendo todos os dados necessários à prática do ato. (Redação dada pela Resolução nº 365, de 12.1.21)

Parágrafo único. A comunicação prevista no *caput* será realizada, preferencialmente, por meio de sistema eletrônico a ser disponibilizado pelo Conselho Nacional de Justiça. (incluído pela Resolução n. 482, de 19.12.2022)

Subseção II
Do Sequestro

Art. 68. Decidindo o Presidente do Tribunal de Justiça pela realização do sequestro, o ente devedor será intimado para que, em dez dias, promova ou comprove a disponibilização dos recursos não liberados tempestivamente, ou apresente informações.

§ 1º Decorrido o prazo, os autos seguirão com vista ao representante do Ministério Público, pelo prazo de cinco dias.

§ 2º Determinado o sequestro, sua execução ocorrerá por meio do uso da ferramenta eletrônica disponibilizada pelo Conselho Nacional de Justiça. (redação dada pela Resolução n. 482, de 19.12.2022)

§ 3º Vencidas prestações mensais durante a tramitação do incidente de sequestro, a efetivação da medida alcançará o total devido no momento da realização da constrição eletrônica.

§ 4º No que couber, deverá ser observado o procedimento para o sequestro no regime geral previsto nesta Resolução. (redação dada pela Resolução n. 482, de 19.12.2022)

Art. 69. A preterição do direito de precedência do credor do precatório, submetido ao regime especial, autoriza o presidente do tribunal de origem da requisição promover o sequestro da quantia respectiva, com base no art. 100, § 6º, da Constituição Federal. (redação dada pela Resolução n. 482, de 19.12.2022)

Subseção III
Do Cadastro de Devedores Inadimplentes

Art. 70. Fica instituído o Cadastro de Entidades Devedoras Inadimplentes de Precatórios – Cedinprec, mantido pelo Conselho Nacional de Justiça, no qual constarão as entidades devedoras inadimplentes, posicionadas no regime especial de pagamento, assim consideradas aquelas que deixarem de realizar, total ou parcialmente, a liberação tempestiva dos recursos. (redação dada pela Resolução n. 482, de 19.12.2022)

§ 1º Cabe à presidência do Tribunal de Justiça incluir os entes devedores no cadastro de que trata esta subseção. (repristinado pela Resolução n. 431, de 20.10.2021)

§ 2º Será conferido acesso público ao Cedinprec por meio da página do CNJ na rede mundial de computadores. (redação dada pela Resolução n. 482, de 19.12.2022)

Art. 71. Os procedimentos e rotinas complementares referentes ao uso do sistema de que trata esta subseção serão objeto de regulamentação pelo CNJ. (repristinado pela Resolução n. 431, de 20.10.2021)

Parágrafo único. O Cedinprec poderá ser disponibilizado aos tribunais para utilização de suas funcionalidades no âmbito do regime geral de pagamento de precatórios. (incluído pela Resolução n. 482, de 19.12.2022)

Seção VI
(redação dada pela Resolução n. 482, de 19.12.2022)
Do Pagamento de Precatórios no Regime Especial

Subseção I
Pagamento conforme a Ordem Cronológica

Art. 72. O pagamento dos precatórios sujeitos ao regime especial observará a ordem da cronologia de sua apresentação perante o tribunal ao qual está vinculado o juízo responsável por sua expedição, respeitadas as preferências constitucionais em cada exercício e o disposto nesta Resolução quanto à elaboração das listas de pagamento.

Art. 73. Enquanto viger o regime especial, pelo menos 50% (cinquenta por cento) dos recursos depositados nas contas especiais serão utilizados no pagamento segundo a ordem cronológica de apresentação. (redação dada pela Resolução n. 482, de 19.12.2022)

Parágrafo único. O pagamento da parcela superpreferencial será realizado com recursos destinados à observância da cronologia. (redação dada pela Resolução n. 482, de 19.12.2022)

Subseção II
Pagamento da Parcela Superpreferencial

Art. 74. Na vigência do regime especial, a superpreferência será atendida até o valor equivalente ao quíntuplo daquele fixado em lei para os fins do disposto no § 3º do art. 100 da Constituição Federal, sendo o valor restante pago em ordem cronológica de apresentação do precatório. (redação dada pela Resolução n. 482, de 19.12.2022)

§ 1º O teto de pagamento da parcela superpreferencial previsto no *caput* levará em conta a lei vigente na data do trânsito em julgado da fase de conhecimento. (redação dada pela Resolução n. 482, de 19.12.2022)

§ 2º No que couber, o procedimento de superpreferência observará o Título II, Capítulo I, Seção II desta Resolução. (redação dada pela Resolução n. 482, de 19.12.2022)

Art. 75. Em caso de insuficiência de recursos para atendimento da totalidade dos beneficiários da parcela superpreferencial, serão pagos os portadores de doença grave, os idosos e as pessoas com deficiência, nesta ordem. (redação dada pela Resolução n. 482, de 19.12.2022)

§ 1º Concorrendo mais de um beneficiário por classe de prioridade, será primeiramente pago aquele cujo precatório for mais antigo. (redação dada pela Resolução n. 482, de 19.12.2022)

§ 2º A superpreferência será paga com observância do conjunto de precatórios pendentes de requisição ou pagamento, independentemente do ano de expedição e de requisição. (redação dada pela Resolução n. 482, de 19.12.2022)

Subseção III
Pagamento mediante Acordo Direto

Art. 76. Dar-se-á o pagamento de precatório mediante acordo direto desde que:

I – previsto em ato próprio do ente federativo devedor; (redação dada pela Resolução n. 482, de 19.12.2022)

II – tenha sido oportunizada previamente sua realização a todos os credores do ente federado sujeito ao regime especial;

III – observado o limite máximo de deságio de 40% do valor atualizado do precatório;

IV – tenha sido homologado pelo tribunal;

V – o crédito tenha sido transacionado por seu titular e em relação ao qual não exista pendência de recurso ou de impugnação judicial; e

VI – os empréstimos de que trata o inciso III do § 2º do art. 101 do ADCT poderão ser destinados, por meio de ato do ente federativo, exclusivamente ao pagamento de precatórios por acordo direto com os credores. (redação dada pela Resolução n. 482, de 19.12.2022)

Parágrafo único. O acordo direto será realizado perante o tribunal que requisitou o precatório, a quem caberá regulamentá-lo, obedecendo-se o disposto neste artigo, e ainda: (redação dada pela Resolução n. 482, de 19.12.2022)

I – o tribunal publicará edital de convocação dirigido a todos os beneficiários do ente devedor, no qual deverá constar o prazo de validade da habilitação; (redação dada pela Resolução n. 482, de 19.12.2022)

II – habilitados os beneficiários, os pagamentos serão realizados com recursos disponíveis na segunda conta, observando-se a ordem cronológica original dos precatórios habilitados para realização do acordo e seu pagamento; (redação dada pela Resolução n. 482, de 19.12.2022)

III – a qualquer tempo antes do pagamento o credor habilitado pode desistir do acordo direto;

IV – não havendo recursos suficientes para realização de acordo direto com todos os beneficiários habilitados, a respectiva lista deverá permanecer vigente durante o seu prazo de validade previsto no edital, utilizando-se os novos recursos que forem aportados à segunda conta no período. (incluído pela Resolução n. 482, de 19.12.2022)

V – pagos todos os credores habilitados ou vencido o prazo de validade da habilitação, o tribunal publicará novo edital com observância das regras deste artigo; e (incluído pela Resolução n. 482, de 19.12.2022)

VI – havendo lista unificada de pagamentos, é vedada aos tribunais a publicação concomitante de editais. (incluído pela Resolução n. 482, de 19.12.2022)

Subseção IV
Da Compensação no Regime Especial
(redação dada pela Resolução n. 482, de 19.12.2022)

Art. 77. Compete ao ente federado submetido ao regime especial regulamentar, por meio de ato próprio, a compensação do precatório com dívida ativa.

Parágrafo único. Inexistindo regulamentação da entidade federativa, o credor poderá apresentar requerimento ao órgão fazendário respectivo solicitando a compensação total ou parcial do precatório com créditos inscritos em dívida ativa até 25 de março de 2015, instruindo o pedido com certidão do valor disponível atualizado do precatório a compensar. (redação dada pela Resolução n. 482, de 19.12.2022)

Art. 78. No que couber, a compensação no regime especial observará as normas do Capítulo III do Título III desta Resolução. (redação dada pela Resolução n. 482, de 19.12.2022)

§ 1º O ente federativo devedor posicionado no regime especial poderá utilizar os meios alternativos de quitação de precatórios, previstos no art. 100, § 11, da Constituição Federal, conforme lei local regulamentadora. (redação dada pela Resolução n. 482, de 19.12.2022)

§ 2º Será amortizado junto ao saldo devedor sujeito ao regime especial o valor dos precatórios objeto de compensação e de utilização de crédito na forma prevista no art. 100, § 11, da Constituição Federal. (redação dada pela Resolução n. 482, de 19.12.2022)

Seção VI
Da Extinção do Regime Especial

Art. 79. O ente devedor voltará a observar o disposto no art. 100 da Constituição Federal, quando o valor da dívida de precatórios requisitados, sujeita ao regime especial, for inferior ao dos recursos destinados a seu pagamento, segundo as regras do art. 101 a 105 do ADCT e as normas desta Resolução.

Parágrafo único. O Tribunal de Justiça, após declarar extinto o regime especial, informará ao ente devedor e aos demais tribunais integrantes do Comitê Gestor, para os devidos fins. (redação dada pela Resolução n. 482, de 19.12.2022)

CAPÍTULO II
DO PAGAMENTO DOS PRECATÓRIOS FEDERAIS NO REGIME DE LIMITAÇÃO DE GASTOS
(incluído pela Resolução n. 482, de 19.12.2022)

Art. 79-A. Enquanto vigente a limitação de gastos instituída pela Emenda Constitucional n. 114/2021, o pagamento dos precatórios devidos pela União, suas autarquias e fundações observará os limites orçamentários indicados no art. 107-A do ADCT. (incluído pela Resolução n. 482, de 19.12.2022)

Parágrafo único. Os precatórios não pagos em razão do atingimento do limite orçamentário previsto neste artigo terão prioridade para pagamento em exercícios seguintes, observada a ordem cronológica, assim como a disciplina do § 8º do art. 107-A do ADCT. (incluído pela Resolução n. 482, de 19.12.2022)

Art. 79-B. Na vigência do art. 107-A do ADCT, os pagamentos das requisições serão realizados na seguinte ordem: (incluído pela Resolução n. 482, de 19.12.2022)

I – obrigações definidas em lei como de pequeno valor, previstas no § 3º do art. 100 da Constituição Federal; (incluído pela Resolução n. 482, de 19.12.2022)

II – precatórios de natureza alimentícia cujos titulares, originários ou por sucessão hereditária, tenham no mínimo 60 (sessenta) anos de idade, ou sejam portadores de doença grave ou pessoas com deficiência, assim definidos na forma da lei, até o valor equivalente ao triplo do montante fixado em lei como obrigação de pequeno valor; (incluído pela Resolução n. 482, de 19.12.2022)

III – demais precatórios de natureza alimentícia até o valor equivalente ao triplo do montante fixado em lei como obrigação de pequeno valor; (incluído pela Resolução n. 482, de 19.12.2022)

IV – demais precatórios de natureza alimentícia além do valor previsto no inciso III deste artigo; e (incluído pela Resolução n. 482, de 19.12.2022)

V – demais precatórios. (incluído pela Resolução n. 482, de 19.12.2022)

Art. 79-C. O limite para alocação dos recursos destinados ao pagamento de precatórios e requisições de pequeno valor, a definição do seu montante e a distribuição do saldo limite para os tribunais são os constantes da Lei de Diretrizes Orçamentárias da União. (incluído pela Resolução n. 482, de 19.12.2022)

§ 1º Não se incluem na limitação de gastos, de que trata o art. 79-A desta Resolução, os precatórios decorrentes de demandas relativas à complementação da União aos Estados e aos Municípios por conta do Fundo de Manutenção e Desenvolvimento do Ensino Fundamental e de Valorização do Magistério – Fundef, que deverão ser destacados dos demais, para fins de aplicação da regra específica de parcelamento prevista no art. 4º da Emenda Constitucional n. 114/2021, bem como aqueles que venham a ser parcelados, nos termos do § 20 do art. 100 da Constituição, e os utilizados na forma do § 5º do art. 46-A desta Resolução. (incluído pela Resolução n. 482, de 19.12.2022)

§ 2º Os tribunais informarão, até de 20 de fevereiro, a relação dos precatórios a serem pagos no exercício aos órgãos centrais de planejamento e orçamento, ou equivalentes, do Poder Judiciário e ao Conselho Nacional de Justiça, conforme o caso. (incluído pela Resolução n. 482, de 19.12.2022)

§ 3º Observado o disposto no § 2º do art. 100 da Constituição Federal, deverão ser pagos, prioritariamente, os precatórios que não foram pagos nos anos anteriores em razão do limite previsto no § 1º do art. 107-A do Ato das Disposições Constitucionais Transitórias, observada a ordem cronológica de apresentação. (incluído pela Resolução n. 482, de 19.12.2022)

§ 4º A parcela superpreferencial prevista no art. 107-A, § 8º, inciso II, do ADCT será paga independente do ano de requisição, com prioridade, inclusive, sobre os precatórios pendentes de anos anteriores. (incluído pela Resolução n. 482, de 19.12.2022)

Art. 79-D. Faculta-se ao credor de precatório que não tenha sido pago em razão da limitação de gastos a que alude o art. 79-A desta Resolução, optar pelo recebimento, mediante acordo direto, em parcela única, até o final do exercício seguinte, com renúncia de 40% (quarenta por cento) do valor de seu crédito. (incluído pela Resolução n. 482, de 19.12.2022)

§ 1º As despesas para fins de cumprimento do acordo direto não se incluem no limite de gastos com precatórios. (incluído pela Resolução n. 482, de 19.12.2022)

§ 2º Admite-se acordo direto em precatório pago parcialmente, calculando-se o deságio previsto no *caput* sobre o saldo remanescente. (incluído pela Resolução n. 482, de 19.12.2022)

§ 3º Os valores necessários ao pagamento dos acordos diretos celebrados após a requisição do precatório e o encaminhamento da relação ao Ministério da Economia serão solicitados pelo presidente do tribunal responsável à Secretaria de Orçamento Federal da Secretaria Especial do Tesouro e Orçamento do Ministério da Economia, com indicação do valor a ser pago, discriminado por órgão da administração pública federal direta, autarquia e fundação e por GND, conforme detalhamento constante da Lei de Diretrizes Orçamentárias, sem qualquer dado que possibilite a identificação dos respectivos beneficiários. (incluído pela Resolução n. 482, de 19.12.2022)

Art. 79-E. Os precatórios decorrentes de demandas relativas à complementação da União aos Estados e aos Municípios por conta do Fundo de Manutenção e Desenvolvimento do Ensino Fundamental e de Valorização do Magistério – Fundef serão pagos em 3 (três) parcelas anuais e sucessivas, da seguinte forma: (incluído pela Resolução n. 482, de 19.12.2022)

I – 40% (quarenta por cento) no primeiro ano; (incluído pela Resolução n. 482, de 19.12.2022)

II – 30% (trinta por cento) no segundo ano; (incluído pela Resolução n. 482, de 19.12.2022)

III – 30% (trinta por cento) no terceiro ano. (incluído pela Resolução n. 482, de 19.12.2022) Parágrafo único. Os precatórios que integrarem a relação do *caput* deverão ser destacados dos demais, para fins de aplicação da regra específica de parcelamento prevista no art. 4º da Emenda Constitucional n. 114/2021. (incluído pela Resolução n. 482, de 19.12.2022)

CAPÍTULO III

(redação dada pela Resolução n. 482, de 19.12.2022)

DAS DISPOSIÇÕES FINAIS

Art. 80. Os prazos relativos ao cumprimento da presente Resolução são contados em dias corridos.

Art. 81. Os tribunais deverão adequar seus regulamentos e rotinas relativos à gestão e à operacionalização da expedição, processamento e liquidação de precatórios e requisições de pequeno valor às disposições desta Resolução. (redação dada pela Resolução n. 482, de 19.12.2022)

Parágrafo único. Os tribunais providenciarão o desenvolvimento, a implantação ou a adaptação de solução tecnológica necessária ao cumprimento das normas desta Resolução. (redação dada pela Resolução n. 482, de 19.12.2022)

Art. 82. Os tribunais deverão publicar, e manter atualizadas, em seus sítios eletrônicos, as informações relativas aos aportes financeiros das entidades e entes devedores, aos planos de pagamento, ao saldo das contas especiais, às listas de ordem cronológica, inclusive a necessária ao pagamento da parcela superpreferencial e as referentes aos pagamentos realizados, sem prejuízo de outras necessárias à completa transparência da gestão e liquidação dos precatórios.

Art. 83. Atendidas as peculiaridades locais, objetivando o aperfeiçoamento da gestão das requisições de pagamento, os tribunais poderão promover: (redação dada pela Resolução n. 482, de 19.12.2022)

I – a especialização de unidades para a expedição de requisições de pagamento contra a Fazenda Pública;

II – a promoção de cursos de atualização e treinamento de servidores na área do conhecimento relativa aos precatórios e requisições de pagamento das obrigações de pequeno valor;

III – a manutenção de cooperação institucional entre tribunais e entes e entidades devedoras. (redação dada pela Resolução n. 482, de 19.12.2022)

Art. 84. As requisições de pagamento expedidas contra a Fazenda Pública Federal pelos Tribunais de Justiça deverão observar o contido na Lei de Diretrizes Orçamentárias da União.

Parágrafo único. O Conselho Nacional de Justiça regulamentará, em ato próprio, o disposto neste artigo.

Art. 85. Os tribunais manterão banco de dados permanente contendo as seguintes informações acerca dos precatórios expedidos:

I – juízo da execução expedidor;

II – número, data do ajuizamento e do trânsito em julgado da sentença que julgou o processo judicial originário;

III – natureza da obrigação (assunto) a que se refere a requisição, de acordo com a Tabela Única de Assuntos – TUA;

IV – número do precatório e data de sua apresentação;

V – natureza do crédito, se comum ou alimentício, inclusive com indicação se há superpreferência; (redação dada pela Resolução n. 482, de 19.12.2022)

VI – nome do beneficiário e número de sua inscrição no CPF, CNPJ ou RNE;

VII – entidade devedora e número de sua inscrição no CNPJ, com indicação do ente federativo a que pertence; (redação dada pela Resolução n. 482, de 19.12.2022)

VIII – valor requisitado e sua atualização até 2 de abril; (redação dada pela Resolução n. 448, de 25.3.2022)

~~VIII – valor requisitado e sua atualização até 1º de julho;~~

IX – valor efetivamente pago e valor remanescente, em caso de pagamento parcial; e

X – regime de pagamento a que submetido o ente federativo. (redação dada pela Resolução n. 482, de 19.12.2022)

§ 1º Das informações apontadas nos incisos deste artigo, o tribunal extrairá os dados necessários à composição de mapa anual que espelhe a situação da dívida em 31 de dezembro, a ser publicado até 31 de março do ano seguinte em seu sítio eletrônico, referente à situação dos precatórios sob sua responsabilidade, por ente devedor, constando as seguintes informações compiladas: (redação dada pela Resolução n. 448, de 25.3.2022)

I – o regime de pagamento ao qual está submetido o ente federativo; (redação dada pela Resolução n. 482, de 19.12.2022)

II – a entidade devedora, ou o ente devedor, quando devidos os precatórios pela administração direta;

III – os seguintes valores, referentes aos precatórios expedidos até 2 de abril do ano anterior ao ano de referência: (redação dada pela Resolução n. 448, de 25.3.2022)

a) montante atualizado pendente de pagamento em 31 de dezembro; (redação dada pela Resolução n. 482, de 19.12.2022)

b) total pago no ano de referência; (Incluído pela Resolução nº 365, de 12.1.21)

c) saldo devedor após os pagamentos, atualizado até 31 de dezembro do ano de referência. (redação dada pela Resolução n. 448, de 25.3.2022)

IV – o montante dos precatórios apresentados entre 3 de abril do ano anterior e 2 de abril do ano de referência, atualizado em 31 de dezembro deste mesmo ano. (redação dada pela Resolução n. 448, de 25.3.2022)

§ 2º Relativamente aos precatórios submetidos ao regime especial, o Tribunal de Justiça elaborará anualmente mapa estatístico acerca do cumprimento do parcelamento constitucional, discriminando:

I – o valor total da dívida de precatórios do ente devedor e o comprometimento percentual total da sua RCL, e o valor a ele correspondente, ano a ano, até o final do prazo do regime especial;

II – os valores efetivamente disponibilizados, tempestivamente ou não, às contas especiais no ano findo, com sua representação percentual do total exigido ou previsto;

III – a previsão de quitação ou não do saldo devedor de precatórios dentro do prazo de vigência do regime especial.

§ 3º O CNJ consolidará as informações divulgadas pelos tribunais e comporá mapa anual sobre a situação dos precatórios a ser divulgado em seu sítio eletrônico. (redação dada pela Resolução n. 482, de 19.12.2022)

§ 4º Os tribunais encaminharão, até 31 de março de cada ano, as informações necessárias à consolidação dos dados de que trata este artigo, a partir de modelo de dados a ser fornecido pelo Conselho Nacional de Justiça. (redação dada pela Resolução n. 482, de 19.12.2022)

§ 5º Em relação ao ano de 2022, as informações apontadas no mapa anual a que alude o § 1º deste artigo, devem conter as seguintes regras de transição: (incluído pela Resolução n. 448, de 25.3.2022)

a) espelhar a situação da dívida consolidada em 31 de dezembro de 2021;

b) a publicação no sítio eletrônico de cada tribunal deve ocorrer até 30 de abril de 2022, contendo os dados elencados no § 1º deste artigo, com as regras de transição dispostas no presente parágrafo;

c) a data limite para extração dos valores de 2021 será 1º de julho de 2021;

d) o montante dos precatórios apresentados entre 2 de julho de 2020 e 1º de julho de 2021, atualizado em 31 de dezembro deste mesmo ano.

§ 6º Em relação ao ano de 2023, as informações apontadas no mapa anual a que alude o § 1º deste artigo, devem conter as seguintes regras de transição: (incluído pela Resolução n. 448, de 25.3.2022)

a) espelhar a situação da dívida consolidada em 31 de dezembro de 2022;

b) a publicação no sítio eletrônico de cada tribunal deve ocorrer até 31 de março de 2023, contendo os dados elencados no § 1º deste artigo, com as regras de transição dispostas no presente parágrafo;

c) a data limite para extração dos valores de 2022 será 2 de abril de 2022; e

d) o montante dos precatórios apresentados entre 1º de julho de 2021 e 2 de abril de 2022, atualizado em 31 de dezembro deste mesmo ano.

Art. 86. As determinações contidas nos incisos II, XVI, XVII e § 1º do art. 6º desta Resolução aplicam-se a contar do exercício de 2024. (redação dada pela Resolução n. 482, de 19.12.2022)

Parágrafo único. Os valores necessários à quitação dos acordos diretos não incluídos na proposta orçamentária de 2022 serão providenciados pela abertura de créditos adicionais durante o respectivo exercício. (redação dada pela Resolução n. 482, de 19.12.2022)

Art. 87. Tendo sido efetuado o cancelamento do precatório ou da Requisição de Pequeno Valor durante a eficácia da Lei n. 13.463/2017, e havendo requerimento do credor para a emissão de nova requisição de pagamento, além dos seus requisitos obrigatórios, deverá ser observado o seguinte: (redação dada pela Resolução n. 482, de 19.12.2022)

I – para fins de definição da ordem cronológica, o juízo da execução informará o número da requisição cancelada; (redação dada pela Resolução n. 482, de 19.12.2022)

II – o valor efetivamente transferido pela instituição financeira para a Conta Única do Tesouro Nacional; (redação dada pela Resolução n. 482, de 19.12.2022)

III – a data de transferência será considerada a nova data-base para fins de atualização da reexpedição da requisição; e (redação dada pela Resolução n. 482, de 19.12.2022)

IV – a requisição será atualizada pelo indexador previsto na Lei de Diretrizes Orçamentárias, desde a data-base até o efetivo depósito. (redação dada pela Resolução n. 482, de 19.12.2022)

Parágrafo único. O precatório reexpedido na forma deste artigo conservará a sua ordem cronológica e natureza originais. (redação dada pela Resolução n. 482, de 19.12.2022)

Art. 88. Os tribunais instituirão sistema eletrônico, padronizado e de uso obrigatório pelos juízos requisitantes, para a expedição das requisições de pequeno valor, observados os requisitos estabelecidos nesta Resolução. (redação dada pela Resolução n. 482, de 19.12.2022)

Parágrafo único. Para fins de cumprimento do disposto no *caput* deste artigo, os tribunais poderão celebrar convênios entre si para utilização de sistema eletrônico já existente e recomendado pelo CNJ. (redação dada pela Resolução n. 482, de 19.12.2022)

Art. 89. Esta Resolução entra em vigor na data de sua publicação. (redação dada pela Resolução n. 482, de 19.12.2022)

Ministro **Dias Toffoli**

2. SÚMULAS DO STF E DO STJ

Súmula Vinculante STF, 17. *"Durante o período previsto no parágrafo 1º do artigo 100 da Constituição, não incidem juros de mora sobre os precatórios que nele sejam pagos."*

Súmula Vinculante STF, 47. *"Os honorários advocatícios incluídos na condenação ou destacados do montante principal devido ao credor consubstanciam verba de natureza alimentar cuja satisfação ocorrerá com a expedição de precatório ou requisição de pequeno valor, observada ordem especial restrita aos créditos dessa natureza."*

Súmula STF, 655. *"A exceção prevista no art. 100,* caput, *da Constituição, em favor dos créditos de natureza alimentícia, não dispensa a expedição de precatório, limitando-se a isentá-los da observância da ordem cronológica dos precatórios decorrentes de condenações de outra natureza."*

Súmula STF, 733. *"Não cabe recurso extraordinário contra decisão proferida no processamento de precatórios."*

Súmula STJ, 144. *"Os créditos de natureza alimentícia gozam de preferência, desvinculados os precatórios da ordem cronológica dos créditos de natureza diversa".*

Súmula STJ, 311. *"Os atos do presidente do tribunal que disponham sobre processamento e pagamento de precatório não têm caráter jurisdicional."*

Súmula STJ, 394. "*É admissível, em embargos à execução, compensar os valores de imposto de renda retidos indevidamente na fonte com os valores restituídos apurados na declaração anual.*"

Súmula STJ, 406. "*A Fazenda Pública pode recusar a substituição do bem penhorado por precatório.*"

Súmula STJ, 461. "*O contribuinte pode optar por receber, por meio de precatório ou por compensação, o indébito tributário certificado por sentença declaratória transitada em julgado.*"

3. TEMAS DE REPERCUSSÃO GERAL EM RECURSO EXTRAORDINÁRIO

Tema/Repercussão Geral 18 STF. "*Os honorários advocatícios incluídos na condenação ou destacados do montante principal devido ao credor consubstanciam verba de natureza alimentar cuja satisfação ocorrerá com a expedição de precatório ou requisição de pequeno valor, observada ordem especial restrita aos créditos dessa natureza.*"

Tema/Repercussão Geral 28 STF. "*Surge constitucional expedição de precatório ou requisição de pequeno valor para pagamento da parte incontroversa e autônoma do pronunciamento judicial transitada em julgado observada a importância total executada para efeitos de dimensionamento como obrigação de pequeno valor.*"

Tema/Repercussão Geral 45 STF. "*A execução provisória de obrigação de fazer em face da Fazenda Pública não atrai o regime constitucional dos precatórios.*"

Tema/Repercussão Geral 58 STF. "*É vedado o fracionamento do valor de precatório em execução de sentença, com o objetivo de efetuar o pagamento das custas processuais por meio de requisição de pequeno valor (RPV).*"

Tema/Repercussão Geral 96 STF. "*Incidem os juros da mora no período compreendido entre a data da realização dos cálculos e a da requisição ou do precatório.*"

Tema/Repercussão Geral 100 STF. "*1) é possível aplicar o artigo 741, parágrafo único, do CPC/73, atual art. 535, § 5º, do CPC/2015, aos feitos submetidos ao procedimento sumaríssimo, desde que o trânsito em julgado da fase de conhecimento seja posterior a 27.8.2001; 2) é admissível a invocação como fundamento da inexigibilidade de ser o título judicial fundado em 'aplicação ou interpretação tida como incompatível com a Constituição' quando houver pronunciamento jurisdicional, contrário ao decidido pelo Plenário do Supremo Tribunal Federal, seja no controle difuso, seja no controle concentrado de cons-*

titucionalidade; 3) o art. 59 da Lei 9.099/1995 não impede a desconstituição da coisa julgada quando o título executivo judicial se amparar em contrariedade à interpretação ou sentido da norma conferida pela Suprema Corte, anterior ou posterior ao trânsito em julgado, admitindo, respectivamente, o manejo (i) de impugnação ao cumprimento de sentença ou (ii) de simples petição, a ser apresentada em prazo equivalente ao da ação rescisória".

Tema/Repercussão Geral 112 STF. *"É harmônica com a normatividade constitucional a previsão no artigo 86 do ADCT na dicção da EC 32/2002 de um regime de transição para tratar dos precatórios reputados de pequeno valor, já expedidos antes de sua promulgação."*

Tema/Repercussão Geral 132 STF. *"O art. 78 do Ato das Disposições Constitucionais Transitórias possui a mesma mens legis que o art. 33 desse Ato, razão pela qual, uma vez calculado o precatório pelo valor real do débito, acrescido de juros legais, não há mais falar em incidência desses nas parcelas anuais, iguais e sucessivas em que é fracionado, desde que adimplidas a tempo e corrigidas monetariamente."*

Tema/Repercussão Geral 147 STF. *"Durante o período previsto no parágrafo 1º do artigo 100 (redação original e redação da EC 30/2000) da Constituição, não incidem juros de mora sobre os precatórios que nele sejam pagos."*

Tema/Repercussão Geral 148 STF. *"A interpretação do § 4º do art. 100, alterado e hoje § 8º do art. 100 da Constituição da República, permite o pagamento dos débitos em execução nos casos de litisconsórcio facultativo."*

Tema/Repercussão Geral 253 STF (arts. 535 e 910). *"Sociedades de economia mista que desenvolvem atividade econômica em regime concorrencial não se beneficiam do regime de precatórios, previsto no art. 100 da Constituição da República."*

Tema/Repercussão Geral 355 STF (arts. 535, 833 e 910). *"É válida a penhora em bens de pessoa jurídica de direito privado, realizada anteriormente à sucessão desta pela União, não devendo a execução prosseguir mediante precatório."*

Tema/Repercussão Geral 360 STF. *"São constitucionais as disposições normativas do parágrafo único do art. 741 do CPC, do § 1º do art. 475-L, ambos do CPC/73, bem como os correspondentes dispositivos do CPC/15, o art. 525, § 1º, III e § 12 e 14, o art. 535, § 5º. São dispositivos que, buscando harmonizar a garantia da coisa julgada com o primado da Constituição, vieram agregar ao sistema processual brasileiro um mecanismo com eficácia rescisória de sentenças revestidas de vício de inconstitucionalidade qualificado, assim caracterizado nas hipóteses em que (a) a sentença exequenda esteja fundada em norma reconhecidamente inconstitucional, seja por aplicar norma inconstitucional, seja* *por aplicar norma em situação ou com um sentido inconstitucionais; ou (b) a sentença exequenda tenha deixado de aplicar norma reconhecidamente constitucional; e (c) desde que, em qualquer dos casos, o reconhecimento dessa constitucionalidade ou a inconstitucionalidade tenha decorrido de julgamento do STF realizado em data anterior ao trânsito em julgado da sentença exequenda."*

Tema/Repercussão Geral 361 STF. *"A cessão de crédito alimentício não implica a alteração da natureza."*

Tema/Repercussão Geral 416 STF (arts. 535 e 910). *"1. A complementação ao FUNDEF realizada a partir do valor mínimo anual por aluno fixada em desacordo com a média nacional impõe à União o dever de suplementação de recursos. 2. Sendo tal obrigação imposta por título executivo judicial, aplica-se a sistemática dos precatórios, nos termos do art. 100 da Constituição Federal."*

Tema/Repercussão Geral 511 STF. *"É constitucionalmente vedada a compensação unilateral de débitos em proveito exclusivo da Fazenda Pública ainda que os valores envolvidos não estejam sujeitos ao regime de precatórios, mas apenas à sistemática da requisição de pequeno valor."*

Tema/Repercussão Geral 519 STF (arts. 535 e 910). *"O regime especial de precatórios trazido pela Emenda Constitucional nº 62/2009 aplica-se aos precatórios expedidos anteriormente a sua promulgação, observados a declaração de inconstitucionalidade parcial quando do julgamento da ADI nº 4.425 e os efeitos prospectivos do julgado."*

Tema/Repercussão Geral 521 STF. *"O pagamento parcelado dos créditos não alimentares, na forma do art. 78 do ADCT, não caracteriza preterição indevida de precatórios alimentares, desde que os primeiros tenham sido inscritos em exercício anterior ao da apresentação dos segundos, uma vez que, ressalvados os créditos de que trata o art. 100, § 2º, da Constituição, o pagamento dos precatórios deve observar as seguintes diretrizes: (1) a divisão e a organização das classes ocorrem segundo o ano de inscrição; (2) inicia-se o pagamento pelo exercício mais antigo em que há débitos pendentes; (3) quitam-se primeiramente os créditos alimentares; depois, os não alimentares do mesmo ano; (4) passa-se, então, ao ano seguinte da ordem cronológica, repetindo-se o esquema de pagamento; e assim sucessivamente."*

Tema/Repercussão Geral 755 STF. *"É vedado o fracionamento da execução pecuniária contra a Fazenda Pública para que uma parte seja paga antes do trânsito em julgado, por meio de Complemento Positivo, e outra depois do trânsito, mediante Precatório ou Requisição de Pequeno Valor."*

Tema/Repercussão Geral 792 STF. *"Lei disciplinadora da submissão de crédito ao sistema de execução via precatório possui natureza material e processual, sendo inaplicável a situação jurídica constituída em data que a anteceda."*

Tema/Repercussão Geral 810 STF. *"1) O art. 1º-F da Lei nº 9.494/97, com a redação dada pela Lei nº 11.960/09, na parte em que disciplina os juros moratórios aplicáveis a condenações da Fazenda Pública, é inconstitucional ao incidir sobre débitos oriundos de relação jurídico-tributária, aos quais devem ser aplicados os mesmos juros de mora pelos quais a Fazenda Pública remunera seu crédito tributário, em respeito ao princípio constitucional da isonomia (CRFB, art. 5º, caput); quanto às condenações oriundas de relação jurídica não tributária, a fixação dos juros moratórios segundo o índice de remuneração da caderneta de poupança é constitucional, permanecendo hígido, nesta extensão, o disposto no art. 1º-F da Lei nº 9.494/97 com a redação dada pela Lei nº 11.960/09; e 2) O art. 1º-F da Lei nº 9.494/97, com a redação dada pela Lei nº 11.960/09, na parte em que disciplina a atualização monetária das condenações impostas à Fazenda Pública segundo a remuneração oficial da caderneta de poupança, revela-se inconstitucional ao impor restrição desproporcional ao direito de propriedade (CRFB, art. 5º, XXII), uma vez que não se qualifica como medida adequada a capturar a variação de preços da economia, sendo inidônea a promover os fins a que se destina."*

Tema/Repercussão Geral 831 STF. *"O pagamento dos valores devidos pela Fazenda Pública entre a data da impetração do mandado de segurança e a efetiva implementação da ordem concessiva deve observar o regime de precatórios previsto no artigo 100 da Constituição Federal."*

Tema/Repercussão Geral 865 STF (arts. 535 e 910). *"No caso de necessidade de complementação da indenização ao final do processo expropriatório, deverá o pagamento ser feito mediante depósito judicial direto se o Poder Público não estiver em dia com os precatórios."*

Tema/Repercussão Geral 877 STF. *"Os pagamentos devidos, em razão de pronunciamento judicial, pelos Conselhos de Fiscalização não se submetem ao regime de precatórios."*

Tema/Repercussão Geral 1.037 STF. *"O enunciado da Súmula Vinculante 17 não foi afetado pela superveniência da Emenda Constitucional 62/2009, de modo que não incidem juros de mora no período de que trata o § 5º do art. 100 da Constituição. Havendo o inadimplemento pelo ente público devedor, a fluência dos juros inicia-se após o 'período de graça'."*

Tema/Repercussão Geral 1.170 STF (arts. 240, 322, 525 e 535). *"É aplicável às condenações da Fazenda Pública envolvendo relações jurídicas não tributárias o índice de juros moratórios estabelecido no art. 1º-F da Lei n. 9.494/1997, na redação dada pela Lei n. 11.960/2009, a partir da vigência da referida legislação, mesmo havendo previsão diversa em título executivo judicial transitado em julgado."*

Tema/Repercussão Geral 1.231 STF (arts. 535 e 910). *"I) As unidades federadas podem fixar os limites das respectivas requisições de pequeno valor em patamares inferiores aos previstos no artigo 87 do ADCT, desde que o façam em consonância com sua capacidade econômica. (II) A aferição da capacidade econômica, para este fim, deve refletir não somente a receita, mas igualmente os graus de endividamento e de litigiosidade do ente federado. (III) A ausência de demonstração concreta da desproporcionalidade na fixação do teto das requisições de pequeno valor impõe a deferência do Poder Judiciário ao juízo político-administrativo externado pela legislação local."*

Tema/Repercussão Geral 1.256 STF (art. 85). *"1. É inconstitucional o emprego de verbas do Fundef/Fundeb para pagamento de honorários advocatícios contratuais. 2. É possível a utilização dos juros de mora inseridos na condenação relativa a repasses de verba do Fundef para pagamento dos honorários contratuais."*

Tema/Repercussão Geral 1.262 STF (arts. 535 e 910). *"Não se mostra admissível a restituição administrativa do indébito reconhecido na via judicial, sendo indispensável a observância do regime constitucional de precatórios, nos termos do art. 100 da Constituição Federal."*

4. TESES FIXADAS PELO STJ EM TEMAS REPETITIVOS

Tema/Repetitivo 1 STJ (arts. 535, 778 e 910). *"A substituição processual, no polo ativo da execução, do exequente originário pelo cessionário dispensa a autorização ou o consentimento do devedor."*

Tema/Repetitivo 2 STJ. *"Comprovada a validade do ato de cessão dos honorários advocatícios sucumbenciais, realizado por escritura pública, bem como discriminado no precatório o valor devido a título da respectiva verba advocatícia, deve-se reconhecer a legitimidade do cessionário para se habilitar no crédito consignado no precatório."*

Tema/Repetitivo 19 STJ. *"Os débitos previdenciários remanescentes pagos mediante precatório, devem ser convertidos, à data do cálculo, em quantidade de Unidade Fiscal de Referência – UFIR ou em outra unidade de referência oficial que venha a substituí-la."*

Tema/Repetitivo 120 STJ *"A Fazenda Pública pode recusar a substituição do bem penhorado por precatório."*

Tema/Repetitivo 211 STJ. *"Os juros compensatórios, em desapropriação, somente incidem até a data da expedição do precatório original (...), não havendo hipótese de cumulação de juros moratórios com juros compensatórios."*

Tema/Repetitivo 228 STJ. *"O contribuinte pode optar por receber, por meio de precatório ou por compensação, o indébito tributário certificado por sentença declaratória transitada em julgado."*

Tema/Repetitivo 291 STJ. *"Incidem os juros da mora no período compreendido entre a data da realização dos cálculos e a da requisição ou do precatório."*

Tema/Repetitivo 292 STJ. *"Incide correção monetária no período compreendido entre a elaboração dos cálculos e o efetivo pagamento da RPV, ressalvada a observância dos critérios de atualização porventura fixados na sentença de liquidação."*

Tema/Repetitivo 608 STJ. *"Não há impedimento constitucional, ou mesmo legal, para que os honorários advocatícios, quando não excederem ao valor limite, possam ser executados mediante RPV, ainda que o crédito dito 'principal' observe o regime dos precatórios."*

Tema/Repetitivo 721 STJ. *"A renúncia ao valor excedente ao previsto no art. 87 do ADCT, manifestada após a propositura da demanda executiva, não autoriza o arbitramento dos honorários, porquanto, à luz do princípio da causalidade, a Fazenda Pública não provocou a instauração da Execução, uma vez que se revelava inicialmente impositiva a observância do art. 730 CPC [1973], segundo a sistemática do pagamento de precatórios. Como não foram opostos Embargos à Execução, tem, portanto, plena aplicação o art. 1º-D da Lei 9.494/1997."*

Tema/Repetitivo 905 STJ. *"1. Correção monetária: o art. 1º-F da Lei 9.494/97 (com redação dada pela Lei 11.960/2009), para fins de correção monetária, não é aplicável nas condenações judiciais impostas à Fazenda Pública, independentemente de sua natureza. 1.1 Impossibilidade de fixação apriorística da taxa de correção monetária. No presente julgamento, o estabelecimento de índices que devem ser aplicados a título de correção monetária não implica pré-fixação (ou fixação apriorística) de taxa de atualização monetária. Do contrário, a decisão baseia-se em índices que, atualmente, refletem a correção monetária ocorrida no período correspondente. Nesse contexto, em relação às situações futuras, a aplicação dos índices em comento, sobretudo o INPC e o IPCA-E, é legítima enquanto tais índices sejam capazes de captar o fenômeno inflacionário. 1.2 Não cabimento de modulação dos efeitos da decisão. A modulação dos efeitos da decisão que declarou inconstitucional a atualização monetária dos débitos da Fazenda Pública com base no índice oficial de remuneração da caderneta de poupança, no âmbito do Supremo Tribunal Federal, objetivou reconhecer a validade dos precatórios expedidos ou pagos até 25 de março de 2015, impedindo, desse modo, a redis-*

cussão do débito baseada na aplicação de índices diversos. Assim, mostra-se descabida a modulação em relação aos casos em que não ocorreu expedição ou pagamento de precatório. 2. Juros de mora: o art. 1º-F da Lei 9.494/97 (com redação dada pela Lei 11.960/2009), na parte em que estabelece a incidência de juros de mora nos débitos da Fazenda Pública com base no índice oficial de remuneração da caderneta de poupança, aplica-se às condenações impostas à Fazenda Pública, excepcionadas as condenações oriundas de relação jurídico-tributária. 3. Índices aplicáveis a depender da natureza da condenação. 3.1 Condenações judiciais de natureza administrativa em geral. As condenações judiciais de natureza administrativa em geral, sujeitam-se aos seguintes encargos: (a) até dezembro/2002: juros de mora de 0,5% ao mês; correção monetária de acordo com os índices previstos no Manual de Cálculos da Justiça Federal, com destaque para a incidência do IPCA-E a partir de janeiro/2001; (b) no período posterior à vigência do CC/2002 e anterior à vigência da Lei 11.960/2009: juros de mora correspondentes à taxa Selic, vedada a cumulação com qualquer outro índice; (c) período posterior à vigência da Lei 11.960/2009: juros de mora segundo o índice de remuneração da caderneta de poupança; correção monetária com base no IPCA-E. 3.1.1 Condenações judiciais referentes a servidores e empregados públicos. As condenações judiciais referentes a servidores e empregados públicos, sujeitam-se aos seguintes encargos: (a) até julho/2001: juros de mora: 1% ao mês (capitalização simples); correção monetária: índices previstos no Manual de Cálculos da Justiça Federal, com destaque para a incidência do IPCA-E a partir de janeiro/2001; (b) agosto/2001 a junho/2009: juros de mora: 0,5% ao mês; correção monetária: IPCA-E; (c) a partir de julho/2009: juros de mora: remuneração oficial da caderneta de poupança; correção monetária: IPCA-E. 3.1.2 Condenações judiciais referentes a desapropriações diretas e indiretas. No âmbito das condenações judiciais referentes a desapropriações diretas e indiretas existem regras específicas, no que concerne aos juros moratórios e compensatórios, razão pela qual não se justifica a incidência do art. 1º-F da Lei 9.494/97 (com redação dada pela Lei 11.960/2009), nem para compensação da mora nem para remuneração do capital. 3.2 Condenações judiciais de natureza previdenciária. As condenações impostas à Fazenda Pública de natureza previdenciária sujeitam-se à incidência do INPC, para fins de correção monetária, no que se refere ao período posterior à vigência da Lei 11.430/2006, que incluiu o art. 41-A na Lei 8.213/91. Quanto aos juros de mora, incidem segundo a remuneração oficial da caderneta de poupança (art. 1º-F da Lei 9.494/97, com redação dada pela Lei n. 11.960/2009). 3.3 Condenações judiciais de natureza tributária. A correção monetária e a taxa de juros de mora incidentes na repetição de indébitos tributários devem corresponder às utilizadas na cobrança de tributo pago em atraso. Não havendo disposição legal específica, os juros de mora são calculados à taxa de 1% ao mês (art. 161, § 1º, do CTN). Observada a regra isonômica e havendo previsão na legislação da entidade tributante, é legítima a utilização da taxa Selic, sendo vedada sua cumulação com quaisquer outros índices. 4. Preservação da coisa julgada. Não obstante os índices estabelecidos para atualização monetária e compensação da mora, de acordo com a natureza da condenação imposta à Fazenda Pública, cumpre ressalvar eventual coisa julgada que tenha determinado a aplicação de índices diversos, cuja constitucionalidade/legalidade há de ser aferida no caso concreto."

Tema/Repetitivo 1.141 STJ (arts. 535 e 910). *"A pretensão de expedição de novo precatório ou requisição de pequeno valor, fundada nos arts. 2º e 3º da Lei 13.463/2017, sujeita-se à prescrição quinquenal prevista no art. 1º do Decreto 20.910/32 e tem, como termo inicial, a notificação do credor, na forma do § 4º do art. 2º da referida Lei 13.463/2017."*

5. ENUNCIADOS

5.1. ENUNCIADO DO FÓRUM PERMANENTE DE PROCESSUALISTAS CIVIS – FPPC

Enunciado 532 do FPPC. *"A expedição do precatório ou da RPV depende do trânsito em julgado da decisão que rejeita as arguições da Fazenda Pública executada."*

5.2. ENUNCIADOS DO FÓRUM NACIONAL DO PODER PÚBLICO – FNPP

Enunciado 56 do FNPP. *"A expedição de requisitório do valor controvertido fica condicionada ao trânsito em julgado da decisão dos embargos à execução ou da impugnação ao cumprimento de sentença opostos pela Fazenda Pública."*

Enunciado 85 do FNPP. *"A intimação para manifestação sobre os cálculos elaborados pelo juízo em fase de execução contra a Fazenda Pública deve preceder a expedição do requisitório de pagamento."*

Enunciado 101 do FNPP. *"O cumprimento da sentença arbitral de obrigação de pagar quantia certa pela Fazenda Pública deve seguir a ordem cronológica de apresentação dos precatórios."*

Enunciado 102 do FNPP. *"É inválido negócio processual para afastar o pagamento das dívidas judiciais por precatório ou requisição de pequeno valor."*

Enunciado 120 do FNPP. *"A impugnação ao cumprimento de sentença contra a Fazenda Pública tem efeito suspensivo automático em relação à matéria impugnada, devido à exigência constitucional de prévio trânsito em julgado para a expedição de precatório ou de RPV."*

6. *LEADING CASES* COMENTADOS

Ação Direta de Inconstitucionalidade 4.357

Ementa: Direito constitucional. Regime de execução da Fazenda Pública mediante precatório. Emenda Constitucional nº 62/2009. Inconstitucionalidade formal não configurada. Inexistência de interstício constitucional mínimo entre os dois turnos de votação de emendas à Lei Maior (CF, art. 60, § 2º). Constitucionalidade da sistemática de "superpreferência" a credores de verbas alimentícias quando idosos ou portadores de doença grave. Respeito à dignidade da pessoa humana e à proporcionalidade. Invalidade jurídico-constitucional da limitação da preferência a idosos que completem 60 (sessenta) anos até a expedição do precatório. Discriminação arbitrária e violação à isonomia (CF, art. 5º). Inconstitucionalidade da sistemática de compensação de débitos inscritos em precatórios em proveito exclusivo da Fazenda Pública. Embaraço à efetividade da jurisdição (CF, art. 5º, XXXV), desrespeito à coisa julgada material (CF, art. 5º XXXVI), ofensa à separação dos poderes (CF, art. 2º) e ultraje à isonomia entre o Estado e o particular (CF, art. 1º, *caput*, c/c art. 5º, *caput*). Impossibilidade jurídica da utilização do índice de remuneração da caderneta de poupança como critério de correção monetária. Violação ao direito fundamental de propriedade (CF, art. 5º, XXII). Inadequação manifesta entre meios e fins. Inconstitucionalidade da utilização do rendimento da caderneta de poupança como índice definidor dos juros moratórios dos créditos inscritos em precatórios, quando oriundos de relações jurídico-tributárias. Discriminação arbitrária e violação à isonomia entre devedor público e devedor privado (CF, art. 5º, *caput*). Inconstitucionalidade do regime especial de pagamento. Ofensa à cláusula constitucional do Estado de Direito (CF, art. 1º, *caput*), ao princípio da separação de poderes (CF, art. 2º), ao postulado da isonomia (CF, art. 5º, *caput*), à garantia do acesso à Justiça e a efetividade da tutela jurisdicional (CF, art. 5º, XXXV) e ao direito adquirido e à coisa julgada (CF, art. 5º, XXXVI). Pedido julgado procedente em parte.

1. A aprovação de emendas à Constituição não recebeu da Carta de 1988 tratamento específico quanto ao intervalo temporal mínimo entre os dois turnos de votação (CF, art. 62, § 2º), de sorte que inexiste parâmetro objetivo que oriente o exame judicial do grau de solidez da vontade política

de reformar a Lei Maior. A interferência judicial no âmago do processo político, verdadeiro *locus* da atuação típica dos agentes do Poder Legislativo, tem de gozar de lastro forte e categórico no que prevê o texto da Constituição Federal. Inexistência de ofensa formal à Constituição brasileira.

2. Os precatórios devidos a titulares idosos ou que sejam portadores de doença grave devem submeter-se ao pagamento prioritário, até certo limite, posto metodologia que promove, com razoabilidade, a dignidade da pessoa humana (CF, art. 1º, III) e a proporcionalidade (CF, art. 5º, LIV), situando-se dentro da margem de conformação do legislador constituinte para operacionalização da novel preferência subjetiva criada pela Emenda Constitucional nº 62/2009.

3. A expressão "na data de expedição do precatório", contida no art. 100, § 2º, da CF, com redação dada pela EC nº 62/09, enquanto baliza temporal para a aplicação da preferência no pagamento de idosos, ultraja a isonomia (CF, art. 5º, *caput*) entre os cidadãos credores da Fazenda Pública, na medida em que discrimina, sem qualquer fundamento, aqueles que venham a alcançar a idade de sessenta anos não na data da expedição do precatório, mas sim posteriormente, enquanto pendente este e ainda não ocorrido o pagamento.

4. A compensação dos débitos da Fazenda Pública inscritos em precatórios, previsto nos §§ 9º e 10 do art. 100 da Constituição Federal, incluídos pela EC nº 62/09, embaraça a efetividade da jurisdição (CF, art. 5º, XXXV), desrespeita a coisa julgada material (CF, art. 5º, XXXVI), vulnera a Separação dos Poderes (CF, art. 2º) e ofende a isonomia entre o Poder Público e o particular (CF, art. 5º, *caput*), cânone essencial do Estado Democrático de Direito (CF, art. 1º, *caput*).

5. O direito fundamental de propriedade (CF, art. 5º, XXII) resta violado nas hipóteses em que a atualização monetária dos débitos fazendários inscritos em precatórios perfaz-se segundo o índice oficial de remuneração da caderneta de poupança, na medida em que este referencial é manifestamente incapaz de preservar o valor real do crédito de que é titular o cidadão. É que a inflação, fenômeno tipicamente econômico-monetário, mostra-se insuscetível de captação apriorística (*ex ante*), de modo que o meio escolhido pelo legislador constituinte (remuneração da caderneta de poupança) é inidôneo a promover o fim a que se destina (traduzir a inflação do período).

6. A quantificação dos juros moratórios relativos a débitos fazendários inscritos em precatórios segundo o índice de remuneração da caderneta de poupança vulnera o princípio constitucional da isonomia (CF, art. 5º, *caput*) ao incidir sobre débitos estatais de natureza tributária, pela discriminação em detrimento da parte processual privada que, salvo expressa determinação

em contrário, responde pelos juros da mora tributária à taxa de 1% ao mês em favor do Estado (*ex vi* do art. 161, § 1º, CTN). Declaração de inconstitucionalidade parcial sem redução da expressão "independentemente de sua natureza", contida no art. 100, § 12, da CF, incluído pela EC nº 62/09, para determinar que, quanto aos precatórios de natureza tributária, sejam aplicados os mesmos juros de mora incidentes sobre todo e qualquer crédito tributário.

7. O art. 1º-F da Lei nº 9.494/97, com redação dada pela Lei nº 11.960/09, ao reproduzir as regras da EC nº 62/09 quanto à atualização monetária e à fixação de juros moratórios de créditos inscritos em precatórios incorre nos mesmos vícios de juridicidade que inquinam o art. 100, § 12, da CF, razão pela qual se revela inconstitucional por arrastamento, na mesma extensão dos itens 5 e 6 *supra*.

8. O regime "especial" de pagamento de precatórios para Estados e Municípios criado pela EC nº 62/09, ao veicular nova moratória na quitação dos débitos judiciais da Fazenda Pública e ao impor o contingenciamento de recursos para esse fim, viola a cláusula constitucional do Estado de Direito (CF, art. 1º, *caput*), o princípio da Separação de Poderes (CF, art. 2º), o postulado da isonomia (CF, art. 5º), a garantia do acesso à justiça e a efetividade da tutela jurisdicional (CF, art. 5º, XXXV), o direito adquirido e à coisa julgada (CF, art. 5º, XXXVI).

9. Pedido de declaração de inconstitucionalidade julgado procedente em parte.[1]

Comentário:

O Supremo Tribunal Federal julgou, conjuntamente, as Ações Diretas de Inconstitucionalidade 4.357 e 4.425, enfrentando, a um só tempo, diversos temas relativos a precatórios.

Os créditos de natureza alimentícia cujos titulares sejam portadores de doença grave, definida em lei, ou tenham 60 (sessenta) ou mais anos de idade na data da expedição do precatório, serão pagos com preferência sobre todos os demais créditos, inclusive sobre os alimentares (CF, art. 100, § 2º).

A prioridade constitucional não alcança os idosos com idade superior a 80 (oitenta) anos. O Estatuto da Pessoa Idosa, no § 5º de seu art. 71, confere prioridade especial aos maiores de 80 (oitenta) anos, mas tal prioridade não alcança os precatórios, pois é necessária, para tanto, previsão constitucional. A Constituição prevê prioridade, na tramitação de precatórios, para quem

---

[1] STF, Pleno, ADI 4.357, rel. Min. Ayres Britto, rel. p/ acórdão Min. Luiz Fux, *DJe* 26.09.2014.

tenha idade igual ou superior a 60 (sessenta) anos, não a prevendo para os maiores de 80 (oitenta) anos de idade. Logo, a prioridade especial dos maiores de 80 (oitenta) anos não alcança os precatórios.

Quanto às pessoas com deficiência, a Emenda Constitucional 94/2016 estendeu-lhes a prioridade prevista no § 2º do art. 100 da Constituição Federal.

Em relação ao portador de doença grave e às pessoas com deficiência, impõe-se destacar que sua prioridade depende de regulamentação legal. O CNJ, no tocante aos portadores de doença grave, editou a Resolução 123, de 9 de novembro de 2010, que alterou o art. 13 da Resolução 115, de 29 de junho de 2010, segundo o qual: "Serão considerados portadores de doenças graves os credores acometidos das seguintes moléstias, indicadas no inciso XIV do artigo 6º da Lei nº 7.713, de 22 de dezembro de 1988, com a redação dada pela Lei nº 11.052/2004". As Resoluções 115/2010 e 123/2010 foram revogadas pela Resolução nº 303/2019, que, porém, manteve a previsão em seu art. 11, II, que considera "portador de doença grave, o beneficiário acometido de moléstia indicada no inciso XIV do art. 6º da Lei nº 7.713, de 22 de dezembro de 1988, com a redação dada pela Lei nº 11.052, de 29 de dezembro de 2004, ou portador de doença considerada grave a partir de conclusão da medicina especializada, mesmo que a doença tenha sido contraída após o início do processo".

Como se vê, na interpretação sugerida pelo Conselho Nacional de Justiça, a doença grave, que pode ser comprovada a qualquer momento, é uma daquelas previstas na legislação do Imposto de Renda ou alguma que seja apontada por conclusão da medicina especializada.

Estabeleceu-se, enfim, uma prioridade que se põe acima dos próprios créditos alimentares. A maior prioridade é a de créditos alimentares de idosos, de portadores de doença grave ou de pessoas com deficiência. Para que o crédito ostente a maior das prioridades, é preciso que haja a presença de 2 (dois) requisitos: (a) ter natureza alimentícia; e (b) ser seu titular um idoso, portador de doença grave ou pessoa com deficiência.[2]

Tal prioridade limita-se, todavia, a um valor.

---

[2] Mesmo com a prioridade instituída pelo Estatuto do Idoso para todo e qualquer processo em que seja parte pessoa maior de 60 (sessenta) anos, não é possível afastar a exigência constitucional de que o crédito seja alimentar. Há de ser crédito titularizado por idoso e revestido de caráter alimentar, não sendo possível expandir a incidência do comando constitucional para outros casos (STJ, 2ª Turma, RMS 65.747-SP, Rel. Min. Assusete Magalhães, *DJe* 08.04.2021).

Não basta o crédito ser alimentar e seu titular ser um idoso, um portador de doença grave ou um deficiente. A prioridade somente existe até o valor equivalente ao triplo do limite fixado em lei para a dispensa do precatório.

A limitação de valor para o direito de preferência previsto no art. 100, § 2º, da Constituição Federal aplica-se para cada precatório de natureza alimentar, e não para a totalidade dos precatórios alimentares de titularidade de um mesmo credor preferencial, ainda que apresentados no mesmo exercício financeiro e perante o mesmo devedor.[3]

O Supremo Tribunal Federal, quando do julgamento das Ações Diretas de Inconstitucionalidade 4.357 e 4.425, proclamou a inconstitucionalidade da expressão "na data de expedição do precatório", constante da redação anterior que havia sido conferida ao referido § 2º pela EC 62/2009, pois, segundo ali se entendeu, excluir da preferência o sexagenário que complete a idade ao longo do processo ofende a isonomia, bem como a dignidade da pessoa humana e, bem ainda, a proteção constitucionalmente assegurada aos idosos. Significa, então, que a preferência deve ser conferida ao idoso, mesmo que ele não tivesse essa condição quando da expedição do precatório. Se ele se torna idoso ao longo do procedimento do precatório, passará a gozar de preferência, o que parece complicado, pois irá alterar, ao longo do período de pagamento, a ordem cronológica de inscrição, dificultando o pagamento e o seu controle. Seguindo a orientação firmada pelo STF, a Resolução 303/2019 do CNJ considera idoso "o exequente ou beneficiário que conte com sessenta anos de idade ou mais, antes ou após a expedição do ofício precatório" (art. 11, I).

O Superior Tribunal de Justiça, ao julgar o RMS 44.836/MG,[4] entendeu que o direito de preferência dos idosos em razão da idade no pagamento de precatórios, previsto no art. 100, § 2º, da Constituição, não pode ser estendido aos sucessores do titular originário do precatório, ainda que também sejam idosos. Segundo entendeu aquela Corte Superior, os dispositivos constitucionais introduzidos pela EC 62/2009 mencionam que o direito de preferência será outorgado aos titulares que tenham 60 (sessenta) ou mais anos de idade *na data da expedição do precatório* (CF, art. 100, § 2º) e aos titulares *originários* de precatórios que tenham completado 60 (sessenta) anos de idade até a data da referida emenda (ADCT, art. 97, § 18).

Esse é um exemplo de decisão *per incuriam*, que desconsidera precedentes sobre o tema e não dialoga com eles, não exercendo o dever de autorreferência.

---

[3] STJ, 1ª Turma, RMS 46.155/RO, Rel. Min. Napoleão Nunes Maia Filho, *DJe* 29.09.2015.
[4] STJ, 2ª Turma, RMS 44.836/MG, Rel. Min. Humberto Martins, *DJe* 27.02.2014.

Realmente, o STJ desconsiderou que o STF, quando do julgamento das ADIs 4.357 e 4.425, proclamou a inconstitucionalidade da expressão "na data de expedição do precatório", pois, segundo ali se entendeu, excluir da preferência o sexagenário que complete a idade ao longo do processo ofende a isonomia, bem como a dignidade da pessoa humana e, bem ainda, a proteção constitucionalmente assegurada aos idosos. Significa, então, que a preferência deve ser conferida ao idoso, mesmo que ele não tivesse essa condição quando da expedição do precatório. Se ele se torna idoso ao longo do procedimento do precatório, passará a gozar de preferência, o que parece complicado, pois irá alterar, ao longo do período de pagamento, a ordem cronológica de inscrição, dificultando o pagamento e o seu controle. Embora pareça complicado, foi o entendimento firmado pelo STF no âmbito do controle abstrato de constitucionalidade.

A preferência conferida a idosos é, efetivamente, personalíssima. Isso quer dizer que não se transfere a outrem, nem a seus sucessores, o favor conferido a quem tem 60 (sessenta) ou mais anos de idade. Ocorre, porém, que, no caso enfrentado pelo STJ, os sucessores *também* desfrutavam da condição de idosos. Eles não pretendiam obter, suceder, adquirir uma vantagem que era do falecido, mas fazer valer uma vantagem *própria*, que é a preferência decorrente de sua idade, e não da idade do titular originário do crédito inscrito em precatório.

A decisão do STJ não dialogou com o precedente do STF. Seria fundamental que houvesse esse diálogo para que se realizasse, então, um *distinguishing*, demonstrando-se por que motivo aquele entendimento do STF, firmado em precedente de eficácia vinculante e *erga omnes*, não se aplicaria ao caso em julgamento. A decisão do STF foi simplesmente ignorada, descumprindo-se o dever de autorreferência, que é necessário, num regime de aplicação de precedentes, quando presentes decisões em sentido contrário.

No referido julgamento das ADIs 4.357 e 4.425, o STF também proclamou a inconstitucionalidade da compensação prevista a partir da EC 62/2009.

Os §§ 9º e 10 do art. 100 da Constituição, na redação dada pela EC 62/2009, previam que, antes de expedir o precatório ao Presidente do respectivo tribunal, o juiz da execução deveria solicitar à Fazenda Pública devedora informações sobre débitos líquidos e certos, inscritos ou não em dívida ativa e constituídos contra o exequente. Comunicada a existência desses débitos, seu valor correspondente deveria ser abatido, a título de compensação, do montante do precatório, de forma que este fosse inscrito pela diferença, já se satisfazendo, assim, o crédito que a Fazenda Pública devedora mantém em face do exequente.

Os §§ 9º e 10 do art. 100 da Constituição tiveram sua inconstitucionalidade proclamada pelo STF, quando do julgamento das ADIs 4.357 e 4.425, de sorte que não é mais possível proceder a essa compensação.

Além disso, o § 12 do art. 100 da Constituição assim dispunha: *"a atualização de valores de requisitórios, após sua expedição, até o efetivo pagamento, independentemente de sua natureza, será feita pelo índice oficial de remuneração básica da caderneta de poupança, e, para fins de compensação da mora, incidirão juros simples no mesmo percentual de juros incidentes sobre a caderneta de poupança, ficando excluída a incidência de juros compensatórios".*

Ao julgar as ADIs 4.357 e 4.425, o STF proclamou a inconstitucionalidade desse § 12, por entender que tal índice não é suficiente para recompor as perdas inflacionárias. Consequentemente, também deve ser considerada inconstitucional a previsão que já constava do art. 1º-F da Lei 9.494/1997. Se não é válido um dispositivo inserido no texto constitucional por Emenda Constitucional, também não pode ser admitido dispositivo com idêntico conteúdo em lei ordinária.

O índice da caderneta de poupança foi, enfim, tido por inconstitucional pelo STF, por não recompor as perdas inflacionárias. Os índices aplicáveis estão definidos no Tema 810 da Repercussão Geral do STF e no Tema 905 dos repetitivos do STJ. A partir 9 de dezembro de 2021, as condenações judiciais impostas à Fazenda Pública devem ser atualizadas pela Selic, em virtude do disposto no art. 3º da EC 113/2021.

O entendimento do STF restringe-se, todavia, às demandas tributárias. Ao julgar os embargos de declaração opostos ao acórdão que julgou as referidas Ações Diretas de Inconstitucionalidade 4.357 e 4.425, o STF deixou claro que: *"1. O art. 1º-F da Lei nº 9.494/1997 foi declarado inconstitucional pelo Supremo Tribunal Federal, ao julgar as ADIs nº 4.357 e 4.425, apenas na parte em que o texto legal estava logicamente vinculado no art. 100, § 12, da CRFB, incluído pela EC nº 62/2009, o qual se refere tão somente à atualização de valores de requisitórios, não abarcando as condenações judiciais da Fazenda Pública. 2. A correção monetária nas condenações judiciais da Fazenda Pública seguem disciplinadas pelo art. 1º-F da Lei nº 9.494/1997, devendo-se observar o índice oficial de remuneração da caderneta de poupança como critério de cálculo; o IPCA-E deve corrigir o crédito uma vez inscrito em precatório. 3. Os juros moratórios nas condenações judiciais da Fazenda Pública seguem disciplinadas pelo art. 1º-F da Lei nº 9.494/1997, aplicando-se-lhes o índice oficial de remuneração da caderneta de poupança como critério de cálculo, exceto no que diz respeito às relações jurídico-tributárias, aos quais devem seguir os mesmos critérios pelos quais a Fazenda Pública remunera o seu crédito".*[5]

Nas relações jurídico-tributárias, o dispositivo é, então, inconstitucional, por ofensa ao princípio da isonomia, pois a Fazenda Pública deve, a partir de 25 de março de 2015, ser condenada a pagar ao contribuinte o valor de condenação judicial a que se sujeitar com a mesma correção monetária e os mesmos juros da exação fiscal. Nas demais relações jurídicas, *"o Índice de Preços ao Consumidor Amplo-Especial (IPCA-E) é o índice de correção monetária a ser aplicado a todos os valores inscritos em precatórios, estejam eles sujeitos, ou não, ao regime especial criado pela EC nº 62/2009, qualquer que seja o ente federativo de que se trate".*[6]

Ao julgar o Recurso Extraordinário 870.947/SE, o STF fixou, com eficácia obrigatória, as seguintes teses para o Tema 810 da Repercussão Geral: *"1) O art. 1º-F da Lei nº 9.494/97, com a redação dada pela Lei nº 11.960/09, na parte em que disciplina os juros moratórios aplicáveis a condenações da Fazenda Pública, é inconstitucional ao incidir sobre débitos oriundos de relação jurídico-tributária, aos quais devem ser aplicados os mesmos juros pelos quais a Fazenda Pública remunera seu crédito tributário, em respeito ao princípio constitucional da isonomia (CRFB, art. 5º, caput); quanto às condenações oriundas de relação jurídica não tributária, a fixação dos juros moratórios segundo o índice de remuneração da caderneta de poupança é constitucional, permanecendo hígido, nesta extensão, o disposto no art. 1º-F da Lei nº 9.495/97 com a redação dada pela Lei nº 11.960/09; e 2) O art. 1º-F da Lei nº 9.494/97, com a redação dada pela Lei nº 11.960/09, na parte em que disciplina a atualização monetária das condenações impostas à Fazenda Pública segundo a remuneração oficial da caderneta de poupança, revela-se inconstitucional ao impor restrição desproporcional ao direito de propriedade (CRFB, art. 5º, XXII), uma vez que não se qualifica como medida adequada a capturar a variação de preços da economia, sendo inidônea a promover os fins a que se destina".*

O STF, ao julgar as ADIs 4.357 e 4.425, considerou também inconstitucional o art. 1º-F da Lei 9.494/1997 para as relações jurídico-tributárias.

Ao julgar a ADI 5.348, o STF reafirmou *"a norma do art. 1º-F da Lei n. 9.494/1997, pela qual se estabelece a aplicação dos índices oficiais de remuneração da caderneta de poupança para atualização monetária nas condenações*

---

[5] STF, Pleno, ADI 4.357 QO-ED, Rel. Min. Luiz Fux, *DJe* 06.08.2018.
[6] STF, Pleno, ADI 4.357 QO-ED-segundos, Rel. Min. Luiz Fux, *DJe* 06.08.2018.

da Fazenda Pública, configura restrição desproporcional ao direito fundamental de propriedade."[7]

O STF, no julgamento da ADC 58, ressalvou expressamente os créditos trabalhistas contra a Fazenda Pública, de modo que incide o IPCA-E, conforme decidido nas ADIs 4.357 e 4.425 e fixado no Tema 810 da Repercussão Geral[8]. De acordo com a ressalva, em vez de aplicar o IPCA-E na fase pré-

---

[7] STF, Pleno, ADI 5.348, Rel. Min. Cármen Lúcia, *DJe* 28.11.2019.

[8] "Ementa: Direito constitucionaL. Direito do trabalho. Ações diretas de inconstitucionalidade e ações declaratórias de constitucionalidade. Índices de correção dos depósitos recursais e dos débitos judiciais na Justiça do Trabalho. Art. 879, § 7º, e art. 899, § 4º, da CLT, na redação dada pela Lei 13. 467, de 2017. Art. 39, *caput* e § 1º, da Lei 8.177 de 1991. Política de correção monetária e tabelamento de juros. Institucionalização da Taxa Referencial (TR) como política de desindexação da economia. TR como índice de correção monetária. Inconstitucionalidade. Precedentes do STF. Apelo ao legislador. Ações diretas de inconstitucionalidade e ações declaratórias de constitucionalidade julgadas parcialmente procedentes, para conferir interpretação conforme à constituição ao art. 879, § 7º, e ao art. 899, § 4º, da CLT, na redação dada pela Lei 13.467, de 2017. Modulação de efeitos. 1. A exigência quanto à configuração de controvérsia judicial ou de controvérsia jurídica para conhecimento das Ações Declaratórias de Constitucionalidade (ADC) associa-se não só à ameaça ao princípio da presunção de constitucionalidade – esta independe de um número quantitativamente relevante de decisões de um e de outro lado –, mas também, e sobretudo, à invalidação prévia de uma decisão tomada por segmentos expressivos do modelo representativo. 2. O Supremo Tribunal Federal declarou a inconstitucionalidade do art. 1º-F da Lei 9.494/1997, com a redação dada pela Lei 11.960/2009, decidindo que a TR seria insuficiente para a atualização monetária das dívidas do Poder Público, pois sua utilização violaria o direito de propriedade. Em relação aos débitos de natureza tributária, a quantificação dos juros moratórios segundo o índice de remuneração da caderneta de poupança foi reputada ofensiva à isonomia, pela discriminação em detrimento da parte processual privada (ADI 4.357, ADI 4.425, ADI 5.348 e RE 870.947-RG – tema 810). 3. A indevida utilização do IPCA-E pela jurisprudência do Tribunal Superior do Trabalho (TST) tornou-se confusa ao ponto de se imaginar que, diante da inaplicabilidade da TR, o uso daquele índice seria a única consequência possível. A solução da Corte Superior Trabalhista, todavia, lastreia-se em uma indevida equiparação da natureza do crédito trabalhista com o crédito assumido em face da Fazenda Pública, o qual está submetido a regime jurídico próprio da Lei 9.494/1997, com as alterações promovidas pela Lei 11.960/2009. 4. A aplicação da TR na Justiça do Trabalho demanda análise específica, a partir das normas em vigor para a relação trabalhista. A partir da análise das repercussões econômicas da aplicação da lei, verifica-se que a TR se mostra inadequada, pelo menos no contexto da Consolidação das Leis Trabalhistas (CLT), como índice de atualização dos débitos trabalhistas. 5. Confere-se interpretação conforme à Constituição ao art. 879, § 7º, e ao art. 899, § 4º, da CLT, na redação dada pela Lei 13.467, de 2017, definindo-se que, até que sobrevenha

-judicial e a taxa SELIC a partir do ajuizamento, às condenações de débitos diretos da Fazenda Pública, inclusive no âmbito da Justiça do Trabalho, aplica-se a tese do Tema 810 do STF, que determina a aplicação do IPCA-E como índice de correção monetária, acrescido dos juros da caderneta de

---

solução legislativa, deverão ser aplicados à atualização dos créditos decorrentes de condenação judicial e à correção dos depósitos recursais em contas judiciais na Justiça do Trabalho os mesmos índices de correção monetária e de juros vigentes para as hipóteses de condenações cíveis em geral (art. 406 do Código Civil), à exceção das dívidas da Fazenda Pública que possui regramento específico (art. 1º-F da Lei 9.494/1997, com a redação dada pela Lei 11.960/2009), com a exegese conferida por esta Corte na ADI 4.357, ADI 4.425, ADI 5.348 e no RE 870.947-RG (tema 810). 6. Em relação à fase extrajudicial, ou seja, a que antecede o ajuizamento das ações trabalhistas, deverá ser utilizado como indexador o IPCA-E acumulado no período de janeiro a dezembro de 2000. A partir de janeiro de 2001, deverá ser utilizado o IPCA-E mensal (IPCA-15/IBGE), em razão da extinção da UFIR como indexador, nos termos do art. 29, § 3º, da MP 1.973-67/2000. Além da indexação, serão aplicados os juros legais (art. 39, *caput*, da Lei 8.177, de 1991). 7. Em relação à fase judicial, a atualização dos débitos judiciais deve ser efetuada pela taxa referencial do Sistema Especial de Liquidação e Custódia – SELIC, considerando que ela incide como juros moratórios dos tributos federais (arts. 13 da Lei 9.065/95; 84 da Lei 8.981/95; 39, § 4º, da Lei 9.250/95; 61, § 3º, da Lei 9.430/96; e 30 da Lei 10.522/02). A incidência de juros moratórios com base na variação da taxa SELIC não pode ser cumulada com a aplicação de outros índices de atualização monetária, cumulação que representaria bis in idem. 8. A fim de garantir segurança jurídica e isonomia na aplicação do novo entendimento, fixam-se os seguintes marcos para modulação dos efeitos da decisão: (i) são reputados válidos e não ensejarão qualquer rediscussão, em ação em curso ou em nova demanda, incluindo ação rescisória, todos os pagamentos realizados utilizando a TR (IPCA-E ou qualquer outro índice), no tempo e modo oportunos (de forma extrajudicial ou judicial, inclusive depósitos judiciais) e os juros de mora de 1% ao mês, assim como devem ser mantidas e executadas as sentenças transitadas em julgado que expressamente adotaram, na sua fundamentação ou no dispositivo, a TR (ou o IPCA-E) e os juros de mora de 1% ao mês; (ii) os processos em curso que estejam sobrestados na fase de conhecimento, independentemente de estarem com ou sem sentença, inclusive na fase recursal, devem ter aplicação, de forma retroativa, da taxa Selic (juros e correção monetária), sob pena de alegação futura de inexigibilidade de título judicial fundado em interpretação contrária ao posicionamento do STF (art. 525, § 12 e 14, ou art. 535, § 5º e 7º, do CPC. 9. Os parâmetros fixados neste julgamento aplicam-se aos processos, ainda que transitados em julgado, em que a sentença não tenha consignado manifestação expressa quanto aos índices de correção monetária e taxa de juros (omissão expressa ou simples consideração de seguir os critérios legais). 10. Ação Declaratória de Constitucionalidade e Ações Diretas de Inconstitucionalidade julgadas parcialmente procedentes" (STF, Pleno, ADC 58, Rel. Min. Gilmar Mendes, *DJe* 07.04.2021).

poupança. O entendimento do STF é seguido pelo TST, que reitera a aplicação ininterrupta do IPCA-E para correção monetária de débitos trabalhistas devidos pela Fazenda Pública[9].

Os requisitos para pagamento de precatórios estão *todos* previstos na Constituição, não sendo possível que outros sejam estabelecidos pela legislação infraconstitucional. Às normas infraconstitucionais não se permite agregar novos requisitos para além daqueles fixados no texto constitucional.

Sem embargo disso, a EC 62/2009 acrescentou ao art. 100 da Constituição os §§ 15 e 16, delegando ao legislador infraconstitucional a possibilidade de criar um regime especial para pagamento de precatórios de Estados, do Distrito Federal e de Municípios. Tal possibilidade não alcança os precatórios da União.

O objetivo desse regime especial é viabilizar o pagamento de precatórios que estão vencidos há anos e que não foram ainda pagos por Estados, pelo Distrito Federal e por Municípios. A norma não alcança a União nem os demais entes federais.

Nos termos dos referidos §§ 15 e 16 do art. 100 da Constituição, independentemente das regras contidas no texto constitucional, é possível, por lei complementar, ser estabelecido regime especial para pagamento de crédito de precatórios de Estados, Distrito Federal e Municípios, dispondo sobre vinculações à receita corrente líquida, além da forma e do prazo de liquidação.

O mencionado regime especial deve ser instituído, como visto, por lei complementar. Enquanto não editada tal lei, aplicam-se as regras contidas no art. 97 do ADCT da Constituição. A EC 62/2009, além de alterar as normas previstas no art. 100 da Constituição, fez incluir, em seu ADCT, um novo dispositivo, qual seja, o art. 97, criando o regime especial de pagamento de precatórios de Estados, do Distrito Federal e de Municípios, enquanto não promulgada e sancionada a referida lei complementar, cabendo aos Estados, ao Distrito Federal e aos Municípios optar pela adoção de tal regime.[10]

---

[9] Nesse sentido: TST, 5ª Turma, Recurso de Revista 1040.-08.2010.5.04.0009, Rel. Min. Breno Medeiros, *DeJT* 24.09.2021; TST, 3ª Turma, Recurso de Revista 1314-63.2010.5.01.0038, *DeJT* 24.05.2019; TST, 5ª Turma, Recurso de Revista 2377-46.2013.5.02.0441, Rel. Min. Breno Medeiros, *DeJT* 22.10.2021; TST, 3ª Turma, Recurso de Revista 102200-87.2008.5.02.0046; TST, 3ª Turma, Recurso de Revista 1233-96.2010.5.04.0017, Rel. Min. Alberto Luiz Bresciani de Fontan Pereira, *DeJT* 27.09.2019; TST, 5ª Turma, Agravo no Recurso de Revista 20385-39.2016.5.04.0141, Rel. Min. Breno Medeiros, *DeJT* 22.10.2021.

[10] O regime especial somente é aplicável ao ente público que tenha, dentro do prazo previsto no art. 3º da EC 62/2009, feito expressa opção. É necessário, então, que

A constitucionalidade desse regime especial foi questionada no Supremo Tribunal Federal.

Ao apreciar as ADIs 4.357 e 4.425, o STF entendeu serem inconstitucionais o § 15 do art. 100 da Constituição Federal, bem como o art. 97 de seu ADCT, de forma que tais dispositivos foram expurgados do sistema constitucional. Em outras palavras, não há mais o regime especial instituído pelo art. 97 do ADCT da Constituição Federal.

Segundo entendeu o STF, o regime especial de precatórios, tal como instituído pela EC 62/2009, é inconstitucional por violar a ideia central do Estado Democrático de Direito, infringindo as garantias do livre acesso à justiça, do devido processo legal, da coisa julgada e da duração razoável do processo.

Logo após o julgamento das referidas ações diretas, o Ministro Luiz Fux, na condição de relator, determinou, *ad cautelam,* que os tribunais de todos os Estados e do Distrito Federal dessem imediata continuidade aos pagamentos de precatórios, na forma do art. 97 do ADCT, respeitando-se a vinculação de receitas para fins de satisfação da dívida pública, sob pena de sequestro. Em outras palavras, o STF, mesmo tendo reconhecido e proclamado a inconstitucionalidade do regime especial previsto no art. 97 do ADCT, verificou que não poderia impedir ou sobrestar o cumprimento dos pagamentos pendentes, na forma como já estavam sendo realizados.

Ação Direta de Inconstitucionalidade 4.425

Ementa: Direito constitucional. Regime de execução da fazenda pública mediante precatório. Emenda Constitucional nº 62/2009. Inconstitucionalidade formal não configurada. Inexistência de interstício constitucional mínimo entre os dois turnos de votação de emendas à Lei Maior (CF, art. 60, § 2º). Constitucionalidade da sistemática de "superpreferência" a credores de verbas alimentícias quando idosos ou portadores de doença grave. Respeito à dignidade da pessoa humana e à proporcionalidade. Invalidade jurídico-constitucional da limitação da preferência a idosos que completem 60 (sessenta) anos até a expedição do precatório. Discriminação arbitrária e violação à isonomia (CF, art. 5º, *caput*). Inconstitucionalidade da sistemática de compensação de débitos inscritos em precatórios em proveito exclusivo da fazenda pública. Embaraço à efetividade da jurisdição (CF, art. 5º, XXXV), desrespeito à coisa julgada material (CF, art. 5º XXXVI), ofensa à separação

---

haja expressa escolha feita pelo Poder Público ao regime especial para pagamento de precatórios.

dos poderes (CF, art. 2°) e ultraje à isonomia entre o Estado e o particular (CF, art. 1°, *caput*, c/c art. 5°, *caput*). Impossibilidade jurídica da utilização do índice de remuneração da caderneta de poupança como critério de correção monetária. Violação ao direito fundamental de propriedade (CF, art. 5°, XXII). Inadequação manifesta entre meios e fins. Inconstitucionalidade da utilização do rendimento da caderneta de poupança como índice definidor dos juros moratórios dos créditos inscritos em precatórios, quando oriundos de relações jurídico-tributárias. Discriminação arbitrária e violação à isonomia entre devedor público e devedor privado (CF, art. 5°, *caput*). Inconstitucionalidade do regime especial de pagamento. Ofensa à cláusula constitucional do Estado de Direito (CF, art. 1°, *caput*), ao princípio da separação de poderes (CF, art. 2°), ao postulado da isonomia (CF, art. 5°, *caput*), à garantia do acesso à Justiça e a efetividade da tutela jurisdicional (CF, art. 5°, XXXV) e ao direito adquirido e à coisa julgada (CF, art. 5°, XXXVI). Pedido julgado procedente em parte.

1. A Constituição Federal de 1988 não fixou um intervalo temporal mínimo entre os dois turnos de votação para fins de aprovação de emendas à Constituição (CF, art. 62, § 2°), de sorte que inexiste parâmetro objetivo que oriente o exame judicial do grau de solidez da vontade política de reformar a Lei Maior. A interferência judicial no âmago do processo político, verdadeiro *locus* da atuação típica dos agentes do Poder Legislativo, tem de gozar de lastro forte e categórico no que prevê o texto da Constituição Federal. Inexistência de ofensa formal à Constituição brasileira.

2. O pagamento prioritário, até certo limite, de precatórios devidos a titulares idosos ou que sejam portadores de doença grave promove, com razoabilidade, a dignidade da pessoa humana (CF, art. 1°, III) e a proporcionalidade (CF, art. 5°, LIV), situando-se dentro da margem de conformação do legislador constituinte para operacionalização da novel preferência subjetiva criada pela Emenda Constitucional n° 62/2009.

3. A expressão "na data de expedição do precatório", contida no art. 100, § 2°, da CF, com redação dada pela EC n° 62/09, enquanto baliza temporal para a aplicação da preferência no pagamento de idosos, ultraja a isonomia (CF, art. 5°, *caput*) entre os cidadãos credores da Fazenda Pública, na medida em que discrimina, sem qualquer fundamento, aqueles que venham a alcançar a idade de sessenta anos não na data da expedição do precatório, mas sim posteriormente, enquanto pendente este e ainda não ocorrido o pagamento.

4. O regime de compensação dos débitos da Fazenda Pública inscritos em precatórios, previsto nos §§ 9° e 10 do art. 100 da Constituição Federal, incluídos pela EC n° 62/09, embaraça a efetividade da jurisdição (CF, art. 5°, XXXV), desrespeita a coisa julgada material (CF, art. 5°, XXXVI), vulnera a Separação dos Poderes (CF, art. 2°) e ofende a isonomia entre o Poder Público

e o particular (CF, art. 5º, *caput*), cânone essencial do Estado Democrático de Direito (CF, art. 1º, *caput*).

5. A atualização monetária dos débitos fazendários inscritos em precatórios segundo o índice oficial de remuneração da caderneta de poupança viola o direito fundamental de propriedade (CF, art. 5º, XXII) na medida em que é manifestamente incapaz de preservar o valor real do crédito de que é titular o cidadão. A inflação, fenômeno tipicamente econômico-monetário, mostra-se insuscetível de captação apriorística (ex ante), de modo que o meio escolhido pelo legislador constituinte (remuneração da caderneta de poupança) é inidôneo a promover o fim a que se destina (traduzir a inflação do período).

6. A quantificação dos juros moratórios relativos a débitos fazendários inscritos em precatórios segundo o índice de remuneração da caderneta de poupança vulnera o princípio constitucional da isonomia (CF, art. 5º, *caput*) ao incidir sobre débitos estatais de natureza tributária, pela discriminação em detrimento da parte processual privada que, salvo expressa determinação em contrário, responde pelos juros da mora tributária à taxa de 1% ao mês em favor do Estado (ex vi do art. 161, § 1º, CTN). Declaração de inconstitucionalidade parcial sem redução da expressão "independentemente de sua natureza", contida no art. 100, § 12, da CF, incluído pela EC nº 62/09, para determinar que, quanto aos precatórios de natureza tributária, sejam aplicados os mesmos juros de mora incidentes sobre todo e qualquer crédito tributário.

7. O art. 1º-F da Lei nº 9.494/97, com redação dada pela Lei nº 11.960/09, ao reproduzir as regras da EC nº 62/09 quanto à atualização monetária e à fixação de juros moratórios de créditos inscritos em precatórios incorre nos mesmos vícios de juridicidade que inquinam o art. 100, § 12, da CF, razão pela qual se revela inconstitucional por arrastamento, na mesma extensão dos itens 5 e 6 *supra*.

8. O regime "especial" de pagamento de precatórios para Estados e Municípios criado pela EC nº 62/09, ao veicular nova moratória na quitação dos débitos judiciais da Fazenda Pública e ao impor o contingenciamento de recursos para esse fim, viola a cláusula constitucional do Estado de Direito (CF, art. 1º, *caput*), o princípio da Separação de Poderes (CF, art. 2º), o postulado da isonomia (CF, art. 5º), a garantia do acesso à justiça e a efetividade da tutela jurisdicional (CF, art. 5º, XXXV), o direito adquirido e à coisa julgada (CF, art. 5º, XXXVI).

9. Pedido de declaração de inconstitucionalidade julgado procedente em parte.[11]

---

[11] STF, Pleno, ADI 4.425, rel. Min. Ayres Britto, rel. p/ acórdão Luiz Fux, *DJe* 19.12.2013.

Comentário:

O Supremo Tribunal Federal julgou, conjuntamente, as Ações Diretas de Inconstitucionalidade 4.357 e 4.425, enfrentando, a um só tempo, diversos temas relativos a precatórios. Os comentários relativos à ADI 4.425 são os mesmos relativos à ADI 4.357, feitos adiante, aos quais se remete o leitor.

Ação Direta de Inconstitucionalidade 5.534

EMENTA: Direito Processual Civil. Artigo 535, § 3º, inciso II, e § 4º, do Código de Processo Civil de 2015. Execução contra a Fazenda Pública. Requisições de pequeno valor. Prazo para pagamento. Competência legislativa da União. Execução da parte incontroversa da condenação. Possibilidade. Interpretação conforme. Parcial procedência do pedido.

1. A autonomia expressamente reconhecida na Constituição de 1988 e na jurisprudência do Supremo Tribunal Federal aos estados-membros para dispor sobre obrigações de pequeno valor restringe-se à fixação do valor referencial. Pretender ampliar o sentido da jurisprudência e do que está posto nos §§ 3º e 4º do art. 100 da Constituição, de modo a afirmar a competência legislativa do estado-membro para estabelecer também o prazo para pagamento das RPV, é passo demasiadamente largo.

2. A jurisprudência do Supremo Tribunal Federal confere ampla autonomia ao estado-membro na definição do valor referencial das obrigações de pequeno valor, permitindo, inclusive, a fixação de valores inferiores ao do art. 87 do ADCT (ADI nº 2868, Tribunal Pleno, Rel. Min. Ayres Britto, Rel. p/ ac. Min. Joaquim Barbosa, DJ de 12/11/04). A definição do montante máximo de RPV é critério razoável e suficiente à adequação do rito de cumprimento das obrigações de pequeno valor à realidade financeira e orçamentária do ente federativo.

3. O Supremo Tribunal Federal reconhece a natureza processual das normas que regulamentam o procedimento de execução das obrigações de pequeno valor, por versarem sobre os atos necessários para que a Fazenda Pública cumpra o julgado exequendo. Precedentes: RE nº 632.550-AgR, Primeira Turma, da minha relatoria, DJe de 14/5/12; RE nº 293.231, Segunda Turma, Rel. Min. Maurício Corrêa, DJ de 1º/6/01). A norma do art. 535, § 3º, inciso II, do Código de Processo Civil detém natureza nitidamente processual, a atrair a competência privativa da União para dispor sobre tema (art. 22, inciso I, da Constituição de 1988).

4. O Supremo Tribunal Federal declarou, em julgamento com repercussão geral, a constitucionalidade da expedição de precatório ou requisição de pequeno valor para pagamento da parte incontroversa e autônoma do pro-

nunciamento judicial transitada em julgado, observada a importância total executada para efeitos de dimensionamento como obrigação de pequeno valor. Precedente: RE nº 1.205.530, Tribunal Pleno, Rel. Min. Marco Aurélio, julgado em 8/6/20.

5. Procedência parcial do pedido, declarando-se a constitucionalidade do art. 535, § 3º, inciso II, da Código de Processo Civil de 2015 e conferindo-se interpretação conforme à Constituição de 1988 ao art. 535, § 4º, no sentido de que, para efeito de determinação do regime de pagamento do valor incontroverso, deve ser observado o valor total da condenação."[12]

Comentários:

As condenações impostas ao Poder Público submetem-se à exigência constitucional do precatório. Nos casos de pequeno valor, dispensa-se o precatório e se promoveu a ordem de pagamento por requisição de pequeno valor – RPV. Cabe a cada ente federativo estabelecer o que se considere pequeno valor, desde que não seja inferior ao valor do maior benefício do regime geral de previdência social (CF, art. 100, § 4º).

O prazo para pagamento da RPV, tal como previsto no art. 535, § 3º, II, do CPC, é de 2 (dois) meses. Segundo entende o STF, os Estados, o Distrito Federal e os Municípios podem fixar seus limites de pequeno valor, mas não podem estabelecer prazo para pagamento da RPV. Esse prazo é o que está previsto no referido dispositivo do CPC, sendo norma processual, de competência legislativa da União (CF, art. 22, I). O que cabe aos Estados, Distrito Federal e Municípios é a fixação do seu limite para RPV, e não alterar o prazo para pagamento previsto no Código de Processo Civil.

Nos termos do § 8º do art. 100 da Constituição, não é possível ao credor fracionar sua execução para receber uma parte por RPV e outra por precatório.

É, porém, permitida a expedição de precatório de parte incontroversa da dívida. Assim, quando a impugnação (no caso de cumprimento de sentença) ou os embargos (no caso de execução fundada em título extrajudicial) forem parciais, a execução prosseguirá quanto à parte incontroversa. Em tal situação, não há o fracionamento vedado no § 8º do art. 100 da Constituição, pois não se trata de intenção do exequente de repartir o valor para receber uma parte por RPV e a outra, por precatório.

A propósito, o STF, ao julgar o tema 28 da repercussão geral, entendeu pela possibilidade da expedição de precatório da parte incontroversa. E isso foi confirmado no julgamento da ADI 5.534, ora comentado. Nesse caso, o

---

[12] STF, Pleno ADI 5534, rel. Min. Dias Toffoli, *DJe* 12.02.2021.

STF confirmou seu entendimento e conferiu interpretação conforme a Constituição ao § 4º do art. 535 do CPC, para estabelecer que a execução da parte incontroversa deve observar o valor total da condenação, conforme definido no julgamento do tema 28 da Repercussão Geral. Assim, promovido, por exemplo, cumprimento de sentença contra a União no valor equivalente a 100 salários mínimos, e vindo a União a reconhecer que são devidos apenas 50 salários mínimos, a execução pode prosseguir por essa parcela incontroversa, mas deverá, no caso, ser expedido precatório, e não RPV. Embora a parte incontroversa seja de pequeno valor, a autorizar a expedição de RPV, o valor global da execução é de 100 salários mínimos, devendo ser expedido precatório, em vez de RPV.

Em caso de execuções individuais de sentença coletiva, cada execução terá seu valor, não havendo fracionamento que viole o § 8º do art. 100 da Constituição a expedição de precatório ou de RPV para cada execução ou para cada um dos respectivos exequentes. Nesse sentido, é o tema 873 da Repercussão Geral do STF: "Não viola o art. 100, § 8º, da Constituição Federal a execução individual de sentença condenatória genérica proferida contra a Fazenda Pública em ação coletiva visando à tutela de direitos individuais homogêneos".

A referida ADI foi julgada parcialmente procedente para declarar a constitucionalidade do art. 535, § 3º, inciso II, do Código de Processo Civil de 2015, e conferir interpretação conforme a Constituição ao art. 535, § 4º, do CPC, no sentido de que, para efeito de determinação do regime de pagamento do valor incontroverso, deve ser observado o valor total da condenação, conforme tese firmada no RE com repercussão geral nº 1205530 (Tema 28).

Ação Direta de Inconstitucionalidade 7.047

> Ementa: Direito constitucional e financeiro – Precatórios – Emenda Constitucional 113/2021 – Inconstitucionalidade formal – Inexistência – Regime de pagamento via precatório – Cláusulas de isonomia e segurança jurídica – Controle de constitucionalidade das emendas à Constituição – *Judicial review* do mérito das emendas constitucionais – Possibilidade – Art. 4º, § 4º, da Emenda Constitucional 113/21 – Pandemia – Cotejo entre direito à saúde e assistência social e o sistema orçamentário da constituição – Encontro de contas – Inconstitucionalidade nos termos em que formulado – Utilização da SELIC como índice unificado de atualização dos precatórios – Praticabilidade – Possibilidade – Inexistência de violação à

irretroatividade – Precatório – Procedimento administrativo e judicial – Ação direta julgada parcialmente procedente

1. A Constituição Federal não disciplina questões relativas à votação remota de parlamentares; momento da apresentação de emendas ao projeto; cisão e aglutinação de projetos; e tramitação do projeto por comissões temáticas antes da apreciação pelo Plenário de cada Casa do Congresso Nacional.

2. As normas regimentais das Casas do Congresso Nacional não constituem parâmetro de validade nas ações de controle abstrato de constitucionalidade, na medida em que versam matéria *interna corporis* resguardadas pela cláusula da separação de poderes. Nesse sentido: ADPF 832, Plenário, Rel. Min. Roberto Barroso, *DJe* de 5/5/2023; ADI 5693, Plenário, Rel. Min. Roberto Barroso, *DJe* de 19/5/2022; ADI 6696, Plenário, Rel. Min. Roberto Barroso, *DJe* de 13/12/2021; ADI 2038, Plenário, Rel. Min. Nelson Jobim, *DJ* de 25/2/2000; e ADI 6986, Plenário, Rel. Min. Edson Fachin, *DJe* de 19/5/2022.

3. O Supremo Tribunal Federal reconhece a possibilidade de *judicial review* do mérito das emendas constitucionais sempre que estas colidam com o core constitucional do texto originário de 1988. (ADI 939, Rel. Min. Sydney Sanches, Tribunal Pleno, julgado em 15/12/1993, *DJ* 18/03/1994, e ADIs 4357 e 4425, Rel. Min. Ayres Britto, Redator p/ acórdão o Min. Luiz Fux, Tribunal Pleno, julgado em 14/03/2013, *DJe* 26/09/2014).

4. O direito é reflexo do tempo em que editado e em matéria constitucional, o texto posto na lei fundamental, tanto de maneira originária quanto em sede de revisão, decorre do espírito da época em que produzido.

5. A legitimidade de determinada disposição precisa ser realizada em contexto com o ambiente em que elaborada bem como apreciada em cotejo com os efeitos que a norma é capaz de produzir.

6. A modelagem do tempo não é estranha aos juízos competentes para declarar a inconstitucionalidade de determinada norma mercê da modulação de efeitos da decisão de inconstitucionalidade atribuída à jurisdição constitucional, a partir de preceitos de segurança jurídica. A possibilidade é representativa do domínio sobre o fator tempo que o exercício da interpretação constitucional é capaz de promover, conforme se observa da jurisprudência deste Supremo Tribunal Federal no reconhecimento de uma norma "ainda" constitucional. (RE 147776, Rel. Min. Sepúlveda Pertence, Primeira Turma, *DJ* 19/06/1998).

7. O exame da compatibilidade da Emenda Constitucional 113/21 com os princípios constitucionais postos no texto de 1988 não pode prescindir da avaliação a respeito da legitimidade das mudanças efetivadas, especialmente

sob a ótica dos momentos vividos pela sociedade brasileira nos últimos três anos. O exercício do poder constituinte de maneira legítima precisa estar acorde ao pensamento social vigente ao momento em que as alterações constitucionais são processadas. Esta é, em verdade, umas das implicações da teoria dos "momentos constitucionais", desenvolvida por Bruce Ackerman.

8. O *judicial review* é parte do processo de emendas à Constituição. Toda democracia liberal funcional depende de uma variedade de técnicas para introduzir flexibilidade no quadro constitucional.

9. A principal modificação promovida pela Emenda Constitucional 113 refere-se à possibilidade de abertura de crédito extraordinário para eventual aumento no exercício de 2021 do limite do teto de gastos aprovado pela Emenda Constitucional 95/2016, com o objetivo de financiar medidas para combate à COVID-19.

10. A abertura de créditos adicionais no orçamento é classificada pelo artigo 41 da Lei 4.320/64 como créditos suplementares, especiais e extraordinários; por sua vez, a Constituição Federal estabelece as características do crédito extraordinário no artigo 167, § 3º.

11. *In casu*, por um lado foram ameaçadas regras de *accountability* e responsabilidade fiscal que constam da Constituição orçamentária; de outro, os recursos financeiros eventualmente captados com os referidos créditos extraordinários tiveram destinação para ações sociais e de saúde em momento em que o orçamento público viveu situação delicada decorrente de uma pandemia de proporções mundiais.

12. A escolha da melhor opção a ser tomada pelo administrador público na implementação de políticas públicas não é papel da jurisdição constitucional, a fortiori o encaminhamento a efeito pelo Poder Executivo àquele momento contou com a legitimação do Parlamento por meio da aprovação das emenda constitucional ora impugnada.

13. Compete ao Poder Judiciário dizer se a opção escolhida é válida ou não em cotejo ao regramento constitucional vigente.

14. A medida adotada pelo Congresso, por meio de emenda à Constituição, representou uma opção política dotada de legitimidade no momento em que realizada.

15. O Supremo Tribunal Federal reconheceu em julgados recentes a legitimidade de medidas concretizadas pelo poder público para atendimento de demandas exigidas pela população para o combate aos efeitos do coronavírus. (ADI 6357 MC-Ref, Rel. Min. Alexandre de Moraes, Tribunal Pleno, julgada em 13/05/2020, *DJe* 20/11/2020, e ADI 6970, Rel. Min. Cármen Lúcia, Tribunal Pleno, julgada em 16/08/2022, *DJe* 29/08/2022).

16. A opção do constituinte derivado, *in casu*, privilegiou cláusulas constitucionais estabelecidas, especialmente, nos arts. 1º, III, 3º, 5º *caput*, 6º, 194, *caput*, 196, bem como o inciso VI do art. 203.

17. A redação do art. 100, § 9º, da CRFB, estabelecida pela Emenda 113/2021, apesar de sensivelmente diferente daquela declarada inconstitucional pelo Supremo Tribunal Federal nas ADIs 4425 e 4357, contém a mesma essência e não se coaduna com o texto constitucional.

18. A compensação requerida pelo titular do precatório nas situações descritas no § 11 do mesmo artigo 100 somente mantém sua legitimidade após a exclusão do subteto para pagamento dos requisitórios se afastada a expressão que determina sua auto aplicabilidade à União.

19. A atual sistemática de atualização dos precatórios não se mostra adequada e minimamente razoável em vista do sem número de regras a serem seguidas quando da realização do pagamento do requisitório. O tema 810 de Repercussão Geral, bem como a questão de ordem, julgada na ADI 4425, em conjunto com o tema 905 de recursos repetitivos fixado pelo Superior Tribunal de Justiça demonstram os diversos momentos e índices a serem aplicados para atualização, remuneração do capital e cálculo da mora nos débitos decorrentes de precatórios.

20. A unificação dos índices de correção em um único fator mostra-se desejável por questões de praticabilidade. No sentido técnico da expressão consagrada pela Ministra do Superior Tribunal de Justiça, Regina Helena Costa, "a praticabilidade, também conhecida como praticidade, pragmatismo ou factibilidade, pode ser traduzida, em sua acepção jurídica, no conjunto de técnicas que visam a viabilizar a adequada execução do ordenamento jurídico". Cuida-se de um princípio difuso no sistema jurídico, imposto a partir de primados maiores como a segurança jurídica e a isonomia que impõem ao Estado o dever de tornar exequível o conjunto de regras estabelecido para a convivência em sociedade.

21. A Taxa Referencial e a taxa SELIC não são índices idênticos; sequer assemelhados. Conforme já decidiu o Supremo Tribunal Federal, a utilização da taxa SELIC para a correção de débitos judiciais na Justiça do Trabalho em substituição à Taxa Referencial é plenamente legítima. (ADC 58, Rel. Min. Gilmar Mendes, Tribunal Pleno, julgado em 18/12/2020, *DJe* de 07/04/2021)

22. O precedente formado nas ADIs 4425 e 4357, que julgou inconstitucional a aplicação da Taxa Referencial para a atualização dos valores dos precatórios, não ostenta plena aderência ao caso presente, em que o índice em debate é a taxa SELIC.

23. A taxa SELIC, desde 1995, é o índice utilizado para a atualização de valores devidos tanto pela Fazenda quanto pelo contribuinte na relações jurídico-tributárias. Sua legitimidade é reconhecida pela uníssona jurisprudência dos tribunais pátrios, estando sua aplicação pontificada na já vetusta Súmula 199 do Superior Tribunal de Justiça.

24. A dissonância entre os índices de inflação e o valor percentual da taxa SELIC não corresponde exatamente à realidade. A SELIC é efetivamente fixada pelo Comitê de Política Monetária do Banco Central do Brasil, entretanto, suas bases estão diretamente relacionadas aos pilares econômicos do país. A partir da Lei Complementar 179/2021, a autonomia técnica do Banco Central do Brasil é um fator que afasta o argumento de que o índice seria estabelecido de maneira totalmente potestativa pela Fazenda. A lei impõe como objetivo fundamental à autoridade monetária assegurar a estabilidade de preços (art. 1º da LC 179/21). Consectariamente, há elementos outros que não a mera vontade política para a fixação dos patamares da SELIC.

25. A correlação entre a taxa de juros da economia e a inflação é extremamente próxima. Um dos indicadores para que o índice se mova para mais ou para menos é justamente a projeção da inflação para os períodos subsequentes. Não há desproporcionalidade entre uma grandeza e outra, mas sim, relação direta e imediata.

26. O trâmite desde a expedição do precatório até sua inclusão no orçamento para pagamento inclui procedimentos distintos, um de natureza jurisdicional e outro de natureza administrativa. Na execução proposta contra a Fazenda Pública, a atividade judicial de primeiro grau é cumprida e acabada com a expedição do precatório por parte do juízo exequente. A partir daí, o que se desenvolve é a atividade do Presidente do Tribunal quanto ao encaminhamento a ser dado à ordem de pagamento.

27. A possibilidade de a nova legislação captar requisitórios já expedidos não encerra violação à irretroatividade. A aplicação da novel legislação dá-se após o encerramento da fase judicial do procedimento e antes do início da fase administrativa. É dizer que a norma produzirá efeitos após o encerramento das discussões relativas à condenação judicial do Poder Público e antes de finalizados os trâmites administrativos para a inclusão do crédito no orçamento.

28. A disposição incluída no § 5º do art. 101 do ADCT pela EC 113/21 possibilitou a contratação do empréstimo referido no § 2º, III, do dispositivo (qual seja, sem quaisquer limitações fiscais) "exclusivamente" para a modalidade de pagamento de precatórios por meio de acordo direto com o credor, modalidade na qual o titular do crédito se obriga a aceitar um deságio de 40% do valor de seu precatório.

29. A contrário senso, para todas as outras formas de quitação não é possível a contratação específica daquela modalidade de empréstimo. Torna-se possível que sobejem recursos para o pagamento de precatórios sob a forma de acordo com deságio e falte dinheiro para a quitação de débitos na modalidade usual, qual seja, em espécie pela ordem cronológica de apresentação e em respeito às preferências constitucionais. Como asseverado pela Procuradoria-Geral da República em sua manifestação (fls. 79): "É como se o Estado dissesse ao credor que, para pagamento com deságio de 40%, há dinheiro disponível, mas não há para pagamento integral". Ao privilegiar determinada modalidade de quitação de dívida, o art. 101, § 5º, do ADCT prejudica todas as outras opções, inclusive aquela que ontologicamente decorre do regime de precatórios que é o pagamento em dinheiro na ordem de antiguidade da dívida e respeitadas as preferências constitucionais.

30. Ação Direta conhecida e julgada parcialmente procedente para declarar a inconstitucionalidade do art. 100, § 9º, da Constituição Federal, e do art. 101, § 5º, do ADCT, com redação estabelecida pelo art. 1º da EC 113/21 e dar interpretação conforme a Constituição do art. 100, § 11, da Constituição, com redação da EC 113/21 para afastar de seu texto a expressão "com auto aplicabilidade para a União".[13]

Comentários:

Os §§ 9º e 10 do art. 100 da Constituição, na redação dada pela EC 62/2009, previam que, antes de expedir o precatório ao presidente do respectivo tribunal, o juiz da execução devia solicitar à Fazenda Pública devedora informações sobre débitos líquidos e certos, inscritos ou não em dívida ativa e constituídos contra o exequente. Comunicada a existência desses débitos, seu valor correspondente deveria ser abatido, a título de compensação, do montante do precatório, de forma que este fosse inscrito pela diferença, já se satisfazendo, assim, o crédito que a Fazenda Pública devedora mantém em face do exequente.

Os §§ 9º e 10 do art. 100 da Constituição tiveram sua inconstitucionalidade proclamada pelo Supremo Tribunal Federal, quando do julgamento das Ações Diretas de Inconstitucionalidade 4.357 e 4.425, de sorte que não é mais possível proceder a essa compensação.

Em virtude do disposto no art. 6º da Emenda Constitucional 62/2009, ficam convalidadas todas as compensações de precatórios com tributos vencidos até 31 de outubro de 2009 da entidade devedora, efetuadas na forma

---

[13] STF, Pleno, ADI 7.047, Rel. Min. Luiz Fux, *DJe* 19.12.2023.

do disposto no § 2º do art. 78 do ADCT, realizadas antes da promulgação da própria EC 62/2009.

Diante da proclamação de inconstitucionalidade pelo STF, a EC 113/2021 conferiu nova redação ao § 9º do art. 100 da Constituição, para estabelecer que, "sem que haja interrupção no pagamento do precatório e mediante comunicação da Fazenda Pública ao Tribunal, o valor correspondente aos eventuais débitos inscritos em dívida ativa contra o credor do requisitório e seus substituídos deverá ser depositado à conta do juízo responsável pela ação de cobrança, que decidirá pelo seu destino definitivo".

O STF voltou a proclamar a inconstitucionalidade da regra. Ao julgar as ADIs 7.047 e 7.064, a Suprema Corte considerou que a compensação não se mostra compatível com a Constituição. Por isso, decretou a inconstitucionalidade do § 9º do art. 100 da Constituição, na redação dada pela EC 113/2021, ressalvando as compensações que já tenham sido até então efetivadas.

Quem disponha de um crédito inscrito em precatório pode utilizá-lo para pagar débitos parcelados ou débitos inscritos em dívida ativa do ente federado devedor, inclusive em transação resolutiva de litígio, e, subsidiariamente, débitos com a administração autárquica e fundacional do mesmo ente. Também pode utilizá-lo para compra de imóveis públicos da Fazenda Pública devedora ou para pagamento de outorga de delegações de serviços públicos e demais espécies de concessão negocial promovidas pelo mesmo ente ou, ainda, para aquisição, inclusive minoritária, de participação societária, disponibilizada para venda, do respectivo ente federativo. O crédito do precatório pode, de igual modo, ser utilizado para compra de direitos, disponibilizados para cessão, do respectivo ente federativo, inclusive, no caso da União, da antecipação de valores a serem recebidos a título do excedente em óleo em contratos de partilha de petróleo.

Em vez de aguardar o adimplemento do precatório, poderá o credor utilizar-se do seu crédito para qualquer um desses pagamentos ou aquisições. Para tanto, é necessária a edição de lei específica pelo ente federativo. No caso da União, a possibilidade era imediata, sendo desnecessária a edição de qualquer lei específica, mas o STF, ao julgar as ADIs 7.047 e 7.064, conferiu interpretação conforme a Constituição para excluir do § 11 do art. 100 da Constituição a expressão "com autoaplicabilidade para a União".

Essa é mais uma forma prevista pelo texto constitucional para a satisfação de crédito inscrito em precatório ou decorrente de condenação judicial imposta contra a Fazenda Pública. Havendo, nos termos de lei específica, imóvel público a ser vendido, participação societária a ser oferecida, delegação de serviço público a ser realizada, direitos a serem vendidos, débitos a serem cobrados ou em execução, o credor de precatório pode valer-se do seu crédito para adquiri-lo.

A falta de alocação orçamentária do valor necessário à satisfação do seu débito permite ao credor requerer ao presidente do tribunal o sequestro da correspondente verba pública. Em vez de requerer tal sequestro, poderá o credor, se houver lei específica a esse respeito, utilizar seu crédito para compra, aquisição, pagamento ou adimplemento de um imóvel, de uma dívida etc.

É exatamente isso que prevê o § 11 do art. 100 da Constituição Federal, na redação que lhe foi dada pela EC 113/2021. O crédito do precatório poderia ser utilizado para a compra de imóveis do ente público devedor. A EC 113/2021 ampliou as possibilidades, sendo permitido que o credor do precatório use seu crédito para pagar uma dívida fiscal sua junto ao mesmo ente público, comprar um imóvel público, adquirir uma participação societária do ente público, pagar por uma delegação de serviço público, adquirir direitos, enfim, o precatório pode ser utilizado como moeda para pagamentos e aquisições especificadas no referido § 11 do art. 100 da Constituição.

Os §§ 13 e 14 do art. 100 da Constituição preveem a possibilidade de cessão de créditos de precatório, valendo dizer que é possível, em qualquer caso, haver a cessão, total ou parcial, a terceiros, do crédito constante de precatório.

A cessão não deve observar as possíveis compensações, pois o STF, ao julgar as ADIs 7.047 e 7.064, proclamou a inconstitucionalidade do § 9º do art. 100 da Constituição, na redação que lhe foi dada pela EC 113/2021.

A referida ADI foi julgada parcialmente procedente para declarar a inconstitucionalidade dos arts. 100, § 9º, da Constituição Federal, e 101, § 5º, do ADCT, com redação estabelecida pelo art. 1º da EC 113/21, bem como dar interpretação conforme a Constituição ao art. 100, § 11, da Constituição, com redação da EC 113/21, para excluir a expressão com auto aplicabilidade para a União de seu texto.

Ação Direta de Inconstitucionalidade 7.064

> Ementa: Direito constitucional e financeiro – Precatórios – Emendas Constitucionais 113 e 114/2021 – Inconstitucionalidade formal – Inexistência – Regime de pagamento via precatório – Cláusulas de isonomia e segurança jurídica – Controle de constitucionalidade das emendas à Constituição – *Judicial review* do mérito das emendas constitucionais – Possibilidade – Teto para pagamento dos precatórios em

cada exercício – Art. 107-A do ADCT – Constitucionalidade apenas para o exercício de 2022 – Pandemia – Cotejo entre direito à saúde e assistência social e a garantia da segurança jurídica ao credor do estado – Declaração de que as despesas com precatórios sejam escrituradas como dívida consolidada – Impossibilidade – *Judicial restraint* – Efeitos sobre o novo arcabouço fiscal – Afastamento – Encontro de contas – Inconstitucionalidade nos termos em que formulado – Utilização da SELIC como índice unificado de atualização dos precatórios – Praticabilidade – Possibilidade – Alteração da data-limite para inclusão do requisitório no orçamento do exercício seguinte – Constitucionalidade – Compatibilidade com a LDO – inexistência de violação à irretroatividade – Precatório – Procedimento administrativo e judicial – Ação direta julgada parcialmente procedente.

1. A Constituição Federal não disciplina questões relativas à votação remota de parlamentares; momento da apresentação de emendas ao projeto; cisão e aglutinação de projetos; e tramitação do projeto por comissões temáticas antes da apreciação pelo Plenário de cada Casa do Congresso Nacional.

2. As normas regimentais das Casas do Congresso Nacional não constituem parâmetro de validade nas ações de controle abstrato de constitucionalidade, na medida em que versam matéria *interna corporis* resguardadas pela cláusula da separação de poderes. Nesse sentido: ADPF 832, Plenário, Rel. Min. Roberto Barroso, *DJe* de 5/5/2023; ADI 5693, Plenário, Rel. Min. Roberto Barroso, *DJe* de 19/5/2022; ADI 6696, Plenário, Rel. Min. Roberto Barroso, *DJe* de 13/12/2021; ADI 2038, Plenário, Rel. Min. Nelson Jobim, *DJ* de 25/2/2000; e *ADI* 6986, Plenário, Rel. Min. Edson Fachin, *DJe* de 19/5/2022.

3. O Supremo Tribunal Federal reconhece a possibilidade de *judicial review* do mérito das emendas constitucionais sempre que estas colidam com o core constitucional do texto originário de 1988. (ADI 939, Rel. Min. Sydney Sanches, Tribunal Pleno, julgado em 15/12/1993, *DJ* 18/03/1994, e ADIs 4357 e 4425, Rel. Min. Ayres Britto, Redator p/ acórdão o Min. Luiz Fux, Tribunal Pleno, julgado em 14/03/2013, *DJe* 26/09/2014).

4. O direito é reflexo do tempo em que editado e em matéria constitucional, o texto posto na lei fundamental, tanto de maneira originária quanto em sede de revisão, decorre do espírito da época em que produzido.

5. A legitimidade de determinada disposição precisa ser realizada em contexto com o ambiente em que elaborada bem como apreciada em cotejo com os efeitos que a norma é capaz de produzir.

6. A modelagem do tempo não é estranha aos juízos competentes para declarar a inconstitucionalidade de determinada norma mercê da modulação de efeitos da decisão de inconstitucionalidade atribuída à jurisdição constitucional, a partir de preceitos de segurança jurídica. A possibilidade é representativa do domínio sobre o fator tempo que o exercício da interpretação constitucional é capaz de promover, conforme se observa da jurisprudência deste Supremo Tribunal Federal no reconhecimento de uma norma "ainda" constitucional. (RE 147776, Rel. Min. Sepúlveda Pertence, Primeira Turma, *DJ* 19/06/1998).

7. O exame da compatibilidade das Emendas Constitucionais 113 e 114/21 com os princípios constitucionais postos no texto de 1988 não pode prescindir da avaliação a respeito da legitimidade das mudanças efetivadas, especialmente sob a ótica dos momentos vividos pela sociedade brasileira nos últimos três anos.

8. O exercício do poder constituinte de maneira legítima precisa estar acorde ao pensamento social vigente ao momento em que as alterações constitucionais são processadas. Esta é, em verdade, umas das implicações da teoria dos "momentos constitucionais", desenvolvida por Bruce Ackerman.

9. O *judicial review* é parte do processo de emendas à Constituição, uma vez que toda democracia liberal funcional depende de uma variedade de técnicas para introduzir flexibilidade no quadro constitucional.

10. A postergação do pagamento de valores relativos aos precatórios que excederam o teto fixado em Emenda à Constituição ensejou o sacrifício de direitos individuais do cidadão titular de um crédito em face do poder público, abalando sobremodo a legítima confiança nas instituições violando os efeitos da coisa julgada que foi favorável aos credores.

11. Os recursos financeiros destinados ao atendimento a tais direitos foi aproveitado em ações sociais e de saúde em momento em que o orçamento público viveu situação delicada decorrente de uma pandemia de proporções mundiais.

12. A medida adotada pelo Congresso, por meio de emenda à Constituição, representou uma opção política dotada de legitimidade no momento em que realizada.

13. O Supremo Tribunal Federal reconheceu em julgados recentes a legitimidade de medidas concretizadas pelo poder público para atendimento de demandas exigidas pela população para o combate aos efeitos do coronavírus. (ADIs 6357 MC-Ref, Rel. Min. Alexandre de Moraes, Tribunal Pleno, julgado em 13/05/2020, *DJe* 20/11/2020, e a ADI 6970, Rel. Min. Cármen Lúcia, Tribunal Pleno, julgado em 16/08/2022, *DJe* 29/08/2022).

14. A opção do constituinte derivado, *in casu*, privilegiou cláusulas constitucionais estabelecidas, especialmente, nos arts. 1º, III, 3º, 5º, *caput*, 6º, 194, *caput*, 196, bem como o inciso VI do art. 203.

15. A medida adotada em 2021, em que pese tenha se mostrado legítima no momento da aprovação da Emenda Constitucional, necessita de escrutínio contínuo de seus efeitos, em vista da gravidade de suas consequências. É que os direitos suprimidos àquele momento excepcional não podem se tornar letra morta máxime em vista da possibilidade de a rolagem da dívida estatal torná-la completamente impagável em um momento futuro.

16. A postergação do pagamento das dívidas de precatórios, que se mostrou medida proporcional e razoável para que o poder público pudesse enfrentar a situação decorrente de uma pandemia mundial em 2022, a partir do exercício de 2023 caracteriza-se como providência fora de esquadro com os princípios de *accountability* que constam do próprio Texto Constitucional. É dizer que a limitação a direitos individuais que inicialmente manifestou-se como um remédio eficaz para combater os distúrbios sociais causados pela covid-19, neste momento caminha para se tornar um veneno com possibilidade de prejudicar severamente, em um futuro breve, o pagamento das mesmas despesas com ações sociais anteriormente prestigiadas.

17. Nesse segmento revelam-se legítimas as medidas concernentes à limitação ao pagamento de precatórios apenas para o exercício de 2022, sendo certo que para além desse momento resta incompatível com as cláusulas constitucionais a limitação a direitos dos cidadãos a partir do momento em que cessaram os eventos que justificavam a restrição.

18. A quitação do passivo criado pelas Emendas Constitucionais 113 e 114/2021 é medida que se impõe, sob pena de se inviabilizar a atividade da administração pública em um futuro breve.

19. A dívida pública em matéria de Direito Financeiro, é sempre decorrente ou (i) de empréstimos realizados pelo ente público ou (ii) da emissão de títulos. As dívidas decorrentes do pagamento de condenações judiciais não são classificadas como dívida pública mas como despesas.

20. A Lei de Responsabilidade Fiscal (Lei Complementar 101/00) estabeleceu situações em que não se tem necessariamente a emissão de título ou a contratação de um empréstimo, mas há a caracterização da despesa como dívida pública. Assim o é no que tange à assunção, ao reconhecimento ou à confissão de dívidas pelo ente da Federação, conforme estabelecido no art. 29, § 1º, da referida lei complementar.

21. *In casu*, o pedido formulado na petição inicial da demanda busca a tutela jurisdicional para que o valor a ser despendido com a regularização

do passivo de precatórios tenha sua classificação orçamentária alterada de modo a não ser incluído no anterior regime fiscal do teto de gastos, aprovado pela EC 95/2016, já modificado.

22. O pedido para que os valores despendidos com precatórios seja reclassificado em despesas primárias e dívida consolidada esbarra nas limitações inerentes ao exercício da jurisdição constitucional. A reclassificação orçamentária das despesas com o pagamento de precatórios é medida que escapa ao âmbito de atribuição exclusiva do Poder Judiciário.

23. No caso *sub judice* a intervenção judicial, inobstante mostre-se incompetente para a reclassificação contábil das despesas orçamentárias, deve ser efetivada para a solução concreta da demanda, posto exigência de "congruência" (SUNSTEIN, Cass e VERMEULE, Adrian) em que a pretensão de quitação do passivo gerado pela aplicação do subteto dos precatórios precisa se coadunar com regras de responsabilidade fiscal aprovadas recentemente que permitam a solução do caso concreto.

24. Os pagamentos relativos ao passivo de precatórios ocasionado pelas Emendas Constitucionais 113/02 e 114/02 devem ser incluídos nas excepcionalidades do art. 3º, § 2º, da Lei Complementar 200/23, tais valores devem ser considerados, exclusivamente para fins de verificação do cumprimento da meta de resultado primário a que se referem o art. 4º, § 1º, da Lei Complementar 101, de 4 de maio de 2000, prevista na lei de diretrizes orçamentárias, sendo possível a sua classificação para todos os fins financeiros, a critério dos órgãos competentes.

25. A formulação do "Novo Regime Fiscal Sustentável" levou em conta a existência do subteto para pagamento de precatórios vigente até 2026, assim, a declaração de inconstitucionalidade da limitação para os exercícios de 2024 a 2026 retira o substrato no qual está ancorado o regime, na medida em que o montante a ser pago a título de precatórios judiciais não pode ser antevisto em situações ordinárias, ao contrário do que acontecia quando vigente o subteto.

26. A exclusão das consequências para atingimento das metas fiscais dos valores que ultrapassarem o subteto, também para os exercícios de 2024 a 2026, deve ser reconhecida, de modo a que a credibilidade do regime fiscal possa ser mantida.

27. *A fortiori*, o cumprimento desta decisão dispensa a observância de quaisquer limites legais e constitucionais ou condicionantes fiscais, financeiras ou orçamentárias aplicáveis para o pagamento dos requisitórios expedidos para os exercícios de 2022, 2023, 2024, 2025 e 2026, quando excedentes do subteto fixado pelo art. 107-A do ADCT.

28. A redação do art. 100, § 9º, da CRFB, estabelecida pela Emenda 113/2021, apesar de sensivelmente diferente daquela declarada inconstitucional pelo Supremo Tribunal Federal nas ADIs 4425 e 4357, contém a mesma essência e não se coaduna com o texto constitucional.

29. A compensação requerida pelo titular do precatório nas situações descritas no § 11 do mesmo artigo 100 somente mantém sua legitimidade após a exclusão do subteto para pagamento dos requisitórios se afastada a expressão que determina sua auto aplicabilidade à União.

30. A atual sistemática de atualização dos precatórios não se mostra adequada e minimamente razoável em vista do sem número de regras a serem seguidas quando da realização do pagamento do requisitório.

31. O tema 810 de Repercussão Geral, bem como a questão de ordem, julgada na ADI 4425, em conjunto com o tema 905 de recursos repetitivos fixado pelo Superior Tribunal de Justiça demonstram os diversos momentos e índices a serem aplicados para atualização, remuneração do capital e cálculo da mora nos débitos decorrentes de precatórios.

32. A unificação dos índices de correção em um único fator mostra-se desejável por questões de praticabilidade. No sentido técnico da expressão consagrada pela Ministra do Superior Tribunal de Justiça, Regina Helena Costa, "a praticabilidade, também conhecida como praticidade, pragmatismo ou factibilidade, pode ser traduzida, em sua acepção jurídica, no conjunto de técnicas que visam a viabilizar a adequada execução do ordenamento jurídico". Cuida-se de um princípio difuso no sistema jurídico, imposto a partir de primados maiores como a segurança jurídica e a isonomia que impõem ao Estado o dever de tornar exequível o conjunto de regras estabelecido para a convivência em sociedade.

33. A Taxa Referencial e a taxa SELIC não são índices idênticos; sequer assemelhados, conforme já decidiu o Supremo Tribunal Federal, no sentido de que a utilização da taxa SELIC para a correção de débitos judiciais na Justiça do Trabalho em substituição à Taxa Referencial é plenamente legítima. (ADC 58, Rel. Min. Gilmar Mendes, Tribunal Pleno, julgado em 18/12/2020, *DJe* 07/04/2021)

34. O precedente formado nas ADIs 4425 e 4357, que julgou inconstitucional a aplicação da Taxa Referencial para a atualização dos valores dos precatórios, não ostenta plena aderência ao caso presente, em que o índice em debate é a taxa SELIC.

35. A taxa SELIC, desde 1995, é o índice utilizado para a atualização de valores devidos tanto pela Fazenda quanto pelo contribuinte nas relações jurídico-tributárias e sua legitimidade é reconhecida pela uníssona jurispru-

dência dos tribunais pátrios, estando sua aplicação pontificada na já vetusta Súmula 199 do Superior Tribunal de Justiça.

36. A alegada dissonância entre os índices de inflação e o valor percentual da taxa SELIC não corresponde exatamente à realidade. A SELIC é efetivamente fixada pelo Comitê de Política Monetária do Banco Central do Brasil, entretanto, suas bases estão diretamente relacionadas aos pilares econômicos do país. A partir da Lei Complementar 179/2021, a autonomia técnica do Banco Central do Brasil é um fator que afasta o argumento de que o índice seria estabelecido de maneira totalmente potestativa pela Fazenda. A lei impõe como objetivo fundamental à autoridade monetária assegurar a estabilidade de preços (art. 1º da LC 179/21). Consectariamente, há elementos outros que não a mera vontade política para a fixação dos patamares da SELIC.

37. A correlação entre a taxa de juros da economia e a inflação é extremamente próxima na medida em que um dos indicadores para que o índice se mova para mais ou para menos é justamente a projeção da inflação para os períodos subsequentes. Não há desproporcionalidade entre uma grandeza e outra, mas sim, relação direta e imediata.

38. A determinação para que os requisitórios sejam enviados até o dia 02 de abril permite à Administração provisionar os valores que serão despendidos com o pagamento das condenações antes da elaboração da Lei de Diretrizes Orçamentárias (LDO), conforme termos dos arts. 165 da CRFB/88 e 35 do ADCT, o que não era possível na sistemática anterior. A LDO conterá, dentre outras disposições, as diretrizes de política fiscal e respectivas metas, em consonância com trajetória sustentável da dívida pública. Forçoso reconhecer que as dívidas decorrentes do pagamento dos precatórios são uma parcela extremamente relevante do orçamento público; consectariamente, é praticamente impossível ao gestor público descrever metas e trajetória sustentável da dívida pública sem levar em consideração o quanto terá de despender a título de pagamento em condenações judiciais. A alteração torna mais realista a perspectiva de equacionamento da dívida que constará da lei orçamentária.

39. O estabelecimento de uma comissão de controle externo junto ao Poder Legislativo para avaliação dos precatórios expedidos pelo Poder Judiciário, conforme art. 6º da EC 114/21 destoa do sistema de separação de poderes posto na Constituição Federal. O dispositivo havido da Emenda Constitucional 114/21 subverte a ordem de atribuições, impondo um controle sobre a atividade tanto do Poder Executivo, condenado em demandas judiciais, quanto do Poder Judiciário, que julga o melhor direito e condena o Estado a pagar o cidadão.

40. O trâmite desde a expedição do precatório até sua inclusão no orçamento para pagamento inclui procedimentos distintos, um de natureza jurisdicional e outro de natureza administrativa. Na execução proposta contra a Fazenda Pública, a atividade judicial de primeiro grau é cumprida e acabada com a expedição do precatório por parte do juízo exequente. A partir daí, o que se desenvolve é a atividade do Presidente do Tribunal quanto ao encaminhamento a ser dado à ordem de pagamento.

41. A possibilidade de a nova legislação captar requisitórios já expedidos não encerra violação à irretroatividade. A aplicação da novel legislação dá-se após o encerramento da fase judicial do procedimento e antes do início da fase administrativa. É dizer que a norma produzirá efeitos após o encerramento das discussões relativas à condenação judicial do Poder Público e antes de finalizados os trâmites administrativos para a inclusão do crédito no orçamento.

42. O § 5º do art. 101 do ADCT incluído pela EC 113/21 possibilitou a contratação do empréstimo referido no § 2º, III, do dispositivo (qual seja, sem quaisquer limitações fiscais) "exclusivamente" para a modalidade de pagamento de precatórios por meio de acordo direto com o credor, modalidade na qual o titular do crédito se obriga a aceitar um deságio de 40% do valor de seu precatório.

43. A *contrario sensu*, para todas as outras formas de quitação não é possível a contratação específica daquela modalidade de empréstimo. Torna-se possível que sobejem recursos para o pagamento de precatórios sob a forma de acordo com deságio e falte dinheiro para a quitação de débitos na modalidade usual, qual seja, em espécie pela ordem cronológica de apresentação e em respeito às preferências constitucionais.

44. Como asseverado pela Procuradoria-Geral da República em sua manifestação (fls. 79): "É como se o Estado dissesse ao credor que, para pagamento com deságio de 40%, há dinheiro disponível, mas não há para pagamento integral". Ao privilegiar determinada modalidade de quitação de dívida, o art. 101, § 5º, do ADCT prejudica todas as outras opções, inclusive aquela que ontologicamente decorre do regime de precatórios que é o pagamento em dinheiro na ordem de antiguidade da dívida e respeitadas as preferências constitucionais.

45. Ação Direta julgada **PARCIALMENTE PROCEDENTE** para: (i) dar **interpretação conforme a Constituição** do *caput* do art. 107-A do ADCT, incluído pela Emenda Constitucional 114/2021 para que seus efeitos somente operem para o exercício de 2022; (ii) **a declaração de inconstitucionalidade**, com supressão de texto, dos incisos II e III do mesmo dispositivo; (iii)

a **inconstitucionalidade por arrastamento** dos §§ 3º, 5º e 6º do mesmo art. 107-A; (iv) declaração de **inconstitucionalidade** do art. 6º da Emenda Constitucional 114/2021; (v) a declaração de **inconstitucionalidade** do art. 100, § 9º, e do art. 101, § 5º, do ADCT, com redação estabelecida pelo art. 1º da EC 113/21; (vi) dar **interpretação conforme** a Constituição do art. 100, § 11, da Constituição, com redação da EC 113/21 para afastar de seu texto a expressão "*com auto aplicabilidade para a União*". Consequentemente: (i) o cumprimento integral da decisão desta Ação Direta insere-se nas exceções descritas no art. 3º, § 2º, da Lei Complementar 200/23, que institui o Novo Regime Fiscal Sustentável, cujos valores não serão considerados exclusivamente para fins de verificação do cumprimento da meta de resultado primário a que se referem o art. 4º, § 1º, da Lei Complementar 101, de 4 de maio de 2000, prevista na lei de diretrizes orçamentárias em que for realizado o pagamento; (ii) **deferimento** do pedido para abertura de créditos extraordinários para quitação dos precatórios expedidos para os exercícios de 2022, 2023, 2024, 2025 e 2026, quando excedentes do subteto fixado pelo art. 107-A do ADCT; (iii) **autorizada** à União a abertura de créditos extraordinários necessários ao pagamento imediato dos precatórios referidos, estando presentes, no caso concreto, os requisitos constitucionais da imprevisibilidade e urgência previstos no § 3º do art. 167 da CF, deduzidas as dotações orçamentárias já previstas na proposta orçamentária para o exercício de 2024, aberta a possibilidade de edição de medida provisória para o pagamento ainda no exercício corrente."[14]

Comentários:

Até 2021, os precatórios deveriam ser inscritos até 1º de julho, para pagamento até o final do exercício seguinte. A partir de 2022, o prazo de inscrição passou a ser o dia 2 de abril de cada ano. Ao julgar a ADI 7.064, o STF afirmou a constitucionalidade da mudança, por considerá-la proporcional e razoável, tornando mais realista a perspectiva de equacionamento da dívida que constará na lei orçamentária.

A partir de 9 de dezembro de 2021, "nas discussões e nas condenações que envolvam a Fazenda Pública, independentemente de sua natureza e para fins de atualização monetária, de remuneração do capital e de compensação da mora, inclusive do precatório, haverá a incidência, uma única vez, até o efetivo pagamento, do índice da taxa referencial do Sistema Especial de Liquidação e de Custódia (Selic), acumulado mensalmente" (EC 113/2021, art. 3º).

Significa que os precatórios são monetariamente corrigidos pela Selic, desde dezembro de 2021. Tal previsão não pode ser aplicada retroativamente

---

[14] STF, Pleno, ADI 7.064, Rel. Min. Luiz Fux, *DJe* 19.12.2023.

para períodos e casos anteriores nem pode atingir as coisas julgadas até então formadas. A previsão de um novo índice de correção não pode alcançar períodos anteriores, em razão do princípio da irretroatividade das leis, concretizador da segurança jurídica. Ao julgar a ADI 7.064, o STF, por razões de praticidade, rejeitou a alegação de inconstitucionalidade da SELIC como indexador possível para a atualização de débitos judiciais.

Ao julgar a ADI 7.064, o STF conferiu uma interpretação conforme a Constituição para restringir a eficácia do art. 107-A do ADCT apenas ao exercício de 2022, proclamando a inconstitucionalidade dos seus incisos II e III. Diante da inconstitucionalidade proclamada pelo STF, cabe ao Poder Executivo federal retomar o pagamento dos precatórios encaminhados pelo Poder Judiciário sem qualquer limitação orçamentária a partir do exercício de 2023, devendo, ainda, eliminar, de imediato, o passivo de precatórios acumulado no exercício de 2022 e encaminhado até 2 de abril de 2023. Para viabilizar o pagamento e evitar comprometimento fiscal, o STF, no julgamento da referida ADI 7.064, entendeu que os pagamentos relativos ao passivo de precatórios ocasionado pelas Emendas Constitucionais 113 e 114, de 2021, devem ser incluídos nas excepcionalidades do art. 3º, § 2º, da Lei Complementar 200/2023, afastando-se as consequências da discrepância entre despesas e receitas quando da satisfação dos créditos representados naqueles precatórios.

Consequentemente, deixa de haver limite ao pagamento dos precatórios expedidos para os exercícios de 2023, 2024, 2025 e 2026, tendo o STF deferido o pedido para abertura de créditos extraordinários para o pagamento dos precatórios de todos esses exercícios financeiros compreendidos entre 2022 e 2026. Os precatórios devem ser pagos, sem limite financeiro, observada a ordem cronológica e as prioridades previstas no texto constitucional.

Os §§ 9º e 10 do art. 100 da Constituição, na redação dada pela EC 62/2009, previam que, antes de expedir o precatório ao presidente do respectivo tribunal, o juiz da execução deve solicitar à Fazenda Pública devedora informações sobre débitos líquidos e certos, inscritos ou não em dívida ativa e constituídos contra o exequente. Comunicada a existência desses débitos, seu valor correspondente deveria ser abatido, a título de compensação, do montante do precatório, de forma que este fosse inscrito pela diferença, já se satisfazendo, assim, o crédito que a Fazenda Pública devedora mantém em face do exequente.

Os §§ 9º e 10 do art. 100 da Constituição tiveram sua inconstitucionalidade proclamada pelo Supremo Tribunal Federal, quando do julgamento das Ações Diretas de Inconstitucionalidade 4.357 e 4.425, de sorte que não é mais possível proceder a essa compensação. Em virtude do disposto no art. 6º da Emenda Constitucional 62/2009, ficam convalidadas todas as compensações de precatórios com tributos vencidos até 31 de outubro de 2009 da entidade devedora, efetuadas na forma do disposto no § 2º do art. 78 do ADCT, realizadas antes da promulgação da própria EC 62/2009.

Diante da proclamação de inconstitucionalidade pelo STF, a EC 113/2021 conferiu nova redação ao § 9º do art. 100 da Constituição, para estabelecer que, "sem que haja interrupção no pagamento do precatório e mediante comunicação da Fazenda Pública ao Tribunal, o valor correspondente aos eventuais débitos inscritos em dívida ativa contra o credor do requisitório e seus substituídos deverá ser depositado à conta do juízo responsável pela ação de cobrança, que decidirá pelo seu destino definitivo". O STF voltou a proclamar a inconstitucionalidade da regra. Ao julgar as ADIs 7.047 e 7.064, a Suprema Corte considerou que a compensação não se mostra compatível com a Constituição. Por isso, decretou a inconstitucionalidade do § 9º do art. 100 da Constituição, na redação dada pela EC 113/2021, ressalvando as compensações que já tenham sido até então efetivadas.

Quem disponha de um crédito inscrito em precatório pode utilizá-lo para pagar débitos parcelados ou débitos inscritos em dívida ativa do ente federado devedor, inclusive em transação resolutiva de litígio, e, subsidiariamente, débitos com a administração autárquica e fundacional do mesmo ente. Também pode utilizá-lo para compra de imóveis públicos da Fazenda Pública devedora ou para pagamento de outorga de delegações de serviços públicos e demais espécies de concessão negocial promovidas pelo mesmo ente ou, ainda, para aquisição, inclusive minoritária, de participação societária, disponibilizada para venda, do respectivo ente federativo. O crédito do precatório pode, de igual modo, ser utilizado para compra de direitos, disponibilizados para cessão, do respectivo ente federativo, inclusive, no caso da União, da antecipação de valores a serem recebidos a título do excedente em óleo em contratos de partilha de petróleo.

Em vez de aguardar o adimplemento do precatório, poderá o credor utilizar-se do seu crédito para qualquer um desses pagamentos ou aquisições. Para tanto, é necessária a edição de lei específica pelo ente federativo. No caso da União, a possibilidade era imediata, sendo desnecessária a edição de qualquer lei específica, mas o STF, ao julgar as ADIs 7.047 e 7.064, conferiu interpretação conforme a Constituição para excluir do § 11 do art. 100 da Constituição a expressão "com autoaplicabilidade para a União".

A falta de alocação orçamentária do valor necessário à satisfação do seu débito permite ao credor requerer ao presidente do tribunal o sequestro da correspondente verba pública. Em vez de requerer tal sequestro, poderá o credor, se houver lei específica a esse respeito, utilizar seu crédito para compra, aquisição, pagamento ou adimplemento de um imóvel, de uma dívida etc.

É exatamente isso que prevê o § 11 do art. 100 da Constituição Federal, na redação que lhe foi dada pela EC 113/2021. O crédito do precatório poderia ser utilizado para a compra de imóveis do ente público devedor. A EC 113/2021 ampliou as possibilidades, sendo permitido que o credor do precatório use seu crédito para pagar uma dívida fiscal sua junto ao mesmo ente público, comprar um imóvel público, adquirir uma participação societária do ente público, pagar por uma delegação de serviço público, adquirir direitos, enfim, o precatório pode ser utilizado como moeda para pagamentos e aquisições especificadas no referido § 11 do art. 100 da Constituição.

O art. 78 do ADCT prevê um parcelamento de precatórios, permitindo a cessão de créditos, de sorte que o credor pode negociá-lo, transferindo-o a outrem, que assumirá a condição de credor, habilitando-se ao recebimento das parcelas. Tal dispositivo teve sua inconstitucionalidade proclamada pelo STF no julgamento das ADIs 2.356 e 2.362. Pende, porém, análise pelo próprio STF de proposta de modulação de efeitos feita pela Ministro Gilmar Mendes.

Os §§ 13 e 14 do art. 100 da Constituição também preveem a possibilidade de cessão, valendo dizer que é possível, em qualquer caso, haver a cessão, total ou parcial, a terceiros, do crédito constante de precatório.

A cessão não deve observar as possíveis compensações, pois o STF, ao julgar as ADIs 7.047 e 7.064, proclamou a inconstitucionalidade do § 9º do art. 100 da Constituição, na redação que lhe foi dada pela EC 113/2021.

Em razão do disposto no art. 5º da Emenda Constitucional 62/2009, ficam convalidadas todas as cessões de precatórios efetuadas antes da sua promulgação, independentemente da concordância da entidade devedora.

Nos termos do art. 6º da EC 114/2021, o Congresso Nacional, no prazo de um ano, a contar da sua promulgação, promoverá, por meio de comissão mista, exame analítico dos atos, fatos e políticas públicas com maior potencial gerador de precatórios e de sentenças judiciais contrárias à Fazenda Pública da União. Tal comissão deve atuar em cooperação com o Conselho Nacional de Justiça e com o Tribunal de Contas da União e poderá requisitar informações e documentos de órgãos e entidades da Administração Pública direta e indireta de qualquer dos Poderes da União, dos Estados, do Distrito Federal e dos Municípios, buscando identificar medidas legislativas a serem adotadas a fim de trazer maior segurança jurídica no âmbito federal.

A previsão contida na EC 114/2021, segundo a qual o Congresso Nacional deve, em cooperação com o CNJ e o TCU, diagnosticar o cenário de disputas judiciais e buscar identificar medidas legislativas a serem adotadas com o objetivo de trazer maior segurança jurídica no âmbito federal, concretiza o princípio da eficiência e a ideia de Administração Pública dialógica.

Não foi essa, porém, a percepção do STF.

Ao julgar a ADI 7.064, o STF considerou que o art. 6º da EC 114/2021 atenta contra o princípio da separação de poderes. Partindo do pressuposto de que a Constituição estabelece a distribuição de competências em matéria orçamentária para equilibrar o sistema de freios e contrapesos, o STF entende que o referido dispositivo da EC 114, de 2021, "subverte a ordem de atribuições, impondo um controle sobre a atividade tanto do Poder Executivo, condenado em demandas judiciais, quanto do Poder Judiciário, que julga o melhor direito e condena o Estado a pagar o cidadão".

Ainda no julgamento da referida ADI 7.064, o STF entendeu que "o papel que está sendo atribuído à referida comissão já é desempenhado pelos órgãos do Poder Executivo que exercem a defesa e representação da União, em âmbito federal, e pelos Presidentes dos Tribunais que, com base em regulamentação do Conselho Nacional de Justiça atestam a lisura do ofício precatório e o encaminham para inclusão no orçamento".

Nesse sentido, conforme o STF entendeu no referido julgamento, a AGU já trabalha em atividades de prevenção de perdas em desfavor da União, executando até mesmo trabalho de redução de litigiosidade. Seria, então, "tautológico atribuir ao próprio Poder Legislativo o controle de medidas que, na maioria das vezes, ele mesmo editou e foram desaprovadas de maneira definitiva, pelo Poder Judiciário, resultando na expedição dos precatórios". Esse papel é da AGU, sendo inconstitucional a disposição que modifica "o eixo de sustentação do sistema de separação de poderes".

Por isso, o STF proclamou a inconstitucionalidade da regra segundo a qual o Congresso Nacional deve, em cooperação com o CNJ e o TCU, diagnosticar o cenário de disputas judiciais e buscar identificar medidas legislativas a serem adotadas com o objetivo de trazer maior segurança jurídica no âmbito federal.

Não parece que a previsão ofenda a separação de poderes. As competências constitucionais não devem ser rigidamente consideradas. O princípio da eficiência permite compartilhamento de competências. O princípio democrático estimula a consensualidade. Ter uma comissão, formada pelo Congresso Nacional, com cooperação com o CNJ e o TCU, para diagnosticar o cenário de disputas e buscar identificar medidas legislativas a serem adotadas não elimina a importante tarefa da AGU nem subtrai qualquer sistema de atribuição de competências.

Seria uma medida de cooperação, na busca de maior eficiência e de maior consensualidade para redução de litigiosidade.

De qualquer modo, o STF considerou a previsão inconstitucional, por atentar contra a separação de poderes (CF, art. 2º), o que significa que a disposição foi expurgada do sistema normativo brasileiro.

A referida ADI foi julgada parcialmente procedente para: *(i)* dar interpretação conforme a Constituição ao *caput* do art. 107-A do ADCT, incluído pela Emenda Constitucional 114/2021 para que seus efeitos somente operem para o exercício de 2022; *(ii)* declarar a inconstitucionalidade, com supressão de texto, dos incisos II e III do art. 107-A do ADCT; *(iii)* declarar a inconstitucionalidade por arrastamento dos §§ 3º, 5º e 6º do mesmo art. 107-A; *(iv)* declarar a inconstitucionalidade do art. 6º da Emenda Constitucional 114/2021, bem como dos arts. 100, § 9º, da Constituição Federal e 101, § 5º, do ADCT, com redação estabelecida pelo art. 1º da EC 113/21; *(v)* dar interpretação conforme a Constituição ao art. 100, § 11, da Constituição, com redação pela EC 113/21, para excluir a expressão com autoaplicabilidade para a União de seu texto; *(vi)* reconhecer que o cumprimento integral do teor desta decisão insere-se nas exceções descritas no art. 3º, § 2º, da Lei Complementar 200/23, que institui o Novo Regime Fiscal Sustentável, cujos valores não serão considerados exclusivamente para fins de verificação do cumprimento da meta de resultado primário a que se refere o art. 4º, § 1º, da Lei Complementar 101, de 4 de maio de 2000, prevista na lei de diretrizes orçamentárias em que for realizado o pagamento; *(vii)* deferir o pedido para abertura de créditos extraordinários para quitação dos precatórios expedidos para os exercícios de 2022, 2023, 2024, 2025 e 2026, quando excedentes do subteto fixado pelo art. 107-A do ADCT, deduzidas as dotações orçamentárias já previstas na proposta orçamentária para o exercício de 2024, estando presentes, no caso concreto, os requisitos constitucionais da imprevisibilidade e urgência previstos no § 3º do art. 167 da CF, e sendo possível a edição de medida provisória para o pagamento ainda no exercício corrente.

7. OUTROS PRECEDENTES VINCULANTES DO STF E DO STJ

*Dados do precedente:

ADI 5457 MC / AM – AMAZONAS

MEDIDA CAUTELAR NA AÇÃO DIRETA DE INCONSTITUCIONALIDADE

Relator(a): Min. CELSO DE MELLO

Julgamento: 05/04/2016

Publicação: 08/04/2016

*Decisão: Trata-se de ação direta de inconstitucionalidade, com pedido de medida liminar, ajuizada pelo Procurador-Geral da República com o objetivo de questionar a validade jurídico-constitucional dos "(…) artigos 1º a 9º da Lei 4.218, de 8 de outubro de 2015 (…)", editada pelo Estado do Amazonas.

Achando-se presentes, na espécie, os requisitos autorizadores da instauração do procedimento abreviado, a que se refere o art. 12 da Lei nº 9.868/99, ouçam-se, no prazo de 10 (dez) dias, os órgãos de que emanaram os preceitos normativos ora impugnados nesta sede de controle normativo abstrato: o Governador do Estado do Amazonas e a Assembleia Legislativa dessa mesma unidade da Federação.

2. Assinalo, para efeito de mero registro, que idêntica questão foi suscitada pelo eminente Senhor Procurador-Geral da República, valendo destacar a existência de inúmeros precedentes do Supremo Tribunal Federal firmados em julgamentos nos quais se reconheceu a ilegitimidade constitucional de diplomas legislativos estaduais disciplinadores de depósitos judiciais, considerada, sob tal perspectiva, a competência legislativa da União para dispor sobre o tema em causa, inclusive sobre as consequências que derivam do tratamento normativo dessa matéria (ADI 2.909/RS, Rel. Min. AYRES BRITTO – ADI 3.125/AM, Rel. Min. AYRES BRITTO – ADI 3.458/GO, Rel. Min. EROS GRAU – ADI 5.072/RJ, Rel. Min. GILMAR MENDES – ADI 5.099/PR, Rel. Min. CÁRMEN LÚCIA – ADI 5.353/MG, Rel. Min. TEORI ZAVASCKI – ADI 5.365/PB, Rel. Min. ROBERTO BARROSO – ADI 5.409/BA, Rel. Min. EDSON FACHIN – ADI 5.455/AL, Rel. Min. LUIZ FUX – ADI 5.456/RS, Rel. Min. LUIZ FUX – ADI 5.458/GO, Rel. Min. ROSA WEBER – ADI 5.459/MS, Rel. Min. TEORI ZAVASCKI, v.g.).

*Decisão: ADI 5457 STF (arts. 535 e 910). "O Tribunal, por unanimidade, conheceu da ação direta apenas quanto ao § 1º do art. 1º da Lei amazonense n. 4.218/2015, por inovar a disciplina da Lei Complementar federal n. 151/2015, e, na parte conhecida, julgou parcialmente procedente o pedido, tão só para conferir interpretação conforme ao referido dispositivo, excluindo da norma os processos protagonizados por entidades integrantes da Administração indireta que sejam pessoas jurídicas de direito privado, nos termos do voto do Relator."

*Dados do precedente:
ADI 5679 / DF – DISTRITO FEDERAL
AÇÃO DIRETA DE INCONSTITUCIONALIDADE
Relator(a): Min. ROBERTO BARROSO
Julgamento: 12/09/2017
Publicação: 15/09/2017

*Despacho:

1. Trata-se de ação direta de inconstitucionalidade, com pedido de medida cautelar, proposta pelo Procurador-Geral da República, tendo por objeto o artigo 2º da Emenda à Constituição (EC) nº 94/2016, na parte em que insere o art. 101, § 2º, I e II, no Ato das Disposições Constitucionais Transitórias (ADCT) da Constituição Federal de 1988. O requerente afirmou, em sua inicial, que a autorização veiculada pelo dispositivo, para utilização de valores referentes a depósitos judiciais e administrativos no pagamento de precatórios, violaria diversas normas constitucionais. Requereu, ainda, a concessão de medida cautelar para suspender os efeitos da norma.

2. A cautelar foi parcialmente deferida, em 7.06.2017, por meio de decisão monocrática deste Relator, para o fim de manter os efeitos da EC nº 94/2016, mas conferir-lhe interpretação conforme, a fim de "explicitar, com efeitos vinculantes e gerais, que a utilização dos recursos pelos Estados deve observar as seguintes condições: (i) prévia constituição do fundo de reserva, (ii) destinação exclusiva para quitação de precatórios em atraso até 25.3.2015, e (iii) exigência de que os pertinentes valores sejam transpostos das contas de depósito diretamente para contas vinculadas ao pagamento de precatórios, sob a administração do Tribunal competente, afastando-se o trânsito de tais recursos pelas contas dos Tesouros estaduais e municipais".

3. Todavia, petição do Distrito Federal, datada de 28.08.2017, relata que, até o presente momento, a cautelar não foi efetivada pelo Tribunal de Justiça do Distrito Federal (TJ/DF), no que respeita aos depósitos pertinentes a processos em que o ente público não é parte (art. 101, § 2º, II, ADCT). Afirma que o TJ/DF estaria encontrando dificuldades operacionais em providenciar a segregação dos depósitos alimentares e não alimentares, e que não há previsão de prazo para a solução do impasse. Por outro lado, alega que, dada a impossibilidade de utilizar os referidos valores para pagamento de precatórios, haveria risco de ter recursos de seu orçamento sequestrados para tal fim, com possível comprometimento do pagamento de servidores e da continuidade de serviços públicos essenciais.

4. O Distrito Federal argumenta, por fim, que a maior parte dos depósitos de natureza alimentar seriam provenientes das Varas de Famílias e, que, segundo informações prestadas pelo Banco Brasil, os depósitos das Varas de Família corresponderiam a cerca de 1% (um por cento) do total de depósitos vinculados ao TJ/DF. Em razão do exposto e com o propósito de, por um lado, viabilizar a continuidade do pagamento de precatórios pelo ente sem, por outro lado, oferecer qualquer risco para a solvabilidade de parcelas alimentares, o Distrito Federal sugeriu a retenção provisória de 10% (dez por cento) do valor total dos depósitos, até a apuração do percentual de valores

alimentares, e a liberação do percentual remanescente, nos termos da cautelar já deferida nos autos desta ADI 5.679.

5. Intime-se o Tribunal de Justiça do Distrito Federal, na pessoa de seu excelentíssimo Presidente, para prestar os esclarecimentos que entender pertinentes, dentre os quais: (i) as providências adotadas para a efetivação da cautelar deferida nos autos desta ação direta; e (ii) a adequação da retenção do valor equivalente a 10% (dez por cento) dos depósitos judiciais, de forma a excluir o uso de verbas alimentares no pagamento de precatórios, com margem de segurança.

*Decisão: ADI 5679 STF (arts. 535 e 910). "Observadas rigorosamente as exigências normativas, não ofende a Constituição a possibilidade de uso de depósitos judiciais para o pagamento de precatórios em atraso, tal como previsto pela EC nº 94/2016."

*Dados do precedente:

ADI 6652 / PA - PARÁ

AÇÃO DIRETA DE INCONSTITUCIONALIDADE

Relator(a): Min. NUNES MARQUES

Julgamento: 19/12/2023

Publicação: 24/01/2024

Órgão julgador: Tribunal Pleno

*Ementa: AÇÃO DIRETA DE INCONSTITUCIONALIDADE. CONSTITUCIONAL, CIVIL, PROCESSUAL, FINANCEIRO E ORÇAMENTO. LEI N. 8.312, DE 26 DE NOVEMBRO DE 2015, DO ESTADO DO PARÁ. TRANSFERÊNCIA DOS VALORES EXISTENTES EM DEPÓSITO JUDICIAL OU ADMINISTRATIVO, ATÉ O LIMITE DE 70%, PARA A CONTA ÚNICA DO ESTADO. FUNDO DE RESERVA, DESTINADO A GARANTIR A DEVOLUÇÃO DOS DEPÓSITOS, COM SALDO MÍNIMO CORRESPONDENTE A 30% DO MONTANTE DO QUAL FEITAS AS TRANSFERÊNCIAS PARA A CONTA ÚNICA. 1. A Lei Complementar n. 151/2015 alcança apenas os processos, judiciais ou administrativos, nos quais seja parte o próprio ente subnacional que receberá parcela do depósito: Estados, Distrito Federal e Municípios. 2. A legislação impugnada viola o art. 24, §§ 2º e 3º, da Constituição Federal, desbordando das normas gerais editadas pela União, pois incluiu no raio de alcance também os processos protagonizados por outras pessoas jurídicas, inclusive de direito privado, afora o próprio Estado do Pará. 3. A indicação do Tribunal de Justiça do Estado do Pará como gestor do fundo de reserva destoa da disciplina dada pela Lei Complementar n. 151/2015, segundo a qual a gestão do fundo de reserva caberá a alguma instituição financeira oficial. 4. Decorre da natureza do depósito, quer judicial, quer administrativo, a indisponibilidade temporária do valor depositado. O depositante só poderá receber a quantia de volta, devidamente corrigida, se e quando vencer a demanda em que foi ele realizado, independentemente de quem o tenha custodiado ou utilizado durante o curso do processo, não se configurando ofensa ao devido processo legal (CF, art. 5º, LIV) nem desrespeito ao direito de propriedade (CF, arts. 5º, caput; e 170, II), tampouco hipótese que se assemelhe à figura do empréstimo compulsório (CF, art. 148, I, II, e parágrafo único) ou ao confisco de valores. 5. A utilização dos recursos financeiros, presentes ou futuros, de pessoas jurídicas de direito privado para a satisfação de precatórios ou qualquer outra finalidade pelo Estado do Amazonas viola o direito de propriedade das empresas públicas ou sociedades de economia mista da unidade federativa. 6. Ação direta de inconstitucionalidade conhecida. Pedido julgado procedente para declarar a inconstitucionalidade da Lei n. 8.312, de 26 de novembro de 2015, do Estado do Pará.

*Decisão: ADI 6.652 STF (arts. 535 e 910). "O Tribunal, por unanimidade, conheceu da ação direta, para julgar procedentes os pedidos e declarar a inconstitucionalidade da Lei n. 8.312, de 26 de novembro de 2015, do Estado do Pará, que autorizava o Poder Executivo a utilizar depósitos judiciais e administrativos para pagar precatórios de forma diferente da prevista em lei federal."

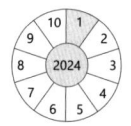